revista de derecho público

IOO41317

Allan R. **BREWER-CARÍAS**, Director
abrewer@bblegal.com
allan@brewercarias.com
http://www.allanbrewercarias.com

José Ignacio **HERNÁNDEZ G**, Sub-Director
jihernandezg@cantv.net

Mary **RAMOS FERNÁNDEZ**, Secretaria de Redacción
mary-ramos@cantv.net

CONSEJO DE REDACCIÓN

Dolores **AGUERREVERE**, Juan Domingo **ALFONZO PARADISI**, Jesús María **ALVARADO AN-DRADE**, Francisco **ASTUDILLO GÓMEZ**, Caterina **BALASSO TEJERA**, Juan Carlos **BALZÁN**, Carlos Luis **CARRILLO ARTILES**, Antonio **CANOVA GONZÁLEZ**, Juan Cristóbal **CARMONA BORJAS**, Jesús María **CASAL**, Jorge **CASTRO BERNIERI**, Rafael **CHAVERO**, Ignacio **DE LEÓN**, Margarita **ESCUDERO LEÓN**, Luis **FRAGA PITTALUGA**, Fortunato **GONZÁLEZ CRUZ**, Gustavo **GRAU FORTOUL**, Rosibel **GRISANTI DE MONTERO**, Lolymar **HERNÁNDEZ CAMARGO**, Víctor **HERNÁNDEZ-MENDIBLE**, Miguel J. **MÓNACO**, José Antonio **MUCI BORJAS**, Claudia **NIKKEN**, Ana Cristina **NÚÑEZ**, Luis **ORTIZ ÁLVAREZ**, Cosimina **PELLEGRINO PACERA**, Humberto **ROMERO-MUCI**, Jorge Luis **SUÁREZ**, María Elena **TORO**, José Luis **VILLEGAS MO-RENO**, Emilio J. **URBINA MENDOZA**, Carlos **URDANETA SANDOVAL**, Daniela **UROSA MAGGI**

COMITÉ ASESOR

Germán **ACEDO PAYAREZ**, Asdrúbal **AGUIAR**, José Guillermo **ANDUEZA**, Ana Elvira **ARAUJO GARCÍA**, José **ARAUJO JUÁREZ**, Alfredo **ARISMENDI A**., Carlos **AYALA CORAO**, Eloisa **AVE-LLANEDA**, Rafael **BADELL MADRID**, Alberto **BAUMEISTER TOLEDO**, Alberto **BLANCO URIBE**, Isabel **BOSCÁN DE RUESTA**, Mary **BOVEDA**, Gustavo **BRICEÑO**, Humberto **BRICEÑO**, Josefina **CALCAÑO DE TEMELTAS**, Juan **D'STEFANO**, Román José **DUQUE CORREDOR**, Héctor **FAÚNDEZ LEDESMA**, Gerardo **FERNÁNDEZ**, Juan **GARRIDO ROVIRA**, María Amparo **GRAU**, Eugenio **HER-NÁNDEZ BRETÓN**, Henrique **IRIBARREN**, Gustavo **LINARES**, Irma Isabel **LOVERA DE SOLA**, Henri-que **MEIER**, Alfredo **MORLES**, José **MUCI-ABRAHAM**, Pedro **NIKKEN**, Gonzalo **PERÉZ LUCIANI**, Rogelio **PÉREZ PERDOMO**, Gustavo **PLANCHART MANRIQUE**, Armida **QUINTANA**, Manuel **RA-CHADELL**, Belén **RAMÍREZ LANDAETA**, Judith **RIEBER DE BENTATA**, Armando **RODRÍGUEZ G**., Nelson **RODRÍGUEZ**, Hildegard **RONDÓN DE SANSÓ**, Gabriel **RUAN SANTOS**, Ana María **RU-GGERI RODRÍGUEZ**, Magdalena **SALOMÓN DE PADRÓN**, Nelson **SOCORRO**, Gustavo **URDANETA**

CONSEJO CONSULTIVO

Juan Carlos **CASSAGNE**, Julio R. **COMADIRA**, Alberto R. **DALLA VIA**, Agustín **GORDILLO**, Antonio María **HERNÁNDEZ**, Néstor Pedro **SAGÜES (Argentina)**, José Mario **SERRATE PAZ, (Bolivia)**, Romeo Felipe **BACELLAR FILHO**, Celso Antonio **BANDEIRA DE MELLO**, Marcelo **FIGUEIREDO, (Brasil)**, Sandra **MORELLI**, Libardo **RODRÍGUEZ RODRÍGUEZ**, Jaime Orlando **SANTOFIMIO**, Consuelo **SA-RRIA**, Jaime **VIDAL PERDOMO (Colombia)**, Humberto **NOGUEIRA ALCALÁ**, Rolando **PANTOJA BAUZÁ (Chile)**, Rubén **HERNÁNDEZ VALLE**, Aldo **MILANO**, Enrique **ROJAS FRANCO, (Costa Rica)**, Joffre **CAMPAÑA**, Javier **ROBALINO ORELLANA (Ecuador)**, Francisco **FERNÁNDEZ SEGADO**, Lo-renzo **MARTÍN-RETORTILLO BAQUER**, Luciano **PAREJO ALFONSO**, Jaime **RODRÍGUEZ ARANA MUÑOZ**, Santiago **GONZALEZ-VARAS IBÁÑEZ (España)**, Hugo H. **CALDERÓN MORALES**, Jorge Ma-rio **GARCÍA LA GUARDIA, (Guatemala)**, Héctor M. **CERRATO**, Edmundo **ORELLANA, (Honduras)**, Mi-guel **CARBONELL**, Jorge **FERNÁNDEZ RUÍZ**, Eduardo **FERRER MAC-GREGOR**, Diego **VALADES (México)**, Carlos Alberto **VÁSQUEZ, (Panamá)**, Luis Enrique **CHASE PLATE, (Paraguay)**, Jorge **DANOS ORDOÑEZ**, Domingo **GARCÍA BELAÚNDE, (Perú)**, Eduardo Jorge **PRATS**, Olivo A. **RODRÍGUEZ H**., **(República Dominicana)**, Mariano **BRITO**, Juan Pablo **CAJARVILLE P**., Carlos E. **DELPIAZZO (Uruguay)**

Revista de Derecho Público
Fundación de Derecho Público

Torre América, PH, Av. Venezuela, Bello Monte, Caracas 1050, Venezuela
Email: fundaciondederechopublico@gmail.com.

Editada por la **Fundación Editorial Jurídica Venezolana**, Avda. Francisco Solano López, Torre Oasis, P.B., Local 4, Sabana Grande, Caracas, Venezuela. Telf. (58) 212 762-25-53/38-42/ Fax. 763-52-39 Apartado Nº 17.598 – Caracas, 1015-A, Venezuela.

Email: fejv@cantv.net
Pág. web: http://www.editorialjuridicavenezolana.com.ve

© 1980, FUNDACIÓN DE DERECHO PÚBLICO/EDITORIAL JURÍDICA VENEZOLANA

Revista de Derecho Público
N° 1 (Enero/marzo 1980)
Caracas.Venezuela

Publicación Trimestral

Hecho Depósito de Ley
Depósito Legal: pp 198002DF847
ISSN: 1317-2719
1. Derecho público–Publicaciones periódicas

Normas para el envío de originales

La Revista de Derecho Público aceptará artículos inéditos en el campo del derecho público. Los artículos deberán dirigirse a la siguiente dirección secretaria@revistadederechopublico.com

Se solicita atender a las normas siguientes:

1. Los trabajos se enviarán escritos a espacio y medio, con una extensión aproximada no mayor de 35 cuartillas tamaño carta.

2. Las citas deberán seguir el siguiente formato: nombre y apellidos del autor o compilador; título de la obra (en letra cursiva); volumen, tomo; editor; lugar y fecha de publicación; número de página citada. Para artículos de revistas u obras colectivas: nombre y apellidos del autor, título del artículo (entre comillas); nombre de la revista u obra colectiva (en letra cursiva); volumen, tomo; editor; lugar y fecha de publicación; número de página citada.

3. En su caso, la bibliografía seguirá las normas citadas y deberá estar ordenada alfabéticamente, según los apellidos de los autores.

4. Todo trabajo sometido deberá ser acompañado de dos resúmenes breves, en español e inglés, de unas 120 palabras cada uno y con una palabras clave (en los dos idiomas)

5. En una hoja aparte, el autor indicará los datos que permitan su fácil localización (N° fax, teléfono, dirección postal y correo electrónico). Además incluirá un breve resumen de sus datos académicos y profesionales.

6. Se aceptarán para su consideración y arbitraje todos los textos, pero no habrá compromiso para su devolución ni a mantener correspondencia sobre los mismos.

La adquisición de los ejemplares de la Revista de Derecho Público puede hacerse en la sede antes indicada de la Fundación Editorial Jurídica Venezolana, o a través de la librería virtual en la página web de la Editorial: http://www.editorialjuridicavenezolana.com

La adquisición de los artículos de la Revista en versión digital puede hacerse a través de la página web de la Revista de Derecho Público: http://www.revistadederechopublico.com

Las instituciones académicas interesadas en adquirir la Revista de Derecho Público mediante canje de sus propias publicaciones, pueden escribir a canje@revistadederechopublico.com

La Revista de Derecho Público se encuentra indizada en la base de datos CLASE (bibliografía de revistas de ciencias sociales y humanidades), Dirección General de Bibliotecas, Universidad Nacional Autónoma de México, LATINDEX (en catálogo, Folio N° 21041), REVENCYT (Código RVR068) y DIALNET (Universidad de la Rioja, España).

Portada: Lilly Brewer (1980)

Diagramado y montaje electrónico de artes finales: Mirna Pinto,
en letra Times New Roman 9,5, Interlineado 10,5, Mancha 20x12.5

Hecho el depósito de Ley
Depósito Legal: DC2016000325
ISBN Obra Independiente: 978-980-365-346-0

Impreso por: Lightning Source, an INGRAM Content company
para Editorial Jurídica Venezolana International Inc.
Panamá, República de Panamá.
Email: ejvinternational@gmail.com

revista de derecho público

N° 125
Enero – Marzo 2011

Director Fundador: Allan R. Brewer-Carías
Editorial Jurídica Venezolana
Fundación de Derecho Público

SUMARIO

JURISPRUDENCIA

Información Jurisprudencial

Comentarios Jurisprudenciales

ÍNDICE

ESTUDIOS

Artículos

Treinta años de justicia administrativa en Venezuela· Análisis desde los 124 números de la Revista de Derecho Público

José Ignacio Hernández G.
*Profesor de Derecho Administrativo de la
Universidad Central de Venezuela*

Resumen: *El artículo resume la evolución de la justicia administrativa en Venezuela desde 1980 hasta el 2010, de acuerdo con los 124 números de la Revista de Derecho Público.*

Palabras claves: *Jurisdicción contencioso-administrativa*

Abstract: *The article summarizes the evolution of the judicial review of the Administration, from 1980 to 2010, according with the 124 numbers of the Public Law Journal.*

Key Words: *Judicial review of the Administration*

Hace casi doscientos años, el 11 de junio de 1810, el Congreso General de Venezuela, que se había constituido formalmente el 2 de marzo, promulgó el *Reglamento de elecciones y reunión de diputados de 1810*, texto que Gil Fortoul adjudica a Juan Germán Roscio. El *Reglamento* resume muy bien las bases del nuevo Derecho Público que entonces comenzó a formarse, y por ello asienta el siguiente principio:

"Habitantes de Venezuela: buscad en los anales del género humano las causas de las miserias que han minado interiormente la felicidad de los pueblos y siempre la hallaréis en la reunión de todos los poderes".

El Poder Ejecutivo aparece como un Poder lo suficientemente coartado para "que haya la mayor pureza en el manejo de las rentas y la mayor imparcialidad en la distribución de los empleos". El principio de legalidad es concebido como una barrera "a los esfuerzos progresivos el despotismo". Más allá del sistema de control de los Poderes Públicos que asumió la Constitución de 1811 –luego de un debate bastante delicado- lo cierto es que, en las bases jurídicas de nuestra República liberal, la idea de la interdicción de la arbitrariedad, de la necesaria limitación del Poder frente a la libertad general del ciudadano, constituye piedra angular.

Sobre esa piedra las posteriores Constituciones edificarán el sistema de control judicial de los Poderes Públicos, destacando los avances alcanzados con los Textos de 1830, 1864 y 1925 en lo que concierne al control judicial sobre la Administración. Un debate relevante se

---

* Conferencia leída en la Academia de Ciencias Políticas y Sociales el 25 de mayo de 2010, en las Jornadas en conmemoración a la Revista de Derecho Público. A efectos de su publicación en la Revista de Derecho Público ha sido puesta al día. La versión original puede ser consultada en el Boletín de la Academia de Ciencias Políticas y Sociales N° 149, Caracas, 2010, pp. 145 y ss.

ha planteado entre nosotros sobre a cuál de estos Textos debe adjudicársele la "creación" del contencioso administrativo (M. Pérez Guevara, Polanco y Allan R. Brewer-Carías). No queremos entrar en este punto, tratado en fecha reciente, por lo demás. Lo que queremos insistir es que la jurisdicción contencioso-administrativa debe enmarcarse, necesariamente, en el postulado básico que se asumió a partir del 19 de abril de 1810 y que muy bien quedó plasmado en el *Reglamento* del 11 de junio y luego en la Constitución de ese año: el Poder Ejecutivo debe ejercer poderes coartados por la Ley, a la que corresponde oponer una barrera al despotismo.

II

De allí la lúcida expresión que Antonio Moles Caubet pronunciara en 1977, en el curso que sobre el *Control Jurisdiccional de los Poderes Públicos* organizara el Instituto de Derecho Público de la Universidad Central de Venezuela: la jurisdicción contencioso-administrativa "es una de las condiciones del Estado de Derecho, sin la cual éste no sería posible". Que la Administración actúe con subordinación plena a la Ley y al Derecho, como proclama el artículo 140 de la Constitución de 1999, de nada serviría si no existiese una garantía de control judicial autónomo de esa subordinación, que resulta además consustancial al Estado democrático. Pues la democracia no es sólo la elección popular de ciertos representantes: es mucho más que eso. Es lo que Ferrajoli ha denominado el "modelo pluridimensional" de democracia, que integra su artista formal con la sustancial; y en ésta, el necesario reconocimiento de límites al Poder basados en el respeto de todos los derechos fundamentales. De allí el valor fundamental que la justicia administrativa cumple, también, como garante de la democracia, tal y como ha recalcado Eduardo García de Enterría.

Es fundamental el rol de la justicia administrativa, entonces, en la perfección del Estado social y Democrático de Derecho, y en la perfección, también, del modelo de Administración que delinea el artículo 140 de la Constitución, como una Administración basada en la centralidad de la persona. La Administración que diseñó el constituyente no es la Administración autoritaria, excluyente, que unilateralmente interpreta el interés general para adoptar decisiones que están a la servidumbre de alguna parcialidad. Por el contrario, la única Administración que admite la Constitución es aquella que, en el marco de procedimientos abiertos y transparentes, basados en el pluralismo político, procura la definición consensuada del interés general, de manera objetiva y alejada de cualquier parcialidad. De allí la propuesta de Jaime Rodríguez-Arana de postular "la vuelta del Derecho administrativo, a un nuevo Derecho administrativo, menos pendiente del privilegio y de la prerrogativa y más centrado en la mejora de las condiciones de vida de los ciudadanos". La justicia administrativa debe orientarse, por ello, a la consecución del *nuevo* Derecho administrativo basado en la centralidad de la persona y de todos sus derechos fundamentales.

III

Es por lo anterior que, cuando en 1980 aparece el primer número de la *Revista de Derecho Público,* bajo la conducción del profesor Allan Randolph Brewer-Carías, la jurisdicción contencioso-administrativa había ya comenzado a perfilarse como una garantía del Estado social y democrático de Derecho. En especial, al cobijo de la monumental norma del artículo 206 de la Constitución de 1961, producto de la labor de insignes juristas nacionales y foráneos, y en la que se aprecia una similitud importante con las bases de la justicia administrativa española, condensadas en la Ley de 1956, producto de otro gran jurista, como lo es el profesor Jesús González Pérez.

En esa norma del artículo 206 se condensó la esencia de la jurisdicción contencioso-administrativa, como sistema de control de la legalidad de la actividad administrativa –de *toda* ella, recalcamos- y de protección de las situaciones jurídicas subjetivas de los ciudadanos.

El apego al modelo francés que la justicia administrativa venezolana mostró, en particular, a finales de la primera mitad del siglo XX, moldeó a ésta a partir de la dicotomía entre el recurso de nulidad –usanza del recurso por exceso de poder- y el recurso de plena jurisdicción, dicotomía en la cual el acto administrativo aparecía como principal protagonista, tal y como quedó plasmado en la Ley de la Corte Federal y de Casación de 1953.

La entrada en vigencia de la Ley Orgánica de la Corte Suprema de Justicia en 1975 modificó esta distinción bipartita, al recoger distintos "recursos", entre los cuales destacaba el recurso de nulidad contra actos administrativos. Para un sector de la doctrina (Brewer-Carías) la clásica división del contencioso de anulación y contencioso de plena jurisdicción quedaba "totalmente superada". Frente a esta opinión, H. Iribarren defendió la pervivencia del recurso de plena jurisdicción. La doctrina se decantará por la sistematización de los distintos recursos admitidos bajo la Ley de 1975, relegando la relevancia de la distinción del recurso de plena jurisdicción. Así, Hildegard Rondón de Sansó, en 1980, asumió la clasificación de los "recursos" admitidos por la Ley, lo que permitió moldear un sistema tasado de recursos, cada uno con su propio "motivo" de impugnación. Sistema tasado y cerrado que obligaba al ciudadano a acudir a uno cualquiera de los recursos expresamente admitidos, so pena de la inadmisibilidad del recurso.

A partir de allí, y en las tres décadas que van desde 1980 hasta nuestros días, la justicia administrativa ha transcurrido por tres etapas, cuyo estudio abordaremos en esta exposición, siguiendo las páginas de la *Revista de Derecho Público*. Así:

.- La *primera* etapa transcurre en la década de los ochenta, y en ella la principal preocupación será la de afianzar el principio de universalidad de control, a partir de la definición global del acto administrativo, aporte fundamental de Allan R. Brewer-Carías, y la ampliación de los llamados "motivos de impugnación". Junto al inequívoco protagonismo del recurso de nulidad de actos administrativos, en esta etapa cobrarán importancia otros "recursos", como es el caso del llamado recurso de abstención o carencia.

.- La década de los noventa se caracterizó por defensa del derecho a la tutela judicial efectiva del ciudadano frente a la Administración. Ya la sujeción plena de la Administración al control judicial se había consolidado, con lo cual la atención se centró en revisar los *privilegios y prerrogativas* de la Administración y el formalismo de la justicia administrativa como atentados de la tutela judicial efectiva del ciudadano, lo que planteó entre nosotros la discusión –nada clara- entre el carácter objetivo y subjetivo del contencioso administrativo. En esa época también se consolida el ámbito del contencioso administrativo, no sólo frente al acto administrativo, sino también, frente a las abstenciones, los llamados contratos administrativos y la responsabilidad patrimonial de la Administración.

.- La última década de nuestro estudio, primera del presente siglo, se caracterizó por algunos avances teóricos importantes, pero también por lo que podríamos llamar –con los riesgos del empleo de un tópico- la crisis del sistema. Por un lado, se abandona la rígida separación de recursos tasados que caracterizó al contencioso administrativo, a fin de admitir la pluralidad de pretensiones procesales administrativas, procedentes incluso frente a los servicios públicos y las vías de hecho.

Junto a ello, la irrupción de un modelo económico de amplia y penetrante dirección e intervención pública chocaría contra el sistema contencioso administrativo consolidado, de lo que resulta –según se aprecia de las estadísticas seguidas por Antonio Canova- un saldo desfavorable al ciudadano.

Tres etapas, treinta años, ciento veinte números de la *Revista de Derecho Público* que acreditan avances y retrocesos, todos ellos llevados a cabo en orfandad de una Ley del contencioso administrativo. Esa ausencia constituía la principal deuda histórica que mantenía el Poder Legislativo para con el Derecho Administrativo, que fue saldada finalmente con la Ley Orgánica de la Jurisdicción Contencioso-Administrativa de 2010. Comencemos, pues, este breve repaso a las páginas de la *Revista de Derecho Público,* de la mano de la doctrina y jurisprudencia allí contenidas, ésta última glosada con encomiable eficiencia por Mary Ramos, tal y como citamos en este trabajo.

IV

Entre 1980 y 1990 la jurisdicción contencioso-administrativa alcanza cotas importantes en la universalización del control judicial de la Administración, tanto en lo que respecta a la llamada "materia de control", como a los "motivos de impugnación". Conquistas alcanzadas con cierta marginación a la defensa de las situaciones subjetivas de los ciudadanos, bajo la concepción predominantemente objetiva del sistema, es decir, por su estructuración, en lo básico, como un juicio al acto.

A ese mayor control colaboró, sin duda, la sanción de la *Ley Orgánica de Procedimientos Administrativos* en 1982. Como expresó Allan R. Brewer-Carías, fue la "Ley más importante que se ha dictado en relación con la Administración Pública venezolana contemporánea", en especial, al materializar el principio de legalidad en las relaciones jurídicas entre el ciudadano y la Administración *(RDP Nº 7)*. De igual manera, Luis H. Farías Mata, al estudiar los "motivos de impugnación", acotó cómo la jurisprudencia siguió a la teoría de las nulidades previstas en esa Ley (1983).

Así, la concepción del contencioso administrativo en la jurisprudencia, se basa en la idea del recurso de nulidad como un medio jurídico del que disponen los ciudadanos para atacar los actos ilegales de la Administración (sentencia de la Sala Político-Administrativa de 11 de noviembre de 1980). Recurso objetivo, en el cual no existe una contienda entre sujetos de derecho (sentencia de la Corte Primera de lo Contencioso Administrativo de 21 de marzo de 1985, así como sentencia de 25 de julio de 1985, caso: *Banco Hipotecario Unido*).

Recurso objetivo de control de la legalidad, como principio entendido globalmente. De allí la lúcida afirmación según la cual no existe acto del Poder Público exento del control judicial: sentencia de la Sala Político-Administrativa de 11 de mayo de 1981, caso: *Panamerican*. Por lo cual, la exclusión de recursos procede sólo en vía administrativa pero no en sede judicial (sentencia de la Sala Político-Administrativa de 29 de septiembre de 1981). Las llamadas "apelaciones" eran, por ello, recursos contencioso-administrativos (sentencia de la Sala Político-Administrativa de 2 de noviembre de 1982).

En la afirmación del principio de universalidad, la definición del *acto administrativo* resulta elemento fundamental. Esto encuentra, para nosotros, varias explicaciones. Por un lado, la impronta del modelo francés y del recurso por exceso del poder, movieron a centrar casi exclusivamente a la justicia administrativa en torno al acto administrativo. Por lo tanto, mientras más amplio fuese el concepto de acto administrativo, mayor sería la amplitud del contencioso administrativo. Además, para ese momento, el acto administrativo era la típica expresión de una Administración de policía, que mediante decisiones unilaterales extinguía, modi-

ficaba y creaba relaciones jurídico-subjetivas. Administración, además, de amplia intervención en la economía, con lo cual, el acto administrativo incidía en relaciones que, otrora,
quedaban disciplinadas por el Derecho privado, pero que ahora se encontraban inmersas en
una penetrante regulación administrativa, incentivada por el régimen de excepción sobre la
libertad económica, anterior incluso a la propia Constitución de 1961.

Precisamente por ello fue que el debate en torno al concepto de acto administrativo, como criterio delimitador de la jurisdicción contencioso-administrativa, partió del examen de
las decisiones de órganos administrativos creados para regular relaciones jurídico-privadas, y
en las cuales se entendía que la Administración dirimía un conflicto intersubjetivo de intereses. Es el caso, en concreto, de las llamadas *Comisiones Tripartitas,* órganos *sui generis* de
intervención en relaciones jurídico-laborales. La inicial preponderancia del criterio funcional
movía a considerar que estas decisiones no eran actos administrativos, pues la Administración no ejercía función administrativa. Al no ser actos administrativos, por ello, escapaban
del control de la jurisdicción contencioso-administrativa. El debate será resuelto por la sentencia de la Sala Político-Administrativa de 10 de enero de 1980, caso: *Miranda Entidad de
Ahorro y Préstamo,* la cual, sobre la base del principio de universalidad de control, afirma
que los actos de sustancia jurisdiccional son actos administrativos y ellos "reúnen también los
requisitos procesales exigidos para el ejercicio del recurso contencioso-administrativo de
anulación". El criterio no será asumido enteramente. Por el contrario, la sentencia de la Sala
Político-Administrativa de 26 de marzo de 1985, caso: *Ruiz Becerra* considera que "tampoco
basta con calificar de administrativo un acto para que automáticamente se le abra la puerta
del contencioso-administrativo". Los actos disciplinarios del Consejo no son actos administrativos sino sentencias, excluidos por ello de la jurisdicción contencioso-administrativa. La
rectificación de este criterio se producirá en la década siguiente, con la sentencia de la Corte
en Pleno de 6 de agosto de 1991, caso: *Iván Hernández.*

Con el precedente *Miranda Entidad de Ahorro y Préstamo* el concepto global de acto
administrativo, dependerá bien del criterio orgánico o del criterio funcional. Con base en este
criterio, la jurisprudencia admitió el control por la justicia administrativa de los actos dictados por particulares en ejercicio de la función administrativa, entendida tanto en relación con
la explotación del servicio público, con en relación con la potestad administrativa (sentencia
de la Corte Primera de lo Contencioso Administrativo de 15 de marzo de 1984, caso: *Asociación de Autores y Compositores de Venezuela*), lo que propendía, como expuso Rondón de
Sansó en el número 22 de la *Revista,* a la ampliación del contencioso. Con todo, este concepto de acto administrativo fue afectado al considerarse que no todo acto que dicta la Administración se basa en el Derecho administrativo: los actos sujetos a Derecho Privado quedan, por
ello, excluidos del contencioso administrativo (sentencias de la Sala Político-Administrativa
de de 5 de junio de 1986, caso: *FETRAEDUCACIÓN,* y de 18 de julio de 1985, caso: *Díaz
Bruzual.* Frente a esta tendencia –condensada también en la figura del contrato administrati-
vo- se había opuesto Brewer-Carías, en la *Revista* N° 16, de 1983, al considerar acertadamente que toda actividad administrativa se sujeta a Derecho administrativo.

Definido en estos términos, la nulidad del acto administrativo, como explicamos, se sustanció a través de un *proceso mayormente objetivo,* entendido por tal un proceso que debate
la nulidad del acto y en el cual el acto es el objeto del proceso. La legitimación activa para
recurrir, sobre la base de la tradicional distinción entre el derecho público subjetivo y el interés legítimo personal y directo (sentencia de la Sala Político-Administrativa de 3 de octubre
de 1985, caso: *Iván Pulido Mora,* de la Corte Primera de lo Contencioso Administrativo de 7
de mayo de 1985, caso: *Tropiburger,* y de 13 de octubre de 1988, caso: *CEMEMOSA*) exten-
dió el ámbito del control al ampliar el espectro de sujetos que podían interponer el consabido
recurso, pero sin que tal legitimación se tradujese en un auténtico proceso intersubjetivo.

Objetividad muy marcada en el caso de los actos administrativos de efectos generales, por la extensión al recurso de nulidad contra estos actos de la acción popular, como quedó refrendado en la sentencia de la Sala Político-Administrativa de 12 de febrero de 1987, caso: *Burgos Romero*. El fallo contó con el voto salvado de Luis H. Farías Mata, quien rechazó que la referida acción pueda tener cabida en relación con actos administrativos, al tratarse de una acción en defensa de la constitucionalidad. Su posición había sido ya expuesta en las páginas de la *Revista* número 11, en 1982.

Al estar centrado en el acto administrativo como objeto de un juicio de nulidad, en la década en estudio se conquistó la plenitud del control judicial de todos los elementos de ese acto administrativo, y en especial, los elementos discrecionales. De este período son los fallos de la Sala Político-Administrativa de 2 de noviembre de 1982, *Depositaria Judicial*; de 5 de mayo de 1983, *Hola Juventud*, y de 26 de julio de 1984, caso: *Despacho Los Teques*. Quedó expuesto en estos fallos el principio de legalidad no sólo entendido en sentido formal sino también sustancial, y con él, la afirmación del control judicial sobre todos los elementos del acto administrativo, incluyendo aquellos derivados de potestades discrecionales; la motivación del acto administrativo como exigencia de racionalidad; el control judicial pleno de los conceptos jurídicos indeterminados y la teoría de las nulidades.

Esta década permitió también la consolidación y ampliación del ámbito del contencioso administrativo. En cuanto a lo primero, la jurisprudencia ratificó el concepto de contrato administrativo y con él, la competencia de la justicia administrativa para conocer de las cuestiones de *cualquier naturaleza* ejercidas con ocasión a estos contratos (sentencias de la Sala Político-Administrativa de 14 de junio de 1983, caso: *Acción Comercial* y de 11 de agosto de 1982, *Cervecería de Oriente*). También se consolidó el perfil de las llamadas *demandas contra los entes públicos* (sentencia de la Sala Político-Administrativa de 20 de enero de 1983). La ampliación del contencioso tuvo con lugar con la creación pretoriana del denominado recurso por abstención o carencia, mediante la sentencia de la Sala Político-Administrativa de 28 de febrero de 1985, caso: *Eusebio Igor Viscaya Paz*.

La consolidación del principio de universalidad del control judicial de la Administración, en el período examinado, se lleva a cabo con la deliberada intención de ampliar el control judicial de la Administración para garantizar el principio de legalidad, pero también, y quizás más tímidamente, con la intención de incrementar las garantías jurídicas del ciudadano en este sistema. A esta visión garantista responde la sentencia de la Sala Político-Administrativa de 22 de junio de 1982, caso: *Ford Motors de Venezuela,* que aclara que el silencio administrativo de efectos negativos, lejos de ser una carga, es un beneficio para el ciudadano. Avance jurisprudencial que se nutrió de las páginas de la *Revista de Derecho Público,* pues la concepción del silencio como una garantía a favor del ciudadano había sido expuesta por Allan R. Brewer-Carías en el número 8 de esa *Revista*. Ya en esta década, comenzó a aceptarse -como hizo Duque Corredor, en el número 16 de la *Revista,* de 1983- que el contencioso administrativo es una verdadera instancia jurisdiccional "cuyo objeto son las pretensiones que pueden deducirse respecto de un acto administrativo". Se adelantaba Duque a una idea que solo aparecerá más de veinte años después, como veremos en esta exposición.

V

Sin abandonar las conquistas alcanzadas en la reafirmación del principio de legalidad y universalidad de control, la década que va entre 1990 y 2000 colocó el acento en el derecho a la tutela judicial efectiva como factor de cambio –drástico, incluso- en el contencioso administrativo. La década anterior, en efecto, había acreditado un avance notable en la consolidación del contencioso como instancia de control del acto administrativo, que era concebido así

(Farías Mata) como la materia de impugnación, todo lo cual propendía a ampliar su concepto como acto previo, atemperado por la figura del silencio administrativo. Pero el avance aquí no era pleno, pues como recordó María Amparo Grau, era condición necesaria la existencia de un acto administrativo expreso: sin éste, el silencio se hacía inoperante (sentencias de la Sala Político-Administrativa de 5 de mayo de 1988, caso: *Redimaq* y entre otras, sentencia de 11 de julio de 1991, *José Emisael Durán*).

En la década de los noventa los principios referentes al control judicial de la Administración se consolidan, y adquieren además notable grado de avance, en especial, como acotó Gustavo Urdaneta, en los motivos de impugnación, según quedó resumido en la sentencia de la Sala Político-Administrativa de 31 de enero de 1990, caso: *Farmacia Unicentro*: cada elemento de validez del acto viene acompañado de su correspondiente vicio y de la consecuencia jurídica que éste acarrea.

El protagonismo del recurso contencioso administrativo de nulidad contra actos administrativos no impidió el avance de otros "recursos", como el de abstención o carencia y las demandas contra los entes públicos. Junto a la figura del contrato administrativo, definida en contraposición al contrato de la Administración, en la década de los noventa del pasado siglo el Derecho administrativo adquiere otra conquista: el de la responsabilidad patrimonial de la Administración. Imperaba hasta entonces un muy efectivo sistema basado en el Código Civil (entre muchas otras, sentencia de la Sala Político-Administrativa de 19 de julio de 1984, caso: *Alba Orsetti*), frente al cual la doctrina (Iribarren, en 1992) se opuso, al considerar que esa responsabilidad no podía fundarse en el Código Civil sino en un régimen especial, de Derecho público, conclusión que con mayor vehemencia defendió Luis Ortiz Álvarez en 1995. La jurisprudencia paulatinamente fue acogiendo esta idea (Sala Político-Administrativa de 27 de enero de 1994, caso: *Promociones Terrra Cardón*), hasta que el artículo 141 de la Constitución daría de 1999 daría el impulso definitivo para sostener –erradamente, entendemos nosotros- el carácter autónomo y especial de esa responsabilidad, cuyo conocimiento se reservó a la jurisdicción contencioso-administrativa (sentencias de la Sala Político-Administrativa de 2 de mayo de 2000, caso: *Elecentro*, y de 15 de junio de 2000, caso: *Eleoriente*.

Otra materia en la que se apreció un avance fue el control de las vías de hecho de la Administración (sentencia de la Sala Político-Administrativa del 3 de octubre de 1990, caso: *Inmobiliaria Cumboto,* y de 8 de mayo de 1991, caso: *Ganadería El Cantón*), pero en realidad, sin abandonar el peso del acto administrativo –figura a la cual se equiparaba la vía de hecho- y negando, en todo caso, la procedencia del "recursos" no taxativamente previstos en la Ley, lo que abría las puertas –muy impropiamente- a la demanda de amparo constitucional.

En la década de los noventa corresponderá a la doctrina proponer la revisión de este sistema de justicia administrativa. Uno de los primeros intentos fue llevado a cabo por Gustavo Linares Benzo, quien insistió en que el juicio contencioso administrativo era un proceso subjetivo frente al cual los ciudadanos pueden solicitar no sólo la nulidad sino también, el restablecimiento de la situación jurídica infringida. La afirmación, sin embargo, no modificaba la concepción revisora y cerrada del contencioso administrativo. El siguiente paso será la afirmación del derecho a la tutela judicial efectiva. En 1992, Brewer-Carías sostuvo que la jurisdicción contencioso-administrativa "debe verse básicamente como un instrumento judicial destinado a asegurar la protección del administrado frente a la Administración y contra las arbitrariedades de los funcionarios". La concepción de este derecho permitió a la doctrina postular una nueva concepción de la justicia administrativa, enfocada a la protección efectiva de las situaciones jurídico-subjetiva de los ciudadanos. En especial, se defendió la necesidad de ampliar la tutela cautelar, abandonando la concepción limitada y restringida de la suspensión de efectos, tal y como afirmó Luis Ortiz Álvarez en el número 57-58 de la *Revista,* de 1994, y Víctor Hernández-Mendible en 1998. Antonio Canova González propondrá en 1998, sobre esta nueva concepción, la reforma integral del sistema contencioso administrativo, destacando que dicho sistema ha estado estructurado sobre el control objetivo, revisor e impugnatorio de la actividad administrativa, rodeada de privilegios y prerrogativas. Frente a ello, postuló la necesidad de ampliar el control judicial a cualquier manifestación de la voluntad administrativa, abandonando el sistema impugnatorio imperante, y procurando, en fin, el equilibrio entre los privilegios de la Administración y los derechos de los ciudadanos.

La jurisprudencia se sumó a estos planteamientos en sus postulados teóricos. La sentencia de la Sala Político-Administrativa de 15 de noviembre de 1995, caso: *Lucía Hernández,* enfocó el poder cautelar del juez a partir del derecho a la defensa, sin referir por ello al carácter limitativo de la medida de suspensión de efectos. Así también se afirmó con ocasión del poder del juez de ejecutar sus decisiones, poder enfocado en el derecho a la tutela judicial efectiva y oponible incluso a las prerrogativas y privilegios de la Administración (sentencias de la Sala Político-Administrativa de 22 de noviembre de 1990, caso: *Mochima II;* de 9 de mayo de 1991, caso: *Sanitaca vs IMAU* y de 18 de mayo de 1995, caso: *Plásticos El Guárico,* entre otras). Con estos antecedentes, la jurisdicción contencioso-administrativa no era ya solamente cauce de control pleno de la legalidad de la actividad e inactividad administrativa; también, pasó a concebirse como cauce para ejercer el derecho tutela judicial efectiva de los ciudadanos.

VI

Gracias al avance de las décadas anteriores, la Constitución de 1999 encontró un sistema contencioso administrativo en plena transformación, hacia un sistema más garantista. En especial, pues todavía predominaba la concepción cerrada de este sistema, a partir de un catálogo rígido y tasado de recursos contencioso-administrativos, tal y como se resumió en la sentencia de la Sala Político-Administrativa de 6 de noviembre de 1991, caso: *Venezolana de Televisión.*

En la primera década del siglo XXI, y al socaire de la Constitución de 1999 –que pocas modificaciones introdujo en las bases de la justicia administrativa- se han desarrollado tres cambios de los que queremos dar cuenta:

.- El *primer* cambio es la ampliación, desbordada, del ámbito de la justicia administrativa, partiendo del artículo 259 constitucional asigna competencia a esa justicia para conocer de los *reclamos contra los servicios públicos.* La indeterminación histórica del servicio público llevó a la jurisprudencia a ampliar indebidamente este concepto a las actividades económicas desarrolladas en virtud del ejercicio del derecho a la libertad de empresa, actividades que, por ello, quedan sujetan a un régimen de Derecho administrativo (sentencia de la Corte Primera de lo Contencioso Administrativo de 6 de julio de 2001, caso: *Luz Eléctrica de Venezuela y otros,* y de 14 de noviembre de 2007, caso: *Luz Eléctrica de Venezuela III).* En fecha más reciente, la Sala Constitucional, en sentencia de 8 de abril de 2010, caso: *American Airlines,* ha sostenido que, con base en este criterio de servicio público, el sistema especial y objetivo de responsabilidad patrimonial de la Administración Pública es extensible a los particulares que exploten actividades económicas consideradas servicio público. Ello, acotamos, al margen que tal actividad sea consecuencia del ejercicio del derecho de libertad económica, como sucede en el caso examinado por la Sala.

Esto supone, en nuestra opinión, la desnaturalización de la justicia administrativa, que pasa a conocer de controversias surgidas de relaciones jurídico-privadas en las cuales no interviene directamente la Administración. Además, con ello pretende aplicarse en bloque el

Derecho administrativo a actividades económicas basadas en el ejercicio de la libertad económica, lo que desnaturaliza esa libertad, al sujetarla al estricto régimen nominalista del principio de legalidad.

.- Junto a este aspecto, hay otro cambio, positivo, a nuestro modo de ver. La década que está terminando ha permitido abandonar la concepción de la justicia administrativa basada en un sistema cerrado y tasado de recursos. Continuando con las propuestas que en la década anterior formulara Antonio Canova, Daniela Urosa ha sostenido que el contencioso administrativo debe conocer de cualquier pretensión procesal administrativa basada en relaciones jurídico-administrativas, al margen que dicha pretensión encuadre en alguno de los cerrados recursos que la Ley prevé, posición que ha sido abonada por otros autores, como Miguel Ángel Torrealba. Bajo esta visión, el contencioso administrativo no debe ser un sistema cerrado de medios de impugnación, ni el acto administrativo el objeto característico de tales medios. En realidad, el objeto del contencioso administrativo es la pretensión procesal, deducible frente a cualquier manifestación de la actividad o inactividad administrativa Esta visión procesal –tributaria de la sostenida por el profesor español Jesús González Pérez- es precisamente la nota que faltaba al inacabado debate que, entre nosotros, se dio con ocasión al carácter "objetivo" del contencioso administrativo en la década de los noventa.

Paradójicamente, la Ley Orgánica del Tribunal Supremo de Justicia de 2005, de muy infeliz técnica legislativa, contribuyó parcialmente (y sin proponérselo) a consolidar esta visión del contencioso administrativo. En efecto, luego de esta Ley, y de acuerdo a su aplicación práctica, toda pretensión deducida con ocasión a relaciones jurídico-administrativas es conocida por el contencioso administrativo, ello con independencia del Derecho aplicable (lo que marca el fin del concepto del contrato administrativo) e incluso, del sujeto demandante. Además, la jurisprudencia, con posterioridad, ha acogido en algunas oportunidades la visión procesal del contencioso administrativo, desechando que la tutela judicial pueda quedar limitada en función al cerrado catálogo de recursos previstos en esta ley. Así lo estableció la Sala Constitucional en la importante sentencia de 1 de febrero de 2006, caso: *Bogsivica,* contenida en las páginas de la *Revista,* y que pasa a ser, para nosotros, una de las decisiones capitales del contencioso administrativo venezolano reciente. De acuerdo con tal visión, el contencioso administrativo queda articulado como un sistema abierto de pretensiones, en el cual el acto administrativo es sólo una manifestación más de la actividad administrativa. Sistema abierto que se adecúa mucho más a la función prestacional que ha de asumir la Administración en el marco del Estado social y Democrático de Derecho, con lo cual, se admite la deducibilidad de pretensiones directas frente a las vías de hecho ante el contencioso administrativo. Ello, se insiste, es un notable avance en el diseño conceptual del sistema. Avance accidentado, pues las sentencias retoman, de cuando en cuando, la visión objetiva y revisora del sistema.

Todo ello, en ausencia de una Ley ordenadora de la jurisdicción contencioso-administrativa en Venezuela, al menos, hasta fecha muy reciente. En efecto, la Ley Orgánica de la Jurisdicción Contencioso Administrativo sancionado por la Asamblea Nacional en diciembre de 2009, fue promulgada en el 2010, llenado así un vacío importante. Sin embargo, la Ley no llega a recoger a plenitud la nueva visión procesal del contencioso, aspecto en el que insistimos entre los años 2006 y 2007, al haber tenido ocasión de participar en las consultas públicas adelantadas con ocasión a este Proyecto en la Asamblea Nacional, en las cuales propusimos la completa revisión del Proyecto aprobado en primera discusión. Además, contiene notables lagunas y contradicciones, en especial, en el ámbito de los procedimientos.

La Ley finalmente sancionada, en realidad, no recoge por entero esta visión procesal, basada en la pretensión procesal administrativa, pero tampoco continúa el esquema del sistema cerrado de "recursos". Así, el artículo 8 asume la universidad de control pero no referida únicamente al acto administrativo, sino a cualquier manifestación de la actividad o inactividad de la Administración. Como ha referido Brewer-Carías, en el número 122 de la *Revista,* bajo la nueva Ley, el principio de universalidad *"implica, primero, que toda actividad administrativa o toda forma de acto administrativo queda sometido a control judicial contencioso administrativo",* lo que se extiende al ejercicio de la actividad administrativa por cualquier órgano o ente del Poder Público, así como por los sujetos no estatales.

Además, en su artículo 9, se afirma la competencia de la justicia administrativa para conocer de cualquier pretensión relacionada con actos, contratos, abstenciones, vías de hecho y en general, cualquier manifestación de la actividad o inactividad administrativa, sin que el Derecho aplicable sea un parámetro relevante. Con ello, y como postuló Allan R. Brewer-Carías, se reconoce que toda actividad administrativa se sujeta a Derecho administrativo y que, por ello, su control debe ser ejercido por la jurisdicción contencioso-administrativa.

Estas consideraciones, incluso, fueron avaladas por la Sala Constitucional al aceptar el carácter orgánico de la Ley. En esa oportunidad, se señaló que de cara al artículo 259 de la Constitución –en realidad, la conclusión era predicable incluso bajo el Texto de 1961- la justicia administrativa asume *"una visión de corte utilitarista y subjetiva, que no se limita a la fiscalización abstracta y objetiva de la legalidad de los actos administrativos formales"* (sentencia de 23 de abril de 2010).

Sin embargo, estas consideraciones en cuanto a la universalidad de control, bajo la nueva Ley, se quiebran desde el momento en el cual la Ley reconoció que los tribunales de la jurisdicción contencioso-administrativa carecen de competencia para conocer de la nulidad de los actos de la Inspectoría en materia de estabilidad. Una excepción que inicialmente ha sido interpretada ampliamente por la Sala Constitucional (sentencia de 23 de septiembre de 2010, caso: *Bernardo Jesús Santeliz*), y que viola, abiertamente, el artículo 259 de la Constitución. De hecho, la Sala amplió la excepción de la Ley, al reconocer que ella opera en general, frente a toda providencia administrativa de la Inspectoría, y no ya únicamente en temas de estabilidad.

Lamentable es, además, que para avalar tal inconstitucionalidad, la sentencia haya aludido a la *superación del Estado de Derecho formal por un "constitucionalismo social y humanitario".* Se ignora, con lo anterior, que mal puede superarse el Estado de Derecho (lo de formal es redundante, sin duda), cuando es ésa la *forma* adoptada por la Constitución de 1999.

Otra tendencia jurisprudencia negativa, es que incluso algunas de las novedades de la Ley –el principio de oralidad, en concreto- han sido desvirtuadas, pues como refiere Miguel Ángel Torrealba, en la *Revista Nº 124,* la oralidad se redujo a la exposición oral de alegatos, o sea, a la oratoria forense.

- Pero lo que marca a la justicia administrativa en esta primera década del presente siglo, sin duda, es el preocupante resultado que arroja el estudio de sus decisiones, y que refleja una tendencia favorable a la Administración, de acuerdo con las estadísticas seguidas por Antonio Canova.

Siguiendo la metodología empleada por Antonio Canova, hemos analizado las estadísticas de la Sala Político-Administrativa y las Cortes en el primer año de aplicación de Ley, para concluir, preliminarmente, que el 86% de las decisiones de estos tribunales favorecen a la Administración. Apenas en el 14% de los casos, los ciudadanos obtienen una sentencia estimativa de su pretensión.

Sin perjuicio de la necesidad de ampliar el estudio estadístico de estas decisiones, este examen preliminar y aproximativo acredita la posible existencia de una tendencia favorable a la Administración. Por ello, de poco servirán los avances conceptuales alcanzados en el contencioso administrativo si ellos no se traducen en un mejor control sobre la Administración, lo que es condición necesaria para afirmar el carácter vicarial que de esa Administración asume la Constitución. Mal pudiera verse en la nueva Ley un intento de "abrir" el contencioso a los ciudadanos, cuando en la estadística de las sentencias, los ciudadanos tienen un acceso bastante limitado al contencioso administrativo.

No es el caso de pretender sujetar a la Administración controles que enerven la efectividad de su actuación: el contencioso administrativo es también, recuérdese, cauce de defensa en Derecho de la Administración. Es decir, lo que se quiere es dotar de efectividad a la pretensión procesal administrativa para afianzar la centralidad del ciudadano y de sus derechos fundamentales.

VII

En estos treinta años, las páginas de la *Revista de Derecho Público* han acreditado la evolución y consolidación de la jurisdicción contencioso-administrativa, primero, como un sistema universal de control de la legalidad de la actividad administrativa y, en especial, del acto administrativo; *segundo,* como un sistema de tutela judicial efectiva de los derechos del ciudadano frente a la Administración y, *por último,* como un sistema abierto de pretensiones administrativas que permiten el enjuiciamiento de toda manifestación de la actividad o inactividad de la Administración, al margen de su forma de exteriorización y de su régimen jurídico. La tarea pendiente, ahora, es equilibrar la función de esa justicia, a fin de garantizar la imparcialidad de juicio frente a las pretensiones deducidas, ante las estadísticas que acreditan, *preliminarmente,* una tendencia favorable a la Administración. Que sea ese el reto a alcanzar en las próximas páginas de la *Revista.*

La Unión, mayo-julio de 2010, julio 2011

BIBLIOGRAFÍA

Badell Madrid, Rafael, "El recurso de nulidad", en *Derecho contencioso administrativo. Libro homenaje al profesor Luis H. Farías Mata*, Barquisimeto, 2006.

_____"Materia del recurso contencioso administrativo de anulación", en *El contencioso administrativo en el ordenamiento jurídico venezolano y en la jurisprudencia del Tribunal Supremo de Justicia*, FUNEDA, Caracas, 2006.

Brewer-Carías, Allan, "El recurso contencioso-administrativo contra los actos de efectos individuales", en *El control jurisdiccional de los Poderes Públicos en Venezuela*, Instituto de Derecho Público, Facultad de Ciencias Jurídicas y Políticas, Caracas, 1979.

_____"Comentarios a la Ley Orgánica de Procedimientos Administrativos", en *Revista de Derecho Público N° 7*, Caracas, 1981.

_____ "El sentido del silencio administrativo negativo en la Ley Orgánica de Procedimientos Administrativos", en *Revista de Derecho Público N° 8*, Caracas, 1981.

_____"Bases constitucionales del Derecho administrativo en Venezuela", en *Revista de Derecho Público N° 16*, Caracas, 1983.

_____"La universalidad del control contencioso-administrativo", en *Revista de Derecho Público N° 46*, Caracas, 1991.

_____*Nuevas tendencias en el contencioso-administrativo en Venezuela*, Editorial Jurídica Venezolana, Caracas, 1993. Brewer-Carías, Allan, "La universalidad del control contencioso-administrativo", en *Revista de Derecho Público N° 46*, Caracas, 1991.

_____"Consideraciones sobre el contencioso administrativo como un derecho constitucional a la tutela judicial frente a la Administración", en *Revista de Derecho Público N° 49*, Caracas, 1992.

_____*Nuevas tendencias en el contencioso-administrativo en Venezuela*, Editorial Jurídica Venezolana, Caracas, 1993.

_____ *Contencioso administrativo. Instituciones Políticas y Constitucionales. Tomo VII*, Universidad Católica del Táchira-Editorial Jurídica Venezolana, 1997.

_____ *Ley Orgánica del Tribunal Supremo de Justicia*, Editorial Jurídica Venezolana, Caracas, 2008.

_____"Aproximación general al nuevo régimen del contencioso administrativo conforme a la Ley Orgánica de la Jurisdicción Contencioso Administrativa", en *Revista de Derecho Público N° 122*, Caracas, 2010.

Briceño León, Humberto, "Tendencias actuales de lo contencioso administrativo en Venezuela", en *Primeras Jornadas Internacionales de Derecho Administrativo Allan Randolph Brewer-Carías. Contencioso Administrativo*, FUNEDA-Editorial Jurídica Venezolana, Caracas, 1995.

Caballero Ortiz, Jesús, *Contencioso de plena jurisdicción y demandas contra los entes públicos*, Editorial Jurídica Venezolana, Caracas, 1989.

Canova, Antonio, "Bases actuales del control de la Administración Pública (algunos argumentos a favor de la abolición de los modelos históricos)", *Revista de Derecho Administrativo N° 1*, Caracas, 1998.

——————————— "Criterios de procedencia de las medidas cautelares en el contencioso administrativo", *Revista de Derecho Público N° 61-62*, Editorial Jurídica Venezolana, 1995.

——————————— *Reflexiones para la reforma del sistema contencioso administrativo venezolano*, Caracas, 1998.

——————————— *La realidad del contencioso administrativo venezolano*, FUNEDA, Caracas, 2009,

Carrillo Artiles, Carlos Luis, *El recurso jurisdiccional contra las abstenciones u omisiones de los funcionarios públicos*, Universidad Católica Andrés Bello, Caracas, 1999.

Duque Corredor, Román José, "Bases constitucionales del Derecho administrativo en Venezuela", *Revista de Derecho Público N° 16*, Caracas, 1983.

Farías Mata, Luis Henrique "¿Eliminada la acción popular del Derecho Positivo Venezolano?, en *Revista de Derecho Público N° 11*, Caracas, 1982.

——————————— "Introducción general", en *Tendencias de la jurisprudencia venezolana en materia contencioso administrativa. Trabajos de las 8ª Jornadas Dr. J.M. Domínguez Escobar*, Barquisimeto, 1983.

——————————— "El acto administrativo, materia del recurso", *XVII Jornadas J.M. Domínguez Escobar. Avances jurisprudenciales del contencioso administrativo en Venezuela, Tomo I*, Barquisimeto, 1993.

García de Enterría, Eduardo, *Las transformaciones de la justicia administrativa*, Civitas, Madrid, 2007

González Pérez, Jesús, *Manual de práctica forense contencioso administrativo*, Editorial Jurídica Venezolana, Caracas, 2009.

Grau, María Amparo, "Materia del recurso", *XVII Jornadas J.M. Domínguez Escobar. Avances jurisprudenciales del contencioso administrativo en Venezuela, Tomo I*, Barquisimeto, 1993.

——————————— "La materia contencioso administrativa", en *Primeras Jornadas Internacionales de Derecho Administrativo Allan Randolph Brewer-Carías. Contencioso Administrativo*, FUNEDA-Editorial Jurídica Venezolana, Caracas, 1995.

Hernández G., José Ignacio, "Constitución y reforma del sistema contencioso administrativo. Aproximaciones para una reforma constitucional", en *Revista de Derecho Administrativo N° 5*, Caracas, 1999.

——————————— "Las pretensiones procesales administrativas en la nueva Ley Orgánica del Tribunal Supremo de Justicia", en *Revista de Derecho Administrativo N° 20*, Caracas, 2005.

——————————— "La pretensión procesal administrativa frente a las vías de hecho", en *Derecho contencioso administrativo. Libro homenaje al profesor Luis H. Farías Mata*, Barquisimeto, 2006.

Hernández-Mendible, Víctor, *La tutela judicial cautelar en el contencioso administrativo*, Vadell Hermanos, Valencia, 1998.

Iribarren, Henrique, "Legitimación para recurrir", en *XVII Jornadas J.M. Domínguez Escobar. Avances jurisprudenciales del contencioso administrativo en Venezuela, Tomo I,* Barquisimeto, 1993.

_____ "¿Existe en Venezuela un recurso autónomo de plena jurisdicción?", en *Estudios de Derecho administrativo,* Ediciones Liber, Caracas, 2004.

_____ "El contencioso administrativo de los contratos administrativos", en *Estudios de Derecho administrativo,* Ediciones Liber, Caracas, 2004.

_____ "La responsabilidad administrativa extracontractual", en *Estudios de Derecho administrativo,* Ediciones Liber, Caracas, 2004.

Linares Benzo, Gustavo, "El carácter subjetivo del procedimiento contencioso administrativo", en *XVII Jornadas J.M. Domínguez Escobar. Avances jurisprudenciales del contencioso administrativo en Venezuela, Tomo I,* Barquisimeto, 1993.

Moles Caubet, Antonio, "Rasgos generales de la jurisdicción contencioso-administrativa", en *El control jurisdiccional de los Poderes Públicos en Venezuela,* Instituto de Derecho Público, Facultad de Ciencias Jurídicas y Políticas, Caracas, 1979.

Moles Caubet, Antonio; Pérez Luciani, Gonzalo; Anduenza, José Guillermo; Rondón de Sansó, Hildegard y Brewer-Carías, Allan, *Contencioso Administrativo en Venezuela,* Editorial Jurídica Venezolana, Caracas, 1980. Tercera edición, 1993.

Ortiz Álvarez, Luis, "El derecho a la tutela judicial efectiva y la suspensión de efectos de actos administrativos denegatorios", en *Revista de Derecho Público N° 57-58,* Caracas, 1994.

_____ "El privilegio de autotutela y el principio del efecto no suspensivo de los recursos", en *Revista de Derecho Administrativo N° 1,* Caracas, 1998.

_____ *La protección cautelar en el contencioso administrativo,* Sherwood, Caracas, 1999.

Pérez Guevara, Martín, "Bases normativas del control jurisdiccional de los poderes públicos", en *El control jurisdiccional de los Poderes Públicos en Venezuela,* Instituto de Derecho Público, Facultad de Ciencias Jurídicas y Políticas, Caracas, 1979.

Pérez Luciani, Gonzalo, "Los recursos contencioso-administrativos en la Ley Orgánica de la Corte Suprema de Justicia", en *El control jurisdiccional de los Poderes Públicos en Venezuela,* Instituto de Derecho Público, Facultad de Ciencias Jurídicas y Políticas, Caracas, 1979.

Rodríguez García, Nelson, "El sistema contencioso-administrativo venezolano", en *Revista de Derecho Público N° 13,* Caracas, 1983.

Rondón de Sansó, Hildegard, "El sistema contencioso-administrativo en el contexto de la Ley Orgánica de la Corte Suprema de Justicia. La distribución de competencias", en *El control jurisdiccional de los Poderes Públicos en Venezuela,* Instituto de Derecho Público, Facultad de Ciencias Jurídicas y Políticas, Caracas, 1979.

_____ "Ampliación del ámbito contencioso-administrativo", en *Revista de Derecho Público N° 22,* Caracas, 1985.

Torrealba, Miguel Ángel, *Manual de Contencioso Administrativo (parte general),* Caracas, 2006.

──────────────── *"Oralidad y pruebas en la Ley Orgánica de la Jurisdicción Contencioso Administrativa"*, en *Revista de Derecho Público Nº 124*, Caracas, 2010.

Urdaneta Troconis, Gustavo, "Avances jurisprudenciales sobre los motivos de impugnación en el contencioso administrativo", *XVII Jornadas J.M. Domínguez Escobar. Avances jurisprudenciales del contencioso administrativo en Venezuela, Tomo I*, Barquisimeto, 1993.

──────────────── "Los motivos de impugnación en la jurisprudencia contencioso administrativa venezolana de las tres últimas décadas", en *Derecho contencioso administrativo. Libro homenaje al profesor Luis H. Farías Mata*, Barquisimeto, 2006.

Urosa Maggi, Daniela, *Tutela judicial frente a la inactividad administrativa*, FUNEDA, Caracas, 2003.

──────────────── "Los recursos contencioso-administrativos", en *El Derecho administrativo venezolano en los umbrales del siglo XXI*, Editorial Jurídica Venezolana, Universidad Monteávila, Caracas, 2006. Urosa Maggi, Daniela, *Tutela judicial frente a la inactividad administrativa*, FUNEDA, Caracas, 2003.

──────────────── "La pretensión procesal administrativa", *Derecho y sociedad Nº 6*, Universidad Monteávila, 2005.

──────────────── "Breves comentarios al proyecto de Ley Orgánica de la Jurisdicción Contencioso-Administrativa", *Anuario de Derecho Público Nº 1*, Centro de Estudios de Derecho Público de la Universidad Monteávila, Caracas, 2008.

Villegas Moreno, José Luis, "Configuración constitucional del contencioso administrativo y su desarrollo legal y jurisprudencial", en *El contencioso administrativo en el ordenamiento jurídico venezolano y en la jurisprudencia del Tribunal Supremo de Justicia*, FUNEDA, Caracas, 2006.

Las valuaciones y facturas en los contratos administrativos de obras públicas

César Esteves Alvarado
*Profesor de Postgrado de la
Universidad Católica Andrés Bello*

Resumen: *El presente estudio trata sobre dos figuras escasamente desarrolladas por la doctrina en general, denominadas valuación y factura, consideradas instrumentos vitales en los contratos de obras públicas y de servicios comerciales para la Administración Pública; y en particular, la valuación, cuya utilización estará destinada entre otras, a materializar y afianzar el sistema de pago a cuenta sobre lo ejecutado parcialmente, rompiendo de este modo el rígido principio presupuestario que prohíbe al Poder Público comprometer recursos del Estado para el pago de obligaciones contractuales no causadas íntegramente, aunque hayan sido válidamente contraídas. En ayuda de esta exposición, se ha recurrido a la doctrina administrativa pacífica y dominante, a la legislación supletoria y a la jurisprudencia que sobre el tema ha sostenido la máxima Autoridad Judicial de la República desde mediados del siglo XX hasta nuestros días.*

Palabras clave: *Derecho administrativo, obras públicas, valuaciones, facturas comerciales, contratos administrativos.*

Abstract: *This study focuses on two figures barely developed by the doctrine in general, called valuation and bill, considered vital tools in public works contracts and commercial services for the government, and in particular, valuation, which will use designed inter alia to realize and strengthen the system of payment on account of what partially performed thus breaking the tight budgetary principle that prohibits the public power of the state to commit resources for the payment of contractual obligations that are not caused entirely, although they have been validly incurred. In support of this exhibition, has resorted to peaceful and dominant administrative doctrine, legislation extra and case law that on the subject has held the highest judicial authority of the Republic since the mid-twentieth century to today.*

Key words: *Administrative Law, public works, valuations, commercial bill, administrative contracts.*

SUMARIO

Este estudio monográfico relativo a las valuaciones y facturas en los contratos administrativos de obras públicas y de servicios comerciales, tiene por objeto analizar los aspectos relativos a la validez jurídica y práctica de dichos instrumentos en los mencionados contratos, con especial énfasis en la figura de la valuación; fundamentalmente, el análisis en cuestión parte del aporte de la doctrina administrativa, así como de la civilista y comercial aplicadas estas últimas supletoriamente; así como de la legislación vigente, entendiéndose por tal, la normas de rango legal: la Ley; complementada, con las disposiciones de rango sublegal: los actos administrativos de carácter normativo de efectos generales: los reglamentos; y de la jurisprudencia asentada por la jurisdicción contencioso-administrativa, específicamente, por las extintas Corte Federal y de Casación, Corte Suprema de Justicia y la actual Sala Político Administrativa del Tribunal Supremo de Justicia.

En el entendido que para poder comprender el alcance de las valuaciones, se hace necesario en primer término, destacar la relevancia en general de los contratos administrativos de obras para el Estado, en concreto, para consolidar y asegurar frente a las exigencias de Ley y de los órganos de control fiscal, las necesidades de la contratación "formal y reglada" de la Administración Pública Nacional. En segundo término y como complemento de lo anterior, este estudio tratará dentro del marco de esos contratos administrativos, de los denominados contratos de obras públicas en los cuales las valuaciones se destacan por ser éstas el medio idóneo convenido por el órgano o ente del Estado y el contratista, con respaldo en la Ley especial y en su reglamento, para cumplir con obligaciones específicas, sea la verificación o examen de lo ejecutado, la entrega parcial o total de la obra terminada como hacer efectivo el pago parcial o total del precio del contrato; incluyendo además, amplios comentarios sobre otras importantes funciones de las valuaciones a ser aplicadas necesariamente durante el lapso de ejecución de la obra, que igualmente serán materia a tratar en virtud de sus efectos determinantes para las partes contratantes. Con el propósito de respaldar los diversos criterios a ser explanados en estos comentarios, y con la finalidad de estructurar por primera vez en un solo bloque el tema de las valuaciones y de las facturas, se ha recurrido a las disposiciones contenidas en la recién reformada Ley de Contrataciones Públicas -**LCP**-, por una parte, y por la otra, tanto en el Decreto N° 6.708, mediante el cual se dicta el Reglamento de la Ley Contrataciones Públicas -**RLCP**- de fecha 18 de mayo de 2009, como en el Derecho común -Código Civil- y en el Código de Comercio vigentes y de otras Leyes especiales; reforzando ese bloque, con el aporte de la jurisprudencia o precedente judicial en el área de la jurisdicción contencioso-administrativa, todo ello en razón de la dispersión de normas regulatorias sobre las valuaciones y de los escasos criterios doctrinales que orientan sobre el tema que nos ocupa, íntimamente relacionado al uso real y efectivo de esos instrumentos en los contratos de obras públicas.

II. BREVES COMENTARIOS SOBRE LOS CONTRATOS ADMINISTRATIVOS DE OBRAS PÚBLICAS

Según el Profesor Eloy Lares Martínez, la doctrina administrativa nacional ha mantenido pacíficamente el criterio que la Administración procede en los contratos administrativos como representante del interés general de la comunidad; por ello, actúa con poderes de imperio, es decir, con total autoridad, en ejercicio de prerrogativas, y en consecuencia, la ejecución, cumplimiento, y extinción de estos contratos están regidos por principios de derecho público, que no siempre coinciden con las reglas del Código Civil. Entre las más conocidas especies de los contratos administrativos se mencionan: la concesión de servicios públicos... y el contrato de obra pública..."[1].

Así mismo, opina el Maestro, que existen contratos administrativos que persiguen fines de interés público, que tienden a asegurar el funcionamiento de los servicios públicos[2]. A los efectos precedentes, se entiende por *servicios públicos,* entre otros intentos por conceptualizarlos, en el aportado por el Maestro Lares: "Toda actividad que en virtud del ordenamiento jurídico deba ser asumida o asegurada por una persona pública territorial[3] con la finalidad de dar satisfacción a una necesidad de interés general"[4]. Entre las actividades calificadas como servicios públicos referidas por el Profesor Lares, nos remite a los contratos de obras públicas que por ser su finalidad satisfacer necesidades destinadas al interés colectivo son así mismo, calificados indubitablemente como contratos administrativos[5].

Aunado al criterio anterior, el Maestro Massimo Severo Gianini citado por la Profesora Hildegard Rondón de Sansó, encuadra ese tipo de obras públicas en favor del interés general dentro de lo que él llamó "actividad de la administración pública de la economía", la cual integra a toda la acción administrativa que tenga por objeto la economía en cualquiera de sus

---

[1] LARES MARTÍNEZ, Eloy. Manual de Derecho Administrativo, XIIIª Edición, revisada y puesta al día, Facultad de Ciencias Jurídicas y Políticas, Universidad Central de Venezuela, Caracas 2008, p. 251.

[2] *Ídem.*

[3] BREWER-CARIAS, Allan. R. *Principios Fundamentales de Derecho Público, Cuadernos de la Cátedra Allan R. Brewer-Carías de Derecho Administrativo*, Universidad Católica Andrés Bello, Nº 17, Editorial Jurídica Venezolana, Caracas 2005, pp. 65-69.

[4] LARES, *op.cit. supra*, pp. 205-206.

[5] La determinación de la naturaleza jurídica de ese tipo de contratos ha sido reafirmada, entre otras decisiones dictadas por la Sala Político Administrativa del Tribunal Supremo de Justicia, por la proferida en el caso *BABCOCK vs. SIDOR*. Sentencia Nº 00881 de fecha 29 de julio de 2008. Expediente Nº 1997-14259, al precisar que estamos en presencia de un contrato administrativo cuando éste cumple los siguientes requisitos esenciales y concurrentes: "(...) a) Que una de las partes en el contrato sea un ente público. b) Que exista una finalidad de utilidad o servicio público en el contrato; y, c) Deben estar presentes ciertas prerrogativas de la Administración consideradas como exorbitantes. Ya con anterioridad a esta decisión, otra sentencia dictada por la Sala de Casación Civil de ese máximo Tribunal, en el caso *Inversiones y Construcciones Taguapire, C.A., vs. El Instituto Universitario de Tecnología José Antonio Anzoátegui, (Vid.* TSJ/SCC. Sentencia de fecha 27 de abril de 2000. Expediente Nº 00-005), al referirse al contrato de la administración, coincidió con los aludidos requisitos que marcan y precisan la naturaleza de los mismos, versus los requisitos esenciales de los contratos de Derecho privado.

manifestaciones[6]. Y por lo que concierne a esas actividades ahora conectadas con el tipo de contrato en comento, incluye el Profesor Gianini las siguientes: 1. La creación de las infraestructuras, esto es, lo que en los ordenamientos positivos es denominado "obras públicas", entre las cuales se ubican las relativas a la defensa militar; las obras de comunicación (carreteras, autopistas, obras ferroviarias, aeropuertos); las obras hidráulicas (canales navegables; puertos fluviales, dragados); la obras sanitarias (cloacas, cementerios, hospitales); las obras urbanísticas...; las obras de construcción de edificios públicos...sede de los órganos públicos y de los servicios de uso directo del público (escuelas, museos, bibliotecas, archivos)[7].

Es conveniente destacar, en armonía con la exposición del Profesor Gianini y como novedad que impone precisión de conceptos, que el Reglamento de la Ley de Contrataciones Públicas -RLCP- previó en sus normas, las definiciones relativas a obra y a servicio comercial como sigue:

"Artículo 2. Definiciones.

A los efectos de este reglamento, se entiende por:

...*omissis*...

Obra: Es la construcción, rehabilitación, remodelación, restauración, ampliación o reparación total o parcial de edificaciones, infraestructuras para servicios básicos, plantas o complejos de plantas, preparación, adecuación de áreas de trabajos. No constituye obra el solo mantenimiento de edificaciones.

Servicios Comerciales: Cualquier actividad en la que sean principales las obligaciones de hacer, excepto el contrato de obra, los servicios profesionales y laborales"[8].

En opinión del Profesor Lares, los contratos de obras públicas son verdaderos contratos administrativos "(...) al cual se le aplican preferentemente las reglas particulares del derecho administrativo, sin perjuicio de que en ciertos aspectos esté regulado por disposiciones del Código Civil"[9].

El Maestro Lares conceptualiza la obra pública como "(...) toda operación material relativa a la construcción, ampliación, arreglo, modificación, reparación o mantenimiento de bienes inmuebles, realizada con una finalidad de utilidad pública por una entidad administrativa o por su cuenta"[10]. Ello implica en su criterio que, "(...) de las dos partes que intervienen en la celebración del contrato de la obra pública, una de ellas al menos, ha de ser una persona pública estatal: la República, un Estado, un Municipio o un instituto autónomo. La otra parte contratante es casi siempre un particular o compañía dedicados a la industria constructora"[11]. Es igualmente cierto, que a partir de 1990 mediante instrumento de rango legal -Ley-, esa otra parte integrante del contrato de obra pública era (y es actualmente) seleccionada por los órganos o entes públicos contratantes a través del procedimiento administrativo especial

---

[6]   RONDÓN DE SANSÓ, Hildegard. *Teoría General de la Actividad Administrativa. Organización. Actos Internos*, Edición conjunta Facultad de Ciencias Jurídicas y Políticas Universidad Central de Venezuela y Editorial Jurídica Venezolana, Caracas 1986, p. 31.

[7]   *Ibíd*. p. 32.

[8]   Reglamento de la Ley de Contrataciones Públicas -RLCP- en *G.O.* Nº 39.181 de fecha 19 de mayo de 2009.

[9]   LARES, *op.cit. supra.* p. 318.

[10]   LARES, *op.cit. supra.* p. 317.

[11]   *Ibíd.*, p. 318.

denominado licitación pública, que en la vigente Ley de Contrataciones Públicas y su reglamento, simplemente se le conoce como selección de contratistas, en el entendido, que ese procedimiento sigue siendo administrativo especial y en él subyace la otrora licitación pública cuya concepción y esencia se han mantenido inalterables tanto en el país como en los diferentes sistemas jurídicos de Latinoamérica.

Ahora bien, es a partir de la sentencia dictada el 5 de diciembre del año 1944 por la Corte Federal y de Casación en el caso *N.V. Aannemerbedrijf voorhen T. den Brejen Van Den Bout*[12], que se introduce y se admite por primera vez en ambiente jurídico nacional vía jurisprudencia, el contrato administrativo materializado en el contrato de obras públicas suscrito por el Estado para la ejecución de las obras del puerto de La Guaira. En este caso como lo refiere el Profesor Rafael Badell Madrid, las partes en el contrato administrativo de obras públicas eran por una parte, la identificada empresa holandesa, y por la otra, el Ministerio de Obras Públicas -MOP-. El objeto de dicho contrato fue la reconstrucción y mejoramiento del puerto de la Guaira. La crisis surge como consecuencia de la Resolución ministerial dictada por el aludido Ministerio en la cual decide declarar la rescisión anticipada y unilateral del contrato, basado en los múltiples incumplimientos incurridos por la empresa contratista. Con posterioridad a esa Resolución, el Ministerio en cuestión demandó a la contratista para que le pagara al Estado los daños y perjuicios, intereses y restituciones ocasionados por el incumplimiento incurrido[13].

De lo expuesto se puede concluir, que en el caso de un contrato suscrito en nuestros días entre un órgano o ente[14] de la Administración Pública y un participante escogido en el procedimiento administrativo de selección previsto en la Ley de Contrataciones Públicas y su reglamento, cuyo objeto o alcance [contractual] es la ejecución de una obra pública -de interés general, de utilidad pública o para la continuación de la prestación de un servicio público-, [ese contrato] es calificado de administrativo, pudiendo el órgano contratante declarar la rescisión unilateral del mismo mediante un acto administrativo motivado y en ejercicio de las prerrogativas o potestades de autotutela propias de la Administración, cuando para ésta, el contratista incurra voluntariamente en el incumplimiento de alguna de las obligaciones contractuales y aun demandar en protección de los derechos del Estado, los daños y perjuicios materiales derivados de ese presunto incumplimiento; o proceder bajo el amparo de la mencionada potestad, como lo afirma el Profesor Araujo Juárez a la revocatoria unilateral del contrato administrativo, "por motivos de orden público o cuando lo requiera el interés público, cualquiera que fuese la conducta del co-contratante, vale decir, aun sin falta del mismo, permite la ruptura de un vínculo que se ha convertido en contrario a esos altos intereses tutelados por la Administración Pública"[15].

---

[12]   BADELL & GRAU. *Contratos Administrativos*, Cuadernos Jurídicos N° 5, Edif. Torino, Caracas 1999, p. 22.

[13]   *Ibíd*., p. 23.

[14]   *Vid*. Art. 15 Ley Orgánica de la Administración Pública. *G.O.* N° 5.890 Extraordinario de fecha 21 de julio de 2008. Se entiende como ÓRGANOS, las unidades administrativas de la República, de los estados, de los distritos metropolitanos y de los municipios a los que se les atribuyan funciones que tengan efectos jurídicos, o cuya actuación tenga carácter regulatorio. Tendrá el carácter de ENTE, toda organización administrativa descentralizada funcionalmente con personalidad jurídica propia; sujeta al control, evaluación y seguimiento de sus actuaciones por parte de sus órganos rectores, de adscripción y de la Comisión Central de Planificación.

[15]   ARAUJO-JUAREZ, José. *Derecho Administrativo*, Parte general, 1ª Edición, Primera Reimpresión, Manuales Universitarios, Ediciones Paredes, Caracas 2008, p. 596.

III. REGIMEN REGULATORIO DE LA EJECUCIÓN DE LOS CONTRATOS ADMI-
NISTRATIVOS DE OBRAS PÚBLICAS

El sistema legal y sublegal que regula la ejecución de los contratos administrativos de
obras públicas, sin ser limitativo o taxativo, está integrado por los siguientes instrumentos
normativos:

1. Las disposiciones contenidas en los artículos 93 al 131 de la Ley de Reforma Parcial
de la Ley de Contrataciones Públicas -**LCP**-[16].

2. Las disposiciones contenidas en el Decreto N° 6.708 de fecha 19 de mayo de 2009
mediante el cual se dicta el Reglamento de la Ley de Contrataciones Públicas -**RLCP**[17].

3. Las disposiciones del Derecho común y del Código de Comercio que apliquen por vía
supletoria a los contratos administrativos de obras públicas, entre otras, las referidas a la
materia de contratación y del contrato de obra.

4. La normativa interna o guías de contratación de los órganos y entes públicos contratantes (Según lo ordena el Art. 92. Ley Orgánica de la Contraloría General de la República y
del Sistema Nacional de Control Fiscal -LOCGRSNCF-)

5. Básicamente, la Ley Orgánica de la Administración Financiera del Sector Público y
su Reglamento N° 1[18], la Ley Orgánica de la Contraloría General de la República y del Sistema Nacional de Control Fiscal y su reglamento[19], la Ley Orgánica del Tribunal Supremo de
Justicia y la Ley Orgánica de la Jurisdicción Contencioso-Administrativa[20].

6. El contrato administrativo de obra pública que es ley entre las partes: sus cláusulas
generales y especiales, los documentos fundamentales y otros instrumentos, tales como los
pliegos de condiciones, la oferta beneficiada con la adjudicación, los anexos-addedum modi-
ficatorios, garantías, actas, valuaciones, facturas y cualesquiera otros que se agreguen a medida que progrese o avance la ejecución de la obra[21].

IV. LAS VALUACIONES EN LA EJECUCIÓN DE LOS CONTRATOS ADMINISTRA-
TIVOS DE OBRAS PÚBLICAS. NATURALEZA JURÍDICA. FUNCIONES

1. *Naturaleza jurídica de las valuaciones*

Un mecanismo que se incorporó en los contratos administrativos de obras públicas, es la
valuación o valuaciones elaboradas por los contratistas con diversos fines y efectos en la

---

[16]   *Vid. G.O.* N° 39.503 de fecha 6 de septiembre de 2010.

[17]   *Vid. G.O.* N° 39.181 de fecha 19 de mayo de 2009.

[18]   *Vid. G.O.* N° 14 de julio 23 de 2010. *Vid.* Reglamento N° 1 en *G.O.* N° 5.781 Extraordinario
de fecha 12 de agosto de 2005.

[19]   *Vid. G.O.* N° 37.347 de fecha 17 de diciembre de 2001; Reglamento: Decreto N° 6.723, en
Gaceta Oficial N° 39.240 de fecha 12 de agosto de 2009.

[20]   Ley Orgánica del Tribunal Supremo de Justicia -**LOTSJ**-, publicada en la *G.O.* N° 5.991 Extraordinario de fecha 29 de julio de 2010, reimpresa por error material en *G.O.* N° 39.483 de fecha 9 de
agosto de 2010; y nuevamente reimpresa por errores materiales en la *G.O.* N° 39.522 de fecha 1 de
octubre de 2010; Ley Orgánica de la Jurisdicción Contencioso-Administrativa-**LOJCA**- Reimpresa por
error material en la *G.O.* N° 39.451 de fecha martes 22 de junio de 2010.

[21]   *Vid.* Artículos 93 **LCP** y 150 **RLCP**.

ejecución de los contratos administrativos de obras públicas. Su naturaleza, aparición y aplicación en el ámbito contractual las encontramos de modo expreso tanto en los actos administrativo normativos como es el caso de los decretos ejecutivos que ya con anterioridad a los años noventa regulaban entre otras, la ejecución de obras por la Administración Pública Nacional; de la doctrina administrativa nacional y foránea como de la jurisprudencia afirmada por la Sala Político Administrativa del Tribunal Supremo de Justicia que más adelante se citará y explicará.

Ahora bien, en conexión con los actos administrativos de carácter normativo algunos derogados y a título meramente de antecedentes ejecutivos, nos estamos refiriendo a los más recientes en el orden de su promulgación al Decreto N° 1.821 de fecha 30 de agosto de 1991[22], posteriormente derogado por el Decreto N° 1.417[23], y éste, derogado por el precitado Decreto Ejecutivo N° 6.708 de fecha 19 de mayo de 2009 mediante el cual se dictó el Reglamento de la Ley de Contrataciones Públicas -RLCP- vigente en la actualidad.

Por consiguiente, las valuaciones -o valuación de obras-, se encuentran hoy reguladas por una parte, por normas de rango legal como es el caso de las disposiciones contenidas en la Ley de Contrataciones Públicas -LCP-, y por la otra, por normas de rango sublegal contenidas en el aludido Reglamento de dicha Ley.

Es imperativo destacar, que ninguna de las normas o disposiciones en cuestión, ni siquiera las de rango legal han definido o conceptualizado a este documento, mecanismo o medio práctico denominado valuación integrado a la ejecución del contrato de obras públicas.

Por lo que concierne al origen, justificación y naturaleza de la valuación como documento fundamental en la ejecución de obras públicas, en primer término, la doctrina administrativa admite su existencia y la utilidad práctica, al analizarla y calificarla como el medio o instrumento esencial para facilitar el pago al contratista por obra ejecutada.

Sobre el particular, el Profesor Brewer-Carías expone lo siguiente:

"En materia administrativa, en principio, y de acuerdo al principio financiero tradicional, los pagos solo pueden ordenarse respecto de "servicios o gastos ya efectuados y comprobados". Así lo prevé el artículo 198 de la Ley Orgánica de la Hacienda Pública Nacional -LOHPN- (derogada parcialmente)[24], en el cual se establece que "Ningún pago autorizado puede ordenarse por cuenta del Tesoro Nacional, sino para satisfacer un servicio o gasto ya efectuado y comprobado"[25]. (Entre paréntesis nuestro)

Continua Brewer, "(…) un principio tan rígido obligaría en materia de contratos de obra pública a estipular como única forma de pago, la del pago global y alzado, al finalizar la

---

[22]   *G.O.* N° 34.797 de fecha 12 de septiembre de 1991.

[23]   *G.O.* N° 5.096 Extraordinaria de fecha 30 de agosto de 1.996.

[24]   *Vid. G.O.* N° 39.238 de fecha 10 de agosto de 2009: Ley Derogatoria Parcial de la LOHPN. Este artículo de la LOHPN fue derogado y sustituido por los artículos 54 y 94 de la Ley Orgánica de la Administración Financiera del Sector Público -LOAFSP- y de su Reglamento N° 1 -R1LOAFSP-, respectivamente, que son del tenor siguiente: "**Artículo 54.**- Ningún pago puede ser ordenado sino para pagar obligaciones válidamente contraídas y causadas, salvo lo previsto en el artículo 113 de esta ley"; **Artículo 94. Ordenación de pagos**. Ningún pago podrá ser ordenado sino para pagar obligaciones válidamente contraídas y causadas, salvo las provisiones…*omissis*…". (Cursivas nuestras)

[25]   BREWER-CARÍAS, Allan R. "Consideraciones sobre los derechos del contratista en los contratos de obra pública: El derecho al Precio y a su pago en la forma convenida", *Revista de Derecho Público* N° 28, Editorial Jurídica Venezolana, Caracas 1986, p. 35.

ejecución de la obra y comprobarse efectivamente el gasto, *lo que ha provocado la introducción legislativa de excepciones* a dicho principio hacendístico"[26].(Cursivas nuestras)

Agrega Brewer, "Precisamente para suavizar la regla fundamental hacendística del pago después del servicio prestado, el mismo Jèze destacaba a principios de este siglo dos sistemas en materia de contratos de obra pública: *el de anticipos* y *el de pagos a cuenta*, mediante los cuales la Administración no tiene que esperar que la obra esté completamente terminada para entregar dinero al contratista…entre las excepciones legales al principio hacendístico venezolano…están los "adelantos a los administradores, contratistas o empresarios de trabajos u obras que se ejecuten por cuenta de la Nación"[27]. (Cursivas nuestras)

Este *pago a cuenta* se identifica y se materializa en los contratos de obras públicas en el documento denominado valuaciones, que emergerá cada vez que el contratista termine una porción o parte de la obra siguiendo el cronograma de ejecución y lo convenido en la memoria descriptiva de la misma, por supuesto, cumpliéndose con la intervención imprescindible del ingeniero inspector por parte del órgano o ente público contratante, del ingeniero residente representante del contratista en la obra y llenados mediante el *acuerdo o concurso de voluntades*, los requisitos de validación y autorización de esas valuaciones del modo establecido en la Ley de Contrataciones Públicas -LCP- y de su reglamento -RLCP-.

De igual forma, se pronunció sobre la naturaleza jurídica de la valuación, entre otros instrumentos documentales inherentes a la ejecución de la obra, la Sala Político Administrativa en las decisiones dictadas en los casos: *Constructora Pecci, C.A., vs. Estado Guárico y Multiservicios Disloca, C.A., vs.: Gobernación del Estado Bolívar*[28], con el voto concurrente de la Magistrada Evelyn Marrero Ortiz de cuyo texto extraemos y copiamos lo siguiente:

"La Sala ha establecido en anteriores decisiones que para determinar la validez de los documentos producidos conforme a un contrato de obras, resulta necesario referirse a la naturaleza jurídica de los mismos (*Ver* Sentencia N° 01748 del 11 de julio de 2006)…*omissis*…instrumentos como las actas, en sus distintas variante (de inicio, terminación, recepción provisional, recepción definitiva e, incluso, de paralización), y las valuaciones requieren para su formación del concurso de voluntades de ambas partes a través de sus representantes en la obra (ingeniero residente e ingeniero inspector, para obrar en nombre de la contratista y el ente contratante, respectivamente). [A criterio de la Sala], …*omissis*…no se trata de actos administrativos mediante los cuales se verifica la actuación del ente público; se trata de documentos que requieren, para su formación, la concurrencia de dos voluntades, la de la contratista y la del contratante. Así, no obstante la naturaleza evidentemente pública del organismo accionado, instrumentos como los enunciados supra, producidos todos en virtud de un contrato celebrado con un particular, son netamente consensuales y de carácter privado, porque aun cuando sirven para precisar importantes aspectos del contrato administrativo, son externos a él y meramente complementarios… …*omissis*… [Sobre las valuaciones, la Sala opina] como las valuaciones reclamadas fueron consignadas en copias simples, la Sala no

---

[26]   *Ídem.* Al respecto debe indicarse que desde la Resolución Ministerial -MOP- N° 388 del 26 de agosto de 1975, siguiendo luego por las Condiciones Generales de Contratación para la Ejecución de Obras, aparecidas en los Decretos no tan lejanos N° 1.802, 1821 y 1.417, hasta la Ley de Contrataciones Públicas y su reglamento, se admitió y se admite el *"pago a cuenta"*, siempre y cuando medie la emisión de valuaciones por obra ejecutada siguiendo las exigencias de Ley.

[27]   BREWER, *op.cit. supra*, p. 36.

[28]   TSJ/SPA. Sentencia N° 00492 de fecha 27 de mayo de 2010 (Voto concurrente y publicación en fecha 01 de junio de 2010). Expediente N° 2003-1538

puede darles valor de plena prueba en el presente juicio, pues la parte actora, para servirse de ellas, debió desplegar mayor diligencia en el lapso probatorio, promoviendo la exhibición de los originales, carga que no cumplió. En consecuencia, la Sala concluye que las invocadas valuaciones no fueron probadas por la parte actora. Así se declara".

Por lo que concierne al mencionado voto concurrente presentado por la Magistrada Marrero Ortiz, a la opinión de la mayoría sentenciadora en esa decisión (parte dispositiva), quien expresamente manifiesta que la comparte parcialmente, la llevó a no obviar y exponer consecuencialmente, sus diferencias de criterio en lo relativo al trato que los sentenciadores le dieron a las pruebas documentales (entre las cuales se destacan las valuaciones) y en lo particular, a la naturaleza jurídica y a la valoración de las mismas.

Así las cosas, extraemos de esa decisión, lo más relevante de ese voto concurrente como sigue:

"Ahora bien, en el fallo la mayoría sentenciadora afirma que las actas y valuaciones suscritas con ocasión de la ejecución del "contrato principal número…omissis…y [en el] contrato número…omissis…, no comparten la naturaleza de un acto administrativo en sentido estricto; pero es innegable [afirma el voto concurrente] que esos documentos son elaboradas en el marco de la relación contractual que une a la sociedad mercantil Mantenimientos Elneca, C.A. con el Estado Bolívar, vínculo este que se constituye con miras a la materialización de importantes fines de dicho Estado mediante el ejercicio de la actividad contractual, como lo son la "Operación, Mantenimiento, Guarda y Custodia de las Redes y Sistemas de Generación, Propiedad del Ejecutivo del Estado Bolívar", actividad mediante la cual la señalada empresa se convierte en coadyuvante de la Administración en la consecución de objetivos de interés general, en el caso que nos ocupa, al servicio de la colectividad regional.

…omissis…

(…) la concurrencia de un funcionario de la Administración Pública en la suscripción de las referidas actas y valuaciones, en opinión de quien suscribe [voto concurrente] confiere a tales documentos la naturaleza de documentos administrativos y no de documentos privados, en tanto que se constituyen en declaraciones de voluntad, conocimiento, juicio o certeza, de un funcionario que las emite de acuerdo a formalidades legales o contractuales previamente establecidas, aun cuando también en su formación participa la empresa contratista.

Así, la validez de tales documentales [las mencionadas actas y valuaciones] no se encuentra supeditada al solo elemento volitivo de los firmantes [al concurso o acuerdo de dos voluntades], pues dichos actos y sus formalidades están establecidos en normas legales, reglamentarias o derivadas del contrato administrativo. En efecto, a juicio de la concurrente, no se trata en estos casos, de dejar sentada la voluntad u opinión de las partes [Administración y contratista] respecto a un punto específico, como ocurriría, por ejemplo, en los documentos denominados "Minutas de Reunión", sino más bien en ellos se deja constancia de la verificación por parte del funcionario competente del cumplimiento de los lineamientos y directrices relativos a la ejecución de la obra o servicio de que se trate; verificación que se impone bien por mandato del propio contrato o por la Ley, pero siempre dentro de una relación contractual regida por el Derecho Administrativo y sólo supletoriamente por el Derecho Privado.

En consecuencia, quien suscribe [el voto concurrente] considera que las actas de inicio, terminación, aceptación provisional y aceptación definitiva, así como las valuaciones surgidas en ejecución de un contrato, bien sea de obra o de servicio, no son documentos privados, sino verdaderos documentos administrativos, razón por la cual deben ser apreciados y valorados con especial observancia a dicha naturaleza. Por ello, en vista del vacío legislativo que aun rodea esta específica materia y de la trascendencia de los intereses generales debatidos en la jurisdicción contencioso-administrativa, los mencionados documentos como medios probatorios deben ser valorados con criterios amplios que permitan al juez su apreciación conforme a su particular naturaleza [como documentos administrativos], sin que se encuentre atado a la clásica distinción iusprivatista [de Derecho privado] entre documentos públicos y documentos privados.

De allí que la parte contra quien se promueva un documento administrativo, pueda hacer uso de una variedad de medios probatorios destinados a desvirtuar su contenido, correspondiendo al Juez en cada caso, aplicar razonablemente su discrecionalidad para afirmarle o negarle su valor probatorio. En todo caso, la impugnación de elementos específicos de tales documentos, solamente puede ser realizada mediante la tacha de falsedad a fin de demostrar la alteración que en algún momento puedan presentar…" (Subrayados y corchetes nuestros)

2. *Concepto de valuación*

Ha sido entonces la jurisprudencia del más alto Tribunal de la República, la que ha definido la valuación en los contratos de obras públicas, a partir de la sentencia dictada en el caso *Construcciones M.W. contra el Municipio Guanarito del Estado Portuguesa*[29], en la cual la Sala acogió el concepto de Valuación incorporado en el *Diccionario Enciclopédico de Derecho Usual* (Guillermo Cabanellas, Edt. Heliasta SRL, 27ª, Edición 2001) que la define como "(…) la fijación del valor de una cosa, señalando el precio de la misma, cuando haya de ser enajenada, objeto de indemnización, adjudicación, dación el pago o para determinar simplemente su expresión en dinero… En el caso concreto que se examina, tal definición alude al valor económico derivado de la ejecución de la obra contratada, tomando en consideración diversos aspectos técnicos".

De la definición anterior se evidencia que la valuación es un mecanismo de hacer y un documento de carácter bilateral integrado por una parte por la Administración Pública y por la otra, la contratista, usualmente una persona jurídica de Derecho privado, mediante el cual se determina [por los interesados], de modo expreso, por escrito, con certeza y según el dictado de ciertas normas técnicas -mediciones, planos, memoria descriptiva, especificaciones-, legales o sublegales, la porción de la obra ejecutada y consecuencialmente, el valor en dinero de la misma con el propósito de que surta sus efectos legales inmediatos en el contrato o negociación de que se trate. Así lo sostuvo la Sala Político Administrativa en el caso: *Multiservicios Disroca C.A. vs. Municipio Juan José Mora del Estado Carabobo*[30] como sigue:

"(…) conforme a un contrato de obras, insistiendo en reiteradas oportunidades en que instrumentos como las actas en sus distintas variante… así como las valuaciones, requieren para su formación, del concurso de voluntades de ambas partes a través de sus representantes en la obra (ingeniero residente e ingeniero inspector para obrar en nombre de la contratista y el ente contratante, respectivamente)…"; continua la Sala… se trata de documentos que requieren para su formación, la concurrencia de dos voluntades, la del contratista y la del contratante (*sic*)…".

Desde la perspectiva de la doctrina administrativa relevante, el Profesor Lares no elabora una definición o concepto específico de la valuación. Al tratar la forma o modo de pago del precio de la obra pública en ejecución, el Profesor Lares no usa el vocablo valuación o valuaciones; sin embargo, se estima que en su posición doctrinal explicativa del modo de pago y del uso de una denominación diferente para ese mecanismo o documento, subyace no obstante, la esencia misma, la existencia y la función del instrumento denominado valuación.

---

[29] TSJ/SPA. Sentencia N° 00673 de fecha 15 de marzo de 2006.

[30] TSJ/SPA. Sentencia N° 1748 de fecha 11 de julio de 2006.

Así lo explica el Maestro: "La Administración, generalmente, efectúa el pago del precio por fracciones, de acuerdo con el programa de los trabajos. Con este objeto el contratista presenta en los períodos convenidos, generalmente mensuales, una relación especificada de los trabajos ejecutados, con expresión de las tareas y del precio unitario convenido. La relación periódica deberá ser examinada y aprobada por el ingeniero inspector. Se llama "certificado de obra". La Administración deberá con toda puntualidad ordenar el pago de la cantidad líquida conforme a cada certificado de obra"[31].

3. *Funciones y aportes de las valuaciones a los contratos de obras públicas*

Como se expresó de manera introductoria, y a los efectos de los contratos administrativos de obras públicas, la valuación tiene por finalidad básica como instrumento escrito y de integración bilateral, dejar constancia expresa a través de la manifestación de voluntad de los representantes de las partes en la ejecución del contrato, léase, del ingeniero inspector y del ingeniero residente, actuando en nombre del órgano o ente contratante y de la contratista, respectivamente, sobre a verificación de la ejecución efectiva y la aceptación -parcial- de las porciones de obras ejecutadas y entregadas a satisfacción del órgano o ente público contratante, y en consecuencia, obtener la aprobación de lo ejecutado y la emisión de la orden del pago respectiva.

Entre las *funciones* que presta la valuación en el contrato administrativo de obras públicas, se pueden identificar las siguientes:

1. Como documento de verificación, examen o constatación y aceptación por parte del ingeniero inspector y del ingeniero residente, de la porción de la obra ejecutada y como documento probatorio o demostrativo, que la misma se realizó en cumplimiento de lo contenido en los planos, especificaciones y memoria descriptiva del proyecto en cuestión; y en virtud de lo anterior, dicha porción de obra será aceptada por el ingeniero inspector -en nuestro criterio de modo definitivo-, o su aceptación quedará condicionada a las observaciones o reparos que dicho representante haga a la misma. Al respecto se pronunció la Sala Político Administrativa del más alto Tribunal de la República al sentar en el caso *Invicta Electrónica, C.A., contra la Alcaldía del Municipio Ezequiel Zamora del Estado Aragua* el criterio siguiente:

"(...) *además de las Acta de Inicio, de Terminación y de Recepción de la Obra, suscritas por ambas partes, la prueba documental por excelencia para demostrar la ejecución de una obra es la valuación (inicial, de ejecución o final), pues ésta permite conocer con certeza y exactitud la forma y el tiempo en la realización de las obras convenidas,* entre otros aspectos de carácter técnico...una vez más, la importancia de la presentación en juicio de las valuaciones, pues van a ser estos documentos, junto con las respectivas Actas de Inicio, Terminación y Recepción Provisional o definitiva, los que darán al juzgador los elementos necesarios para determinar todo lo relacionado a la ejecución de las obras, máxime cuando las partes convienen que el pago (a cuenta) se realizará por medio de valuaciones, como es el caso de autos"[32]. (Cursivas la Sala, entre paréntesis nuestro)

2. Como documento probatorio -léase, la valuación similar en sus efectos a los instrumentos privados reconocidos o tenidos legalmente por reconocidos según lo estipulado en los Arts. 1.357 y 1.363 del Código Civil, toda vez que hacen fe hasta prueba en contrario, del hecho material de las declaraciones en ellos contenidas; para el supuesto que la valuación no sea impugnada o desconocida por la persona a quien se le opone, como sería el del caso es-

---

[31] LARES, *op.cit. supra*. p. 322.

[32] *Vid.*, TSJ/SPA. Sentencia Nº 00242 de fecha 9 de febrero de 2006.

pecífico y a título ilustrativo, de haber sido pagada por el órgano o ente público contratante pero con retardo o retraso superior al convenido en el contrato o en su defecto, al establecido expresamente en la Ley o en el reglamento, y sin que el órgano o ente contratante hubiese hecho oposición o hubiese rechazado o impugnado esa valuación. Sobre un caso semejante se pronunció la Sala Político Administrativa del Tribunal Supremo en el caso: *Constructora Alpi, C.A., contra CVG Ferrominera del Orinoco, C.A.*, en los términos que se citan de seguidas:

> "Establecido como ha sido que C.V.G. Ferrominera del Orinoco C.A., pagó los montos relacionados con las valuaciones números...*omissis*... con retrasos superiores a los 60 días indicados en el artículo 58 del Decreto Nº 1.417, contados a partir de su presentación al ingeniero inspector, y por cuanto tales valuaciones no fueron rechazadas por éste ni por la oficina administradora del ente contratante, resulta aplicable la consecuencia jurídica de dicha norma; de allí que la sociedad demandada -Ferrominera- deberá pagar a la contratista intereses sobre los montos netos a pagar por el tiempo de mora hasta la fecha en la cual el pago se encuentra en caja o en tesorería, según sea el caso"[33]. (Subrayados nuestros)

En materia de impugnación de documentos como el que nos ocupa, de regreso al voto concurrente de la Magistrada Marrero Ortiz en el caso: *Mantenimientos Elneca, C.A., vs. Gobernación del Estado Bolívar*, y retomando parte del mismo en el cual la Magistrada afirma que la concurrencia de un funcionario de la Administración Pública en la suscripción de las referidas actas y valuaciones, confiere a tales documentos la naturaleza de documentos administrativos y no de documentos privados (por las razones por ella aludidas), aun cuando también en su formación participa la empresa contratista, lo cual es estrictamente necesario ya que es esta última la que prepara el contenido de la valuación, con vista a la porción de obra ejecutada que efectivamente entrega, atribuyéndole asimismo el valor monetario que pretende le sea pagado. Queda la Administración a través de su ingeniero inspector, con la tarea de determinar la veracidad del contenido de la valuación, al proceder a verificar, medir, examinar vis a vis los planos, especificaciones, memoria descriptiva y otros elementos de carácter técnico, lo que aprecia y resulta tanto de la inspección de viso como de la técnica, pudiendo de esa manera emitir *su juicio u opinión* sobre el resultado de la inspección, aprobando o improbando la valuación. Interpretamos del voto concurrente, que por emanar ese *juicio u opinión* de un funcionario de la Administración que aprueba la valuación -léase un documento administrativo- y en consecuencia, compromete al patrimonio público, el medio de impugnación como lo afirma la Magistrada es la tacha de falsedad, al tenor siguiente:

> "En todo caso, la impugnación de elementos específicos de tales documentos, solamente puede ser realizada mediante la tacha de falsedad a fin de demostrar la alteración que en algún momento puedan presentar...".

Y agregaríamos, de lo que se interpreta del voto concurrente, que al tratarse la valuación de un documento administrativo o considerado público o con la apariencia de tal, en cuya elaboración, complementación, verificación, examen, medición, juicio u opinión, intervino de manera decisiva el funcionario de la Administración puesto que así lo ordena la Ley de Contrataciones Públicas y su reglamento, a los efectos de recibir una porción de una obra pública y legitimar un pago a cargo del patrimonio público, esa impugnación se ajusta por consiguiente, a lo prescrito en las disposiciones contenidas en los Arts. 1.380 y siguientes del Código Civil en materia de tacha de falsedad (o de la falsedad de los instrumentos).

---

[33] TSJ/SPA. Sentencia Nº 00486 de fecha 26 de marzo de 2003. Expediente Nº 1999-16592.

3. Como documento demostrativo con efectos ulteriores, de las variaciones ocurridas durante la ejecución del contrato, tanto las voluntarias o imputables u ordenadas por el órgano o ente contratante como las involuntarias atribuibles a hechos impredecibles posteriores a la presentación de la oferta, citando como ejemplo de las mismas, las variaciones del presupuesto o de precios, las modificaciones al contrato tales como cambios en el alcance o en la cantidad de obras, etc.

4. Como documento de subtotalización parcial y sucesivo del precio por cada porción de la obra entregada por el ingeniero residente y recibida, fiscalizada y aprobada por el ingeniero inspector hasta su entrega y aceptación definitiva; o como un medio para hacer efectiva la compensación de deudas, verbigracia, entre una sanción contractual impuesta al contratista con fundamento en una penalización contractual y los monto de valuaciones impagadas, visto esto último como otro modo de expresar el concurso de voluntades: entre el representante del órgano o ente público y el representante de la contratista a pesar del contenido del Art. 1.332 de Código Civil que admite *ope legis* la compensación de deudas. Sobre la compensación se abundará más adelante en el punto 5 infra.

Con respecto a la función antes comentada, observamos de una decisión emanada de la Sala Político Administrativa del TSJ, el criterio jurisprudencial que a continuación se transcribe, en particular, el destacado en el caso: *Multiservicios Disroca C.A.*, contra el *Municipio Juan José Mora del Estado Carabobo*[34], al afirmar que es requisito esencial para la validez y eficacia de las valuaciones -y en consecuencia, para la procedencia de la compensación de deudas- que:

"*...requieren para su formación, del concurso de voluntades de ambas partes a través de sus representantes en la obra (ingeniero residente e ingeniero inspector, para obrar en nombre de la contratista y del ente contratante, respectivamente)*".

5. Como se indico preliminarmente supra, la valuación como documento que recoge el aludido acuerdo específico de las partes, facilitaría además, la compensación de deudas entre el órgano o ente público contratante y la contratista. Para el supuesto de que por hechos ocurridos durante la ejecución del contrato, se generen deudas de cantidades de dinero provenientes entre otros, de la ejecución de una cláusula penal dineraria contra el contratista y a su vez, el órgano o ente público le adeude al contratista cantidades de dinero por valuaciones aprobadas parcialmente o que hayan sido totalmente aprobadas y no pagadas, el órgano o ente contratante y el contratista podrán compensar deudas *hasta el monto concurrente*, o lo que es lo mismo, la compensación procederá *ope legis* y se materializará entre el monto de la valuación o valuaciones que en definitiva se aprueben más una cantidad de dinero por concepto de los intereses de mora por el incumplimiento voluntario de pago de la obligación dineraria a favor del contratista y el monto de lo adeudado por el contratista al órgano o ente público contratante derivado de las sanciones contractuales dinerarias fijadas en el contrato, o en su defecto, las prescritas en la Ley o en su reglamento, tal como lo decidió la Sala Político Administrativa en el referido caso: *Constructora Alpi, C.A. contra C.V.G. Ferrominera del Orinoco, C.A.*[35], como sigue:

"De las cantidades acordadas en este fallo, concluye la Sala que: 1.- Constructora Alpi, C.A., adeuda a C.V.G. Ferrominera del Orinoco, C.A.: a. Once Millones setecientos setenta y cinco mil seiscientos veintiocho bolívares... (Bs. 11.775.628) por concepto de indemnización con-

---

[34] *Vid.*, TSJ/SPA. Sentencia N° 1748 de fecha 11 de julio de 2006.

[35] TSJ/SPA. Sentencia citada supra.

forme lo establece el artículo 118 en concordancia con el artículo 113, literal "c" de... *omissis*... Decreto Nº 1.417 del 31 de julio de 1996. b. Cincuenta y dos millones cincuenta y seis mil setecientos siete bolívares (Bs. 52.056.707) por concepto de <u>anticipo inicial y especial</u> otorgados al contratista <u>y no retenidos</u> con posterioridad a la presentación de la valuación de obra ejecutada Nº 8 (...) 2.- C.V.G. Ferrominera del Orinoco, C.A., <u>adeuda a</u> Constructora Alpi, C.A., <u>las cantidades expresadas en las valuaciones de obra ejecutada</u> números ...*omissis*... respectivamente; lo que asciende a un total de ...*omissis*... lo que asciende a un total de ...*omissis*... Bs. 43.719.443, 98. 3. <u>Efectuada la compensación de ambas deudas</u>, se tiene entonces que Constructora Alpi, C.A., debe pagar al ente contratante la cantidad de...*omissis*... Bs. 20.112.892,04". (Subrayados nuestros)

6. Al ser aceptada y aprobada la valuación o valuaciones tanto por el ingeniero inspector como por la autoridad administrativa interna del órgano o ente contratante, ésta -la valuación- constituirá así mismo un instrumento o documento justificativo del pago (o de respaldo a la orden de pago que emita esa autoridad contra esa valuación) de parte o de un porcentaje del precio del contrato, y con base en esa valuación, el precitado órgano o ente público demostrará la legalidad de dicho pago por ante los órganos de control interno -auditores-, y satisfará en consecuencia, una obligación válida, cierta, líquida y exigible a favor del contratista ejecutor según lo convenido en el contrato y sus anexos; o en su defecto, por lo establecido en Ley o reglamento aplicable a dicha relación contractual.

7. Como documento demostrativo de los derechos del contratista, que emergen de la ejecución del contrato de obra pública, que de ser autorizado [ese documento] por el órgano o ente contratante, la valuación o valuaciones (cuyo valor se materializa y se hace efectivo aunque de modo parcial en el precio del contrato) podrán ser objeto de cesión -de modo sucesivo- hasta la terminación de la obra y la emisión de la última de ellas, para garantizar obligaciones dinerarias asumidas por la contratista cedente, para cubrir obligaciones derivadas de una línea de crédito concedida por un banco comercial u otra institución financiera y cualesquiera otras obligaciones susceptibles de ser respaldadas o garantizadas por estas valuaciones; a los efectos de su validez y de las consecuencias legales que se espera de una cesión sucesiva de las valuaciones aprobadas por el órgano o ente público contratante a favor del cesionario de las mismas, la contratista cedente deberá cumplir así mismo, entre otras, con las exigencias de notificación, y garantizar la solvencia del deudor cedido contenidas en los artículos 1.549 y siguientes del Código Civil venezolano vigente. Se hace imperativo no obstante, precisar varios aspectos relativos a la cesión de valuaciones cuyo origen de manera reiterada, se encuentra contenido en el contrato administrativo de obras públicas por acuerdo convencional alcanzado sobre el modo de pago del precio del contrato.

De acuerdo con la recién asentada jurisprudencia de la Sala Político Administrativa en sentencias dictadas en casos donde se discute la validez de la cesión de valuaciones, derivadas de la ejecución de contratos administrativos de obras públicas, precisamos y citamos extractos de esas decisiones a los fines de establecer o fijar el criterio y las exigencias de esa Sala al resolver conflictos que surgen de una relación contractual habida entre la Administración Pública y un contratista, en la cual la discusión toca entre otras, la cesión de valuaciones realizada por la contratista beneficiaria y un tercero cesionario.

Así, en sentencia dictada por la precitada Sala en el caso: *Cogan de Venezuela, C.A. (cesionaria) contra el Centro Simón Bolívar, C.A.*[36] (ente público contratante y deudor cedido), siendo la empresa Delpre, C.A., la contratista y cedente de la valuación; se dejo sentado lo

---

[36]   TSJ/SPA. Sentencia Nº 00177 de fecha 6 de febrero de 2007. Exp. Nº 1998-14632.

siguiente con respecto a los documentos que necesariamente debe tener en su poder el cesionario de las valuaciones, para que en caso de negativa del deudor cedido, de honrar la obligación dineraria objeto de la misma, prospere o sea exitosa la demanda por cumplimiento de contrato que el cesionario interponga en contra del deudor cedido. Así se destaca de esa decisión que:

(...) *la parte actora debía consignar junto al libelo los instrumentos de los cuales se deriva el derecho deducido, o indicar la oficina o lugar donde se encuentran, so pena de la declaración de inadmisibilidad de la demanda. Siendo ello así, esta Sala pasa a verificar los instrumentos acompañados al libelo de demanda, y en ese sentido se observa, que fueron consignados: 1) Original del instrumento poder que acredita su representación y; 2) Copias certificadas del contrato de cesión de crédito autenticado ante la Notaría Pública Décima Novena de Caracas, el 17 de mayo de 1.988, anotado bajo el N° 44, Tomo 27, de los libros de autenticaciones llevados por esa Notaria...*(Cursivas la Sala); en razón que el presente juicio se contrae a determinar la procedencia o no de unos montos reclamados con ocasión a una cesión de crédito, es imprescindible hacer mención de las normas que regulan esa institución, a los fines de establecer si fueron acompañados al libelo de demanda los instrumentos fundamentales de la pretensión, y al respecto se observa que la cesión de créditos se encuentra prevista y regulada ...omissis... Así, el artículo 1.549 del Código Civil establece que:

"*Artículo 1.549. La venta o cesión de un crédito, de un derecho o de una acción son perfectas, y el derecho cedido se transmite al cesionario, desde que haya convenio sobre el crédito o derecho cedido y el precio, aunque no se haya hecho tradición. La tradición se hace con la entrega del título que justifica el crédito o derecho cedido*".

Precisado lo anterior, se observa que *el único documento consignado junto al libelo como fundamento de la pretensión*, fue el contrato de cesión de crédito autenticado ante la Notaría Pública Décima Novena de Caracas, el 17 de mayo de 1.988, anotado bajo el N° ...omissis... de los libros de autenticaciones llevados por esa Notaria, el cual es del tenor siguiente: "Yo, ...omissis... declaro: Que mi representada cede y traspasa formal e irrevocablemente a la sociedad mercantil Cogan de Venezuela, C.A., parte del crédito derivado de la siguiente Valuación: CFHC-PROY-1 por un monto de ...omissis... correspondiente al Contrato PCC-4 celebrado entre mi representada y el Centro Simón Bolívar, C.A., relativa a Obras Parque Central, Caracas. El precio de esta cesión es la cantidad de...omissis... En virtud de la presente cesión, el Centro Simón Bolívar, C.A., se servirá expedir las órdenes de pago correspondiente a nombre de Cogan de Venezuela, C.A., única autorizada para su cobro a partir de la presente fecha. Mi representada garantiza la existencia de del crédito cedido y la solvencia del deudor; una copia de este documento será remitida por ´Delpre, C.A.´ al Centro Simón Bolívar, C.A., en señal de notificación...omissis...". Ahora bien, es necesario establecer que si bien el contrato de cesión se encuentra acreditado en autos, no fueron traídos a juicio los instrumentos de donde deriva el título que justifica el crédito o derecho cedido, que de acuerdo a lo observado en la trascripción precedentemente efectuada, serían: i) la Valuación CFHC-PROY-1 y ii) el Contrato PCC-4; lo cual a pesar de no afectar la validez y formación del contrato de cesión en el ámbito material, es imprescindible para determinar la obligación reclamada ante esta instancia, constituyendo por lo tanto instrumentos fundamentales sin los cuales no es posible deducir la pretensión. Así se declara". (Cursivas la Sala. Subrayados nuestros)

Del extracto de la precedente sentencia, se evidencia que no le basta al cesionario con suscribir y tener el documento autenticado de cesión de valuaciones para sostener y alcanzar por la vía jurisdiccional su derecho al pago; sino que deberá además exigirle al contratista cedente, en el mejor de los casos, la entrega del otro ejemplar en original del contrato de obras públicas suscrito con la Administración y copia certificada por la Administración contratante, de la valuación o valuaciones presentadas a ésta, para su verificación, examen y autorización, que posteriormente serán cedidas, como documentos esenciales y fundamentales a ser traídos a juicio, para el caso de la negativa de pago por parte del ente contratante o deudor cedido. En defecto de esa copia certificada, la propia jurisprudencia de la Sala, admite la copia fotostática de la valuación o valuaciones donde aparezca el sello húmedo del órgano o ente público, la firma ilegible y la fecha de recibo, a los efectos de que la parte demandante -contratista- solicite con base en ésta, la exhibición del original.

El otro requisito esencial exigido tanto en lo extrajudicial como en lo judicial, léase, fuera de juicio o dentro de juicio, respectivamente, es el cumplimiento exacto por el contratista de las disposiciones contractuales y legales relativas a la prohibición de cesión de valuaciones o a la admisión de esa cesión, salvo que el órgano o ente público previo al acto de cesión otorgue la autorización expresa para realizar la misma. Al respecto, la Ley de Contrataciones Públicas -**LCP**- prescribe:

> "*Artículo 97.Cesiones (LCP).* El contratista no podrá ceder ni traspasar el contrato de ninguna forma, ni en todo ni en parte, sin la previa autorización del órgano o ente contratante, quien no reconocerá ningún pacto o convenio que celebre el contratista para la cesión total o parcial del contrato, y lo considerará nulo en caso de que esto ocurriera". (Subrayado nuestro)

Sobre el particular, igualmente se ha pronunciado la Sala Político Administrativa en sentencia dictada en el caso *Flavio Azael Roa* (cesionario de los créditos especificados en las órdenes de pago de valuaciones) contra el *Municipio Heres del Estado Bolívar* (deudor cedido) y contra el ciudadano *Héctor Barrios* (Alcalde de ese Municipio); siendo la sociedad mercantil Coninserka, C.A., la contratista cedente[37].

Del extracto de la precitada decisión se observa, la admisión y validez de una forma de notificación de la cesión, que incorpora a su vez, una autorización o consentimiento "*sui generis*" de la máxima autoridad del órgano o ente público contratante por el contenido de lo expresado por esa autoridad como sigue:

> "En efecto, constata la Sala que las referidas cesiones las aprobó el Alcalde del Municipio Heres, tal como consta en sendas declaraciones suyas en cada documento de contrato, así como sigue: "Y yo,...*omissis*...domiciliado en Ciudad Bolívar, Municipio Autónomo Heres del Estado Bolívar, declaro: Que presto el consentimiento de la Alcaldía del Municipio Autónomo Heres del Estado Bolívar a la presente cesión que hace la Sociedad Mercantil Conincerka, C.A., al Sr. Flavio Azael Roa, y el último recibe de la Empresa Contratista la correspondiente participación de dicha cesión en Ciudad Bolívar a los dieciséis días del mes de septiembre de mil novecientos noventa y ocho (*sic*) ...De la declaración transcrita se observa que el ciudadano...*omissis*... actuó como Alcalde en representación del Municipio... *En este sentido*, al estar probada en autos la cesión de los créditos derivados de los contratos de obra, la ejecución de cada una de las obras y la notificación y aceptación del deudor cedido (Municipio), resulta procedente el pago demandado, por concepto del precio de cada una de las tres obras ejecutadas, cuya cantidad total es de...*omissis*...; teniendo de esta manera el actor derecho a tal reclamo, de acuerdo al artículo 1.550 del Código Civil, que prevé: "El cesionario no tiene derecho contra terceros sino después que la cesión se ha notificado al deudor, o que éste la ha aceptado". (Subrayados nuestros)

Ahora bien, en línea con la exigencia -legal- de la autorización previa de la cesión por la autoridad pública competente a la que antes se aludió, en sentencia dictada por el Juzgado

---

[37]   TSJ/SPA. Sentencia Nº 00870 de fecha 31 de mayo de 2007. Exp. Nº 2001-0373.

Superior en lo Civil, Mercantil, del Tránsito, del Trabajo y de Menores de la Circunscripción Judicial del Estado Falcón en el caso: *Julio J. Chirinos García* (demandante por cobro de bolívares, embargante de la valuación del contrato N° 03-00-2001) contra la empresa Lopgar, C.A., (contratista cedente) y el Ejecutivo del Estado Falcón (ente contratante y deudor cedido) y la intervención de un tercero la ciudadana Digna Araujo (cesionaria de la valuación del contrato N° 03-00-2001)[38], este Juzgado Superior se pronunció como sigue:

"Por su parte, ni el demandante, ni el demandado en el juicio principal hicieron resistencia a las pretensiones de la tercera interesada y fue el Tribunal de la causa, mediante inspección, que no aparece en el expediente, constató que la Administración Pública no había autorizado la cesión, tal como lo exige el artículo 5 del mencionado decreto para la contratación de obras públicas. Así las cosas, cabe determinar si la cesión que de la valuación hiciera Lopgar C.A., a la tercera opositora es un título autentico capaz de ser oponible a terceros.

En este sentido, cabe destacar que los artículos 1.549 y 1.550 del Código Civil establecen:

"*Art. 1.549.* La venta o cesión de un crédito, de un derecho o de una acción son perfectas, y el derecho cedido se transmite al cesionario, desde que haya convenio sobre el crédito o derecho cedido y el precio, aunque no se haya hecho tradición.

Art. 1.550. El cesionario no tiene derecho contra terceros sino después que la cesión se ha notificado al deudor, o que éste la ha aceptado". (Subrayado nuestro)

En tanto que el artículo 5 del Decreto Presidencial (Decreto N° 1.417)[39] que rige las condiciones generales de (ejecución) construcción de obras con la Administración Pública, pauta que:

"*Artículo 5°.* El contratista no podrá ceder ni traspasar el contrato en ninguna forma, ni en todo ni en parte, sin la previa autorización del ente contratante. El ente contratante no reconocerá ningún pacto o convenio que celebre el contratista para la cesión total o parcial sin que éste hubiese obtenido previamente la indicada autorización y la considerará nulo sin perjuicio del derecho que lo asiste de rescindir unilateralmente el contrato, de acuerdo con lo previsto en el literal "c" del artículo 116 de este Decreto".

De manera que, si bien el contrato de cesión es válido entre Digna Araujo Briceño y Lopgar C.A., de acuerdo con lo estipulado en los artículos 1.159, 1.161 y 1.549 del citado Código Civil, no menos es cierto, que esta cesión no es oponible al demandante, ni a la Administración Pública, por más que a esta se le haya notificado, de lo cual hay prueba en el expediente, porque la tercera opositora tenía la carga de acreditar, además, que el Estado había autorizado (de modo expreso y por supuesto, por escrito) esa cesión, tal como lo exigen los artículos 1.550 *eiusdem* y el artículo 5 del Decreto que rige las condiciones generales de contratación de obras, para que dicha cesión produjera efectos contra el demandante Julio José Chirinos García, tal como lo exige el artículo 1.166 del citado Código Civil, que rige el principio de la relatividad de los contratos. En consecuencia, la cesión realizada entre Digna Araujo Briceño y Lopgar C.A., carece de la condición de título autentico para hacer oposición en su condición de tercera interesada; y así se establece." (Subrayados y entre paréntesis nuestros)

---

[38] TSJ/REGIONES FALCÓN. Sentencia N° 095-08-06-004 de fecha 8 de junio de 2004. Exp. N° 3518.

[39] En la vigente Ley de Contrataciones Públicas -**LCP**-, la cesión es regulada por el Art. 97.

V.   REGIMEN DE PAGO DEL PRECIO DEL CONTRATO MEDIANTE VALUACIO-
     NES SEGÚN LA LEY DE CONTRATACIONES PÚBLICAS -LCP-, SU REGLA-
     MENTO Y POR VIA SUPLETORIA, LAS NORMAS DEL DERECHO COMUN Y
     DE LA LEGISLACIÓN COMERCIAL

1.   *Pago del precio del contrato*

El órgano o ente contratante pagará el precio del contrato al contratista, a sus herederos
o causahabientes a titulo universal o a quien sus derechos represente o a quien el contratista
le hubiese cedido legalmente tales derechos, dando estricto cumplimiento a lo expresamente
convenido por las partes en el contrato y en los instrumentos regulatorios de esa contratación.
En los aspectos no previstos en el contrato, se aplicarán las disposiciones que sobre el particular están previstas tanto en la **LCP** como en el **RLCP** de ésta última; y por vía supletoria,
en las normas contenidas en el Derecho común.

2.   *Régimen de aplicación de la **LCP** y de su reglamento en relación a las valuaciones
     y a su pago*

Por lo que concierne al pago del precio del contrato administrativo de obras públicas,
mediante la modalidad de *"pago a cuenta mediante valuaciones"*, se debe observar lo convenido contractualmente por las partes, y para el supuesto que el contrato nada regule al respecto, se someterá a las disposiciones contenida en la Ley de Contrataciones Públicas -LCP- en
los artículos 116, 117 y 118, y otras normas del Derecho común y de la legislación mercantil
aplicables supletoriamente, es decir, normas de rango legal; y por otra parte, otra categoría de
normas, esta vez las contenidas en los artículos 177 y 176 del Reglamento de la Ley de Contrataciones Públicas -**RLCP**-; es decir, de normas de rango sublegal.

3.   *De las valuaciones y su pago*

Del contenido de la **LCP** se observa que el legislador previó dos tipos de normas con relación al pago del precio del contrato. La primera de las norma concierne a los requisitos que
debe cumplir el órgano o ente contratante antes de proceder a hacer efectivo dicho pago o los
pagos sucesivos. Esos requisitos se reducen a la comprobación o a la verificación y trascripción en el Libro de Obras por parte del representante autorizado -el ingeniero inspector- del
órgano o ente pagador, de circunstancias relativas a la constatación de que la obra o porción
de ésta, fue realmente ejecutada por el contratista a satisfacción del órgano o ente contratante,
como lo prescribe el Numeral 4 del Artículo 115 de la **LCP**, lo cual se repite en el artículo
116 que más abajo se transcribe, y en el Numeral 3 del Artículo 164 del **RLCP**. Los referidos
artículos 116 de la **LCP** y 164 de su **RLCP** indican lo siguiente:

"*Artículo 116*. LCP Condiciones para el pago.

El órgano o ente contratante procederá a pagar las obligaciones contraídas con motivo del
contrato, cumpliendo con lo siguiente:

1. Verificación del cumplimiento del suministro del bien o servicio o de la ejecución de la
obra, o parte de ésta.

2. Recepción y revisión de las facturas presentadas por el contratista.

3. Conformación, por parte del supervisor o ingeniero inspector del cumplimiento de las
condiciones establecidas.

4. Autorización del pago por parte de las personas autorizadas".

"Artículo 164. Libro de Obras. RLCP: El Contratista está obligado a llevar un libro de obras, que debe estar debidamente foliado en cada una de sus páginas y la apertura y sellado del mismos debe ser efectuado por el representante del órgano o ente contratante, igualmente debe ser firmado por el ingeniero inspector, el ingeniero residente y el Contratista. Este libro deberá ser revisado mensualmente por el supervisor inmediato del ingeniero inspector y dejar constancia de su conformidad u observaciones que hubiere formulado y contendrá al menos:

1....*Omissis...*

3. Las fechas y montos de las valuaciones de obra entregadas por el ingeniero residente y, de ser el caso, las fechas en que el ingeniero inspector las devuelve al ingeniero residente para su debida corrección". (Subrayados nuestros)

La conformación en cuestión, es decir, de la obra o porción entregada de la misma debe constar tanto del contenido del libro de obras como de la fiscalización, examen, medición y comprobación necesariamente realizadas in situ por el ingeniero inspector, en el entendido, que en esa oportunidad el ingeniero residente deberá igualmente tener a la vista del ingeniero inspector la valuación escrita contentiva de los detalles de la obra o porción de la misma objeto de la verificación y entrega, como se deduce del contenido de los artículos 117 y 118 de la LCP que prescribe:

"Artículo 117. LCP. Conformación y validación de los formularios.

En los casos de obras y servicios, el contratista elaborará los formularios o valuaciones que al efecto establezca el órgano o ente contratante, donde reflejará la cantidad de obra o servicio ejecutado, en un periodo determinado. El formulario y su contenido deben ser verificados por el supervisor o ingeniero inspector". (Subrayado nuestro)

"Artículo 118. LCP. Condiciones para entregar y conformar las valuaciones.

En los casos de obras, el contratista deberá presentar las facturas o valuaciones en los lapsos establecidos en el contrato, debidamente firmadas por el ingeniero residente, al ingeniero inspector en forma secuencial para su conformación, de modo que los lapsos entre una y otra no sean menores de cinco (5) días calendario ni mayores de cuarenta y cinco (45) días calendario. El ingeniero inspector indicará al contratista los reparos que tenga que hacer a las valuaciones, dentro de un lapso de ocho (8) días calendario, siguientes a la fecha que les fueron entregadas". (Subrayados nuestros)

Una vez cumplido con el requisito de verificación, o devolución para efectuar reparos (correcciones), y practicados éstos dentro del lapso establecido en la norma supra, y de estar conforme el ingeniero inspector con esas correcciones, la organización interna responsable del órgano o ente contratante, en dos momentos y en sus lapsos de Ley actuará así: en uno autorizará el pago (usualmente, mediante la emisión de una orden de pago) y en el otro, procederá a hacer efectivo el mismo como lo establece el artículo 177 del Reglamento de la **LCP**. En la oportunidad en que se realice la tramitación administrativa del pago o pagos de facturas o valuaciones, el artículo 176 del **RLCP** ordena se deduzca de lo que deba ser pagado, algún remanente de anticipos entregados a la contratista. Las precitadas normas son del tenor siguiente:

"Artículo 177 RLCP. Pago en servicios y obras. En los casos de prestación de servicios y ejecución de obras, el Contratista deberá presentar las facturas o valuaciones en los lapsos establecidos en la Ley de Contrataciones Públicas, debidamente conformadas por el supervisor o Ingeniero Inspector. El funcionario responsable autorizará el pago en un plazo no mayor a ocho (8) días hábiles. Una vez otorgada la autorización, el pago se realizará en un plazo no mayor de ocho (8) días hábiles. (Subrayados nuestros)

Artículo 176 RLCP. Deducción de anticipos. En los casos que los órganos o entes contratantes otorguen anticipos a proveedores o Contratistas, estos deberán ser deducidos en la misma proporción que fueron otorgados de cada facturación parcial o valuación que presente el Contratista en la tramitación de los pagos. (Subrayados nuestros)

Como se podrá apreciar, la presentación de las valuaciones o facturas usualmente no se pactan para ser entregadas en una fecha fija o predeterminada, léase día, mes y año; comúnmente se prevé en el contrato que la presentación de la valuación se haga mensualmente, en la medida que la contratista termine porciones de la obra y lo notifique al ingeniero inspector para que este proceda a la verificación y medición de lo ejecutado. De ser aprobada la valuación de modo definitivo, la autoridad financiera del órgano o ente contratante emitirá la orden de pago correspondiente. Estos pagos los realizará el órgano o ente contratante en la oportunidad expresamente convenida en el contrato o en ausencia de éste, en el lapso prescrito en la Ley, como lo dispone el Art. 177 del **RLCP** copiado *supra*.

Vencido ese término -Art. 177 RLCP- sin que la Administración hubiese honrado su obligación de pago, y salvo prueba en contrario, habrá incumplido voluntariamente con el contrato o con la Ley, y estará en mora[40] frente a su cocontratante -contratista- por las cantidades de dinero adeudadas y por los daños y perjuicios ocasionados.

VI. DE LAS FACTURAS POR SERVICIOS COMERCIALES Y SU PAGO

En el caso de los servicios comerciales, es usualmente la *factura* -y sus anexos o documentos técnicos- el instrumento contentivo tanto de lo ejecutado y su valor monetario como de la solicitud o requerimiento formal de pago, que emana del contratista cuyo recipendiario o destinatario es el órgano o ente contratante que la recibe en original con una copia de la misma, la cual deberá sellar, fechar y firmar en señal de recibo. Previa a la entrega de la factura, debió el representante del órgano o ente contratante haber realizado de manera continua y en presencia del representante del contratista, la verificación y el examen del servicio que se ejecutaba o que se encuentra en proceso de ejecución. Simplemente cabe recordar, la diferencia existente entre obras y servicios comerciales a los efectos de su constatación o comprobación como se deduce del Artículo 2 del **RLCP**; a título de ejemplo, existe una diferencia entre la ejecución-construcción de parte o porción de una obra de fácil comprobación (la medición del trabajo realizado versus las especificaciones y planos), léase, de la estructura, y el objeto de los servicios comerciales, que se materializan comúnmente, en los trabajos de reparación y cambio o sustitución de partes de un recipiente de una planta de conversión o del cambio de refractarios de un horno de fundición, la procura, instalación, sustitución y puesta en marcha, por ejemplo, de de compresores, turbo generadores y otros bienes similares; por ello, la importancia de la verificación o comprobación y examen continuo -en *situ*- de los trabajos, algunos realmente complejos que integran los servicios comerciales. No es lo mismo inspeccionar y comprobar la construcción de un piso y los anexos de parte de una obra, que inspeccionar y comprobar si o que se ejecutó la limpieza interior y el cambio de partes de una torre o recipiente de destilación o de un horno de fundición, a menos que la inspección esté presente -en *situ*- donde el servicio se ejecuta y pueda comprobar y dejar asentado en acta suscrita conjuntamente con el representante de la contratista, la efectiva realización de los trabajos antes de que se proceda al cierre de la torre o de la planta por mencionar algunos bienes públicos objeto de esos servicios.

---

[40]   *Vid.* Código Civil venezolano. Norma Supletoria: "Art. 1.269. Si la obligación es de dar o de hacer, el deudor se constituye en mora por el solo vencimiento del plazo establecido en la convención".

Lo que es imperativo indicar es que, en toda ejecución de servicios comerciales deberá realizarse una inspección y levantarse el acta respectiva con las observaciones de los representantes del órgano o ente contratante y de la contratista quienes suscribirán la misma. Es decir, por cada inspección que se practique deberá levantarse y suscribirse el acta correspondiente. Es asimismo importante resaltar, que esa inspección y sus detalles y procedimientos técnicos, deberán preverse en cláusula incorporada al contrato, así como la designación de las personas naturales representantes de las partes. Cada acta de inspección deberá acompañar a la factura que se emita por los servicios inspeccionados y aprobados objeto de pago.

Ahora bien, sobre estos instrumentos o documentos demostrativos de los servicios ejecutados y de su costo, admitidos en las contrataciones de la Administración Pública, se ha pronunciado igualmente la Sala Político Administrativa del Tribunal Supremo de Justicia, como se desprende de la decisión dictada en el caso: *Ingeniería Villalobos Emonet, C.A., (IVECA) vs. Fundación Fondo Nacional de Transporte Urbano (FONTUR)*[41], de la cual se extrae el texto que sigue:

"(…) f- En lo relativo a las facturas producidas por la parte actora, identificadas con los Números…*omissis*… esta Sala ha señalado que *la noción de factura* debe entenderse como un documento en el cual se registran diversos datos que permiten identificar un negocio jurídico concreto, como sería la venta de un bien, el pago de un canon, la prestación de un servicio o la fabricación de un producto; y se describe la naturaleza, calidad y condiciones de una mercancía o servicio, el precio o las condiciones de la contraprestación pactada; concluyendo que se trata de un documento de naturaleza privada. (Ver, Sentencia SPA. N° 647 publicada en fecha 15 de marzo de 2006, caso: *Marshall y Asociados, C.A.*)… Así, visto que dichas facturas son documentos privados simples, y al haber sido producidas en copias fotostáticas, aunado a que se trata de documentos emanados de terceros que no fueron ratificados en juicio, las mismas carecen de valor probatorio en la presente causa". (Cursivas y subrayados nuestros)

Usualmente las facturas son emitidas por el contratista ejecutor de los servicios siendo en consecuencia, documentos privados descriptivos de lo ejecutado con sus respectivos valores monetarios, aceptadas expresa o tácitamente por el órgano o ente contratante de conformidad con lo preceptuado en los Arts. 124 y 147 del Código de Comercio[42], o en la normativa interna en materia de contratación y finanzas de la Administración Pública, que indica los requisitos o pasos que debe cumplir un contratista para que sus facturas obtengan la aprobación y la consiguiente orden de pago, sin que se vean alteradas por estos requerimientos, las normas contenidas en el mencionado Código mercantil de aplicación preferente sobre las aludidas normas, y acogidas supletoriamente, en el supuesto de que el contrato no hubiese previsto los mecanismos que regulan la validez e invalidez de esos instrumentos.

Pueden sin embargo esas facturas emanar de proveedores de bienes -materiales, equipos y otros- o prestadores de otros servicios, solicitados o convenidos por el contratista con terceros para incorporarlos a la ejecución de lo contratado con la Administración Pública; lo que se conoce en el medio contractual público y privado como los *gastos adicionales o reembolsables o los honorarios profesionales* admitidos contractualmente, en el entendido, que por ser facturas emanadas de terceros, en caso de juicio, el contratista deberá consignar como medio probatorio de lo que le adeudada la Administración, el original de la factura pagada,

---

[41]   TSJ/SPA. Sentencia N° 00330 de fecha 27 de abril de 2010. Expediente N° 2008-0007.

[42]   "Artículo 124.- La obligaciones mercantiles y su liberación se prueban: …*Omissis*... Con facturas aceptadas. Artículo 147.-…*Omissis*… No reclamando contra el contenido de la factura dentro de los ocho días siguientes a su entrega, se tendrá por aceptada irrevocablemente".

en el entendido que quienes las emitieron, deberán ratificarlas en la oportunidad procesal (ratificar su proveniencia, expedición, contenido y su pago) para que surtan todos sus efectos legales en provecho del contratista promovente de las mismas.

VII. FALTA DE PAGO OPORTUNA DE LAS VALUACIONES Y FACTURAS. INCUM-PLIMIENTO VOLUNTARIO DE LA OBLIGACIÓN DE PAGO. INDEMNIZACIÓN PAGO DE INTERESES MORATORIOS. TASA DE INTERÉS APLICABLE. DOC-TRINA Y JURISPRUDENCIA NACIONAL

Para la doctrina administrativa, en este caso la abanderada por los Profesores Brewer, Villar Palasí y Dromi, la modalidad o forma de pago convenida entre la Administración Pública y el contratista, se integra en el "equivalente económico del contrato", que se materializa tanto en el precio en sí mismo a ser pagado como en los beneficios financieros derivados de la forma de *pago a cuenta*.

Por ello afirma Brewer, que "(…) el contratista no solo tiene derecho al precio pura y simplemente, sino que también tiene derecho a que el pago se realice en la forma convenida y tanto el uno como el otro aspecto forman parte del principio de la intangibilidad del precio en los contratos administrativos"[43].

Es decir, dos circunstancias emergen de esa afirmación, una el derecho al pago de una cantidad de dinero fijada en una valuación o en una factura, como consecuencia de la entrega a satisfacción de la Administración de una porción de la obra o parte del servicio ejecutado (pago a cuenta contra valuaciones o contra facturas); y la otra, que el pago de esa cantidad de dinero se haga efectivo, cumplidos los requisitos de procedencia, en el término convenido entre las partes o en su defecto, en el término establecido en la Ley.

Para el Profesor Dromi, "El precio del contrato *debe ser pagado en el lugar, en el tiempo, en la forma y en las condiciones* que hayan sido fijadas por las partes en el contrato o por acuerdo posterior, y la observancia de estas circunstancias sirve también a mantener su real intangibilidad…Cuenta [el contratista] legítimamente con que esta remuneración se le pagará íntegra y puntualmente. La regularidad y oportunidad del pago previsto (en el contrato) se constituye en un presupuesto vital del mismo…"[44] (Cursivas y entre paréntesis el autor) (Corchete nuestro)

Para Brewer "(…) la Administración, igualmente, no sólo tiene una obligación pura y simple de pagar una suma de dinero, sino de pagarla en una oportunidad u oportunidades determinadas en el contrato…Por tanto, cuando en un contrato de obra pública, además del precio, se establece una forma de pago por anticipos y a cuenta, contra valuaciones de obra, la Administración tiene una obligación adicional que cumplir…Citando a Gastón Jèze, complementa Brewer la idea de esa obligación adicional al acotar lo siguiente:

"(…) la Administración debe cumplir, y no puede invocar la falta de fondos disponibles, ni ciertas imperfecciones poco importantes de la obra. La Administración debe cumplir el contrato de *buena fe* [*vid.* Art. 1.160 Código Civil). *El empresario no está obligado* a ser banquero de la Administración. Los pagos a cuenta se han estipulado para permitir que el empresario no tenga que hacer demasiados adelantos de fondos.

---

[43]   BREWER-CARÍAS… "Consideraciones sobre los derechos del contratista en los contratos de obra pública… *op.cit. supra.* p. 37.

[44]   BREWER… Consideraciones… *op.cit. supra.* pp. 37-38.

Los atrasos o la negativa a efectuar los pagos a cuenta prometidos, constituyen una violación del contrato, que puede servir de elemento, junto con otras faltas de la Administración, para una demanda de rescisión del contrato"[45] (Cursiva del autor. Corchete nuestro)

En otro orden de ideas, una circunstancia que debe destacarse y que se observa tanto de la redacción de las normas de la **LCP** como las referidas al **RLCP** en materia de pago de las valuaciones y aun extensibles a las facturas mercantiles emitidas por la ejecución de servicios comerciales, es la ausencia de disposiciones regulatorias en materia de indemnización (sanciones por el incumplimiento voluntario), por la falta de pago de las cantidades de dinero reflejadas en esas valuaciones y/o facturas por causa imputables al órgano o ente público contratante, en los lapsos indicados en el contrato o en su defecto en la **LCP** y en su reglamento.

Por consiguiente, cabe formular la siguiente pregunta:

¿Cómo deberá procederse en el supuesto de que el órgano o ente público contratante, incumpla con la obligación de pago de las valuaciones o facturas previamente autorizadas, como lo disponen las regulaciones y términos fijados por el contrato o por la Ley de Contrataciones Públicas y su reglamento?

Lo primero es ir al texto del contrato que regula la ejecución de la obra o del servicio, para precisar y aplicar la solución convenida entre las partes, en el supuesto específico del incumplimiento voluntario de la obligación de pago en que haya incurrido el órgano o ente contratante.

Deberá partirse asimismo del principio, de que la obligación de pago de la valuación (e igualmente de las facturas aceptadas), respaldadas como lo indica la Ley por la autorización u orden de pago emanada de la organización o autoridad administrativa con atribuciones para ello, deberá inexorablemente honrarse, ya que la misma constituye un obligación válida, cierta, líquida y exigible; por consiguiente, vencido el lapso contractual o en su defecto, el establecido en la ley (*Vid.*, supra, Art. 177 del **RLCP**) sin que la misma hubiese sido satisfecha por el órgano o ente contratante, se insiste, a posteriori de la fecha de autorización o de la orden de pago o de la aceptación en el caso de las facturas comerciales, la Administración deberá pagarle a la contratista además de la cantidad de dinero insoluta, los intereses de mora por la tardanza o por el incumplimiento del pago incurrido, a tenor de lo dispuesto en el contrato o en su defecto en el artículo 1.277 del Código Civil que más adelante se comenta.

Si en el contrato nada se dice con respecto a la tasa de interés aplicable, como tampoco lo determina la **LCP** y su reglamento, a diferencia de las fórmulas de solución que ofrecía el derogado Decreto Nº 1.417[46]; deberá recurrirse necesariamente a las normas del Derecho común y comercial que regulen situaciones similares.

---

[45]   *Ibíd., op.cit. supra.* p. 38.

[46]   A título de ejemplo y recordatorio, prescribía el derogado Decreto Nº 1.417: Cuando los pagos de la valuaciones o retenciones que hubieren sido reconocidos por el Ente Contratante no se hicieren dentro de los sesenta (60) días calendario contados a partir de la fecha de presentación por parte del Contratista al Ingeniero Inspector, siempre que no hubiere sido rechazada por éste o por la oficina administradora del Ente Contratante, éste pagará intereses al Contratista sobre el monto neto a pagar por el tiempo de la mora hasta la fecha en la cual el pago se encuentre en caja o tesorería, según sea el caso y a disposición del Contratista. Los intereses se calcularán, utilizando una tasa igual al promedio ponderado, establecido por el Banco Central de Venezuela, de las tasas pasivas que paguen los seis (6) bancos comerciales del país con mayor volumen de depósitos por operaciones de crédito a plazo, no mayores de

Podría tratarse de una contratación de obra pública o de obra metalmecánica o de servicio comercial -típico contrato administrativo- en la cual, la contratista es una sociedad mercantil y el contratante un órgano de la Administración Centralizada, léase, un ministerio del Ejecutivo o una unidad administrativa adscrita a ese ministerio beneficiaria de ese contrato; o un ente de la Administración Descentralizada, empresa del Estado o una empresa mixta [con participación pública decisiva, creadas con forma de derecho mercantil]; ante estos supuestos, cualquier respuesta que deba darse en relación a esas contrataciones, en cuanto al tratamiento jurídico y a la jurisdicción aplicable la encontraremos en principio en las normas del Código de Comercio vigente que prescriben sobre el particular lo siguiente:

"*Artículo 10. Son comerciantes* los que teniendo capacidad para contratar, hacen del comercio su profesión habitual *y las sociedades de comercio.*

Artículo 109. Si un contrato es mercantil para una sola de las partes, todos los contratantes quedan, en cuanto a él, sometidos a la Ley y Jurisdicción mercantiles, excepto a las disposiciones concernientes a la cualidad de comerciante y salvo disposición contraria de la ley. (Cursivas y subrayado nuestro)

Artículo 108. Las deudas mercantiles de sumas de dinero líquidas y exigibles devengan en pleno derecho el interés corriente en el mercado, siempre que éste no exceda del doce por ciento anual". (Cursivas nuestras)

Es igualmente imperativo resaltar, es que en materia de intereses de mora, las normas vigentes en materia de contratación pública contenidas en la **LCP** y en su reglamento nada ofrecen o aportan sobre el particular.

Por ello, en el supuesto de que el contrato suscrito entre la Administración Centralizada o Descentralizada y una empresa contratista con forma mercantil, para la ejecución de un contrato de obra públicas o de utilidad pública, se vea afectado por el incumplimiento voluntario del pago de valuaciones aprobadas o de las facturas aceptadas atribuible al órgano o ente público contratante, la solución en cuanto al pago de los intereses de mora que tendría que asumir la Administración está determinada por las precitadas normas comerciales, con la advertencia, que aun cuando para la contratista ese contrato es de naturaleza mercantil por que representa un modo de ejecución de un acto de comercio según lo establecido en el artículo 2 o en el artículo 3 del Código de Comercio, para la Administración Pública Central y Descentralizada ese contrato de obra pública o de utilidad pública es un contrato administrativo al cual se aplicarán supletoriamente las normas comerciales respectivas.

Ahora bien, por lo que respecta a la jurisdicción mercantil, cuyos tribunales son competentes según el precitado Art. 109 del Código de Comercio, para conocer entre otras, de las demandas por incumplimiento voluntario de la obligación de pago de valuaciones o de facturas aceptadas, ambas en estado de mora desde el momento de su exigibilidad, esa jurisdicción mercantil declinará *ope legis* el conocimiento de la causa en favor de *la jurisdicción especial contencioso-administrativa* a la cual están sometidos los órganos y entes públicos, tal como

---

noventa (90) días calendario, el Ente Contratante sólo le dará curso a la solicitud de pago de intereses de mora, cuando fuere presentado dentro de los tres (3) meses siguientes a la fecha en que el pago de la valuación que genere los intereses se encuentre en caja. Para que proceda el pago de los intereses aquí estipulados se requerirá, además, que el monto de la valuación que los origina esté debidamente previsto en el presupuesto vigente del Ente Contratante, para el momento de la presentación de dicha valuación…etc.

lo prevén las normas reguladoras de competencia contenidas en la Ley Orgánica del Tribunal Supremo de Justicia -**LOTSJ**- y la Ley Orgánica de Jurisdicción Contenciosa Administrativa -**LOJCA**[47].

Es oportuno advertir que en las precedentes Leyes Orgánicas, a diferencia del contenido del Art. 5, párrafo 1°, 25, de la derogada Ley Orgánica del Tribunal Supremo de Justicia, se omitió en sus normas, la expresa competencia de la Sala Político Administrativa en materia de contratos administrativo, categoría ésta inexistente en las referidas Leyes. Todo se reduce en la actualidad a una redacción generalizada y sin distinción como así lo determinó el legislador de "Demandas que *se ejerzan contra…o que ejerzan* la República, los estado, los municipios o algún instituto autónomo, ente público o empresa…si su cuantía excede de setenta mil unidades tributarias (70.000 U.T.)…., tal como se evidencia de los N° 1 y 2 del Art. 26 de la **LOTSJ** y de los N° 1 y 2 del Art. 23 de la **LOJCA**.

Tal circunstancia en nuestra opinión, no significa ni podrá interpretarse como que los contratos administrativos por obra de la Ley desaparecieron del mundo del Derecho público nacional; todo lo contrario, permanecen inalterables como parte fundamental del Derecho Administrativo, ya que su existencia, validez, reconocimiento y sucesiva utilización, no fue inicialmente o en sus orígenes producto u obra del legislador, sino que por una parte, se debió a la elaboración auténtica y propia de la doctrina administrativa pacífica y relevante a nivel nacional, en perfecta armonía de ideas con la doctrina internacional sobre el tema en cuestión; y en segundo término, esa categoría de contratos, fue confirmada y respaldada a través de los años, por la producción de decisiones que directamente se refirieron y resolvieron como hoy lo continúan haciendo, sobre diversas circunstancias de hecho y de derecho que involucran a los mismos; decisiones esas, que fueron integradas, y que en la medida en que se continúen dictando, se seguirán sumando de manera sucesiva, a enriquecer la jurisprudencia administrativa o del contencioso-administrativo, que como es bien sabido, es una deuda que se tiene con esa actividad jurisprudencial de gran valor, que se remonta a la época de las extintas Corte Federal y de Casación, y de la Sala Político-Administrativa de la Corte Suprema de Justicia, pasando por las Cortes Primera y Segunda en lo Contencioso-Administrativo, hasta llegar a nuestros días en el actual Tribunal Supremo de Justicia.

Siguiendo la afirmación sostenida por el Maestro Lares, en el sentido que, "(…) en aquellos contratos que tienen por finalidad evidente, dar satisfacción a necesidades públicas, tales como la concesión del servicio público, la concesión de la obra pública, el contrato de obra pública...es decir, en aquellos contratos cuya vinculación al interés general es de un grado intenso, y que son llamados contratos administrativos, existe una preponderancia del régimen de derecho público, *pero aun en ese tipo de contratos cabe la aplicación supletoria de las reglas de derecho privado… En todos esos contratos se aplicarán en medida variable, principios de derecho público y de derecho privado*"[48]. (Cursivas nuestras)

Por ello, si la contratista es una sociedad mercantil y por tanto comerciante, sometida [en principio en sus relaciones cotidianas con empresas análogas privadas] a la Ley y a la

---

[47]   *Vid.* Ley Orgánica del Tribunal Supremo de Justicia -**LOTSJ**-, y la Ley Orgánica de la Jurisdicción Contencioso Administrativa -**LOJCA**, *cit*, supra. Es imperativo resaltar, que por lo que concierne a la jurisdicción especial diseñada para el Poder Público, las demandas que se interpongan contra la República, los estados, los municipios, Instituto Autónomo o Público, entes públicos o empresas del Estado y las que a su vez estos ejerzan, su jurisdicción natural por la cuantía del asunto a debatir es la fijada por las precitadas Leyes Orgánicas.

[48]   LARES, *op. cit. supra*, pp. 214-215.

jurisdicción mercantil, con la sola excepción anotada sobre la jurisdicción especial comentada supra; si su contraparte y deudora de la obligación de pago es un órgano o ente del Estado, de la Administración Central o Descentralizada; o lo que es lo mismo, un ministerio o una unidad administrativa adscrita a aquel, o es una empresa del Estado o un instituto autónomo o público o una fundación o asociación civil del Estado, cualquiera que sea la identidad del ente público contratante frente a esa contratista, llevará inexorablemente a la Administración Pública a invocar y hacer efectiva la norma relativa a la materia de intereses, y en este caso, el antes mencionado artículo 108 aplicable supletoriamente a la mora en el pago de cantidades de dinero, cuando no existan antecedentes de la existencia de un acuerdo específico -convencional- sobre el particular ni norma expresa en materia de contratación pública que regule la aplicación de ese tipo de interés.

Así lo ha sostenido por una parte, un sector importante de la doctrina comercial y administrativa, y por la otra, el criterio sustentado por la jurisprudencia de la Sala Político Administrativa de la extinta Corte Suprema de Justicia, como se observa de *la elaborada y trascendental decisión* dictada en el caso: *Henry Pereira Gorrín vs. Banco Central de Venezuela*, así como de otra sentencia emanada de la misma Sala, pero ahora del Tribunal Supremo de Justicia en el caso: *Tomás Contreras Vivas vs., el extinto Instituto Nacional de Obras Sanitarias (INOS)*[49], decisión ésta cuyo extracto que se ha estimado relevante se cita a continuación:

"(…) Por ende, conforme a lo pautado en el artículo 108 del Código de Comercio, deberán calcularse los intereses moratorios a la tasa del 12% anual, desde el día 01 de septiembre de 1982, cuando el ente contratante notificó al accionante su decisión de rescindir el contrato de obra N° 74-01, hasta el 12 de mayo de 1998, fecha en que estuvo disponible en la Coordinación General de Administración y Finanzas de la Comisión Liquidadora un cheque a su nombre, por la suma que conforma la deuda principal.

Se ordena el pago de los intereses moratorios a la tasa señalada supra, por considerarse inaplicable a la transacción celebrada, la normativa contenida en las Condiciones Generales de Contratación para la Ejecución de Obras. Adicionalmente, es preciso acotar que el porcentaje acordado para este cómputo, obedece al hecho de que en el presente caso el demandante tiene la cualidad de comerciante, quien por dedicarse al ramo de la construcción, encuentra definidos sus actos como de comercio conforme al artículo 2 del Código de Comercio". (Subrayados nuestros)

La solución normada por el Derecho comercial y la comentada en la jurisprudencia, apuntan al precitado Art. 108, que ordena la aplicación de la tasa de interés del doce por ciento anual a las deudas mercantiles de sumas de dinero, válidas, ciertas, líquidas y exigibles; en este caso, e insistimos, parte de la doctrina ha incorporado en esa norma por vía de interpretación, el caso concreto de los intereses de mora aplicables por el retardo en el pago de cantidades de dinero a comerciantes, y además, por haberlo asentado igualmente, la aludida sentencia en el caso: Henry Pereira Gorrín emanada de la extinta Corte Suprema. Lo antes expuesto como se explicó, es efectivamente la aplicación a los contratos administrativos de normas de la legislación comercial por vía supletoria, es decir, ante el vacío observado en lo convencional y en las disposiciones de la **LCP** y su reglamento que regulan la contratación pública.

---

[49]	*Vid.* CSJ/SPA. Sentencia dictada en fecha 19 de febrero de 1981 (demanda de nulidad por ilegalidad de las resoluciones sobre intereses emanadas del aludido Banco), publicada en la *Gaceta Oficial* N° 2.774 Extraordinario de fecha 28 de abril de 1981. *Vid.* TSJ/SPA. Sentencia N° 05375 de fecha 3 de agosto de 2005. Expediente N° 2001-0475.

Otra corriente doctrinaria opina, que para el supuesto que la contratista ejecutora del contrato de obras públicas, sea una *sociedad civil de consultores-asesores* (que no ejercen actos de comercio ni pretenden ser comerciantes), muy común en nuestro medio profesional, siendo para ella el contrato suscrito con la Administración Pública Centralizada un contrato administrativo del tipo de obra de naturaleza esencialmente civil, léase, servicios profesionales en áreas de: proyectos de ingeniería (conceptual, básica y de detalles), diseños de arquitectura; ejecución de contratos de suministros o procura de bienes, y ejecución de la construcción, y ante el acusado y reiterado vacío en lo convencional, en la Ley y en el reglamento en comento, la solución en materia de intereses de mora, aplicables a ese supuesto de incumplimiento voluntario de la obligación de pago, la encontraremos en el Derecho común en el artículo 1.277 del Código Civil vigente.

Para éstos doctrinarios, la interpretación defendida es que esta disposición regulatoria de los intereses de mora como único modo expreso de indemnización por los daños y perjuicios derivados del retardo en el cumplimiento de una *obligación de dar*, preceptuada por el Derecho común y aun de naturaleza esencialmente civil, aplica por igual, tanto a las empresas mercantiles y no mercantiles en virtud de que el artículo 108 del Código de Comercio no cubre o no incorpora los intereses de mora sino los denominados intereses "*correspectivos o retributivos*". La aludida disposición del Derecho común es del tenor siguiente:

"**Artículo 1.277**. A falta de convenio en las obligaciones que tienen por objeto *una cantidad de dinero*, los daños y perjuicios resultantes del retardo en el cumplimiento consisten siempre en el pago del *interés* legal, salvo disposiciones especiales. Se deben estos daños desde el día de la mora sin que el acreedor esté obligado a comprobar ninguna pérdida.

Artículo 1.746. El interés es legal o convencional".

El interés legal es el *tres por ciento anual*". (Cursivas nuestras)

De lo transcrito queda reafirmado el criterio sustentado por nuestra doctrina administrativa, entre otro, lo afirmado por el Maestro Lares que en síntesis, y como ya se explicó con precisión, admite la aplicación de normas del Derecho común y del Derecho comercial en los contratos administrativos de modo supletorio, para llenar los vacíos dejados en este caso específico por las partes, la **LCP** y su reglamento.

Para que proceda el pago de los intereses antes comentados se requerirá, además, que el monto de la valuación que los origina, esté debidamente previsto en el presupuesto vigente del órgano o ente contratante para el momento de la presentación de dicha valuación; es decir, *la existencia de créditos presupuestarios para satisfacer ese gasto*, todo de conformidad con lo previsto en el aparte in fine del Art. 32 de la Ley Orgánica de la Administración Financiera de Sector Público en concordancia con el Art. 41 del Reglamento Nº 1 de dicha Ley. A tales efectos deberá tomarse en cuenta el cronograma de pagos vigente elaborado por el órgano o ente contratante y el contratista, en el cual se debieron indicar, el o los ejercicios presupuestarios en que se pagará la obra (es decir, un ejercicio presupuestario o el plan plurianual presupuestario que abarca tres años), con señalamiento expreso de la cantidad asignada a ese fin en cada uno de esos ejercicios. El referido cronograma de pago, debidamente firmado por los contratantes, forma parte indisoluble del contrato. A los fines del pago de los referidos intereses de mora, el órgano o ente contratante tomará las previsiones en el presupuesto del ejercicio fiscal siguiente, según sea el caso.

No obstante, la apreciación e interpretación doctrinaria expuesta en materia de tasas de intereses aplicables a título de sanción al deudor -la Administración Pública-, en los casos de estado de mora en el cumplimiento de la obligación contractual de pago; y el respaldo obtenido a través de la jurisprudencia afirmada por la Sala Político Administrativa, no se logra todavía alcanzar una total conformidad, convicción o consenso con los argumentos expuestos, en cuanto a que ya se dan por satisfechos los daños y perjuicios derivados de la falta de pago por parte de la Administración Pública, con la sola aplicación de "los remedios" prescritos en el Art. 108 del Código de Comercio o en el Art. 1.277 del Código Civil.

Para Gastón Jèze, citado por Brewer, "El contrato de obras públicas es un contrato de buena fe. La Administración ha dado a conocer la intención de hacer *pagos a cuenta*…En principio, la falta de la Administración (de mala fe, y en nuestra opinión, de la culpa o negligencia de la misma al haber incurrido presuntamente en el incumplimiento voluntario del pago, lo cual deberá probarse) justifica simplemente *una demanda por daños e intereses*…Brewer por su parte, en perfecta consonancia con el criterio de Jèze expone lo siguiente:

"(…) en materia de ejecución de contratos de obra pública, al no circunscribirse la obligación de la Administración pura y simplemente al pago de un precio por una obra concluida, sino a efectuar un anticipo y pagos parciales contra valuaciones de obra ejecutada, en la forma y oportunidad establecida contractualmente, *los daños y perjuicios causados al contratista por la modificación unilateral de esas modalidades de pago* por parte de la Administración, *no se pueden circunscribir a los intereses legales* (o a los mercantiles) como si se tratase, pura y simplemente, de una obligación que tiene por objeto una cantidad de dinero de acuerdo al artículo 1.277 del Código Civil (o del artículo 108 del Código de Comercio); *sino que estos daños y perjuicios por el incumplimiento*, no de la obligación de pago, *sino de la obligación de hacerlo en momentos precisos*, tiene su fundamento más bien en los artículos 1.160 y 1.264 del Código Civil y por tratarse de un contrato de la Administración, *en el principio del equilibrio económico del contrato* que la Admi-nistración debe respetar y restablecer cuando se rompe *por actos de ella misma, por actuaciones que le son imputadas*"[50]. (Cursivas nuestras)

VIII. SINTESIS FINAL

La valuación, como mecanismo de activación del *pago a cuenta*, es parte fundamental de las previsiones que sobre la forma de pago y sus requerimientos, deberán aparecer incorporadas en el contrato administrativo. Además de reconocerle a la valuación su utilidad como mecanismo probatorio, en particular, de la porción de obra entregada por el contratista al ingeniero inspector, y del costo de la misma, y que aprobado su contenido justifica el pago a cuenta en beneficio de la contratista, cumple además ciertas funciones prácticas en provecho de la buena ejecución de un contrato de obra pública, verbigracia, en materia de cesión, de compensación de deudas, de demostración de los cambios o variaciones al objeto o alcance del contrato, etc. La valuación es la prueba documental por excelencia para demostrar la ejecución de una obra, pues permite conocer con certeza y exactitud la forma y el tiempo en la realización de la misma, entre otros aspectos de carácter técnico. La valuación no es un simple documento privado; según la interpretación que se desprende del voto concurrente de la Magistrada Marrero Ortiz en una decisión de la Sala Político Administrativa, la valuación es en su opinión, como otros instrumentos documentales que emergen durante la ejecución del contrato de obras públicas donde participa un funcionario público y un particular, un documento de naturaleza administrativo, en tanto que se constituye la valuación en declaración de voluntad, conocimiento, juicio o certeza, de un funcionario que las emite de acuerdo a formalidades legales o contractuales previas, aun cuando también en su formación participa la empresa contratista. La falta de pago de la valuación aprobada y emitida la orden de pago,

---

[50]   BREWER-CARIAS…. "Consideraciones sobre los derechos del contratista en los contratos de obra pública…"; *op.cit. supra.* p. 40.

hasta prueba en contrario constituye un incumplimiento voluntario de esa obligación, que por tratarse de una cantidad de dinero, se sancionará al incumplimiento con el desembolso de intereses moratorios. Sin embargo, la falta de pago de la valuación por la Administración, al modificar unilateralmente el término o lapso para efectuarlo o lo que es lo mismo, la alteración de un momento preciso fijado para efectuar el pago, sea en el contrato o en su defecto en la Ley o en su reglamento, dicho incumplimiento voluntario (visto a través de las previsiones de los artículos 1.160 y 1.264 del Código Civil) afecta al contrato administrativo y rompe el equilibrio económico del contrato (por Hecho del Príncipe); por consiguiente, la Administración deberá restablecer el equilibrio o ecuación económica alterada, pagándole a la contratista una indemnización o una reparación integral conforme con la justicia y la equidad.

Comentario Monográfico

ESTADO DOCENTE Y EDUCACIÓN MILITAR. NOTAS SOBRE EL PLAN INTEGRAL DE EDUCACIÓN MILITAR DE LA FUERZA ARMADA NACIONAL BOLIVARIANA

José Ignacio Hernández G.
Profesor de Derecho Administrativo de la
U.C.V. y U.C.A.B.

Resumen: *Desde la perspectiva crítica de la figura del Estado docente, el trabajo analiza el Plan Integral de Educación Militar de la Fuerza Armada Nacional Bolivariana.*

Palabras claves: *Derecho a la educación; Estado docente.*

Abstract: *From the perspective of the public intervention over the education, this article analyzed the Military Education Comprehensive Plan of the Bolivarian National Armed Force.*

Key Words: *Education right; regulation of the education.*

La publicación en *Gaceta Oficial* del *Plan Integral de Educación Militar de la Fuerza Armada Nacional Bolivariana* (*G.O.* N° 39.641 de 24 de marzo de 2011, referido de ahora en adelante como el Plan), permite analizar nuevamente, y de manera crítica, la figura del *Estado docente*, según ésta ha venido siendo interpretada y aplicada por el Poder Nacional en los últimos años. Una primera aproximación a este aspecto la hicimos con ocasión del análisis del llamado *currículo nacional bolivariano,* en el 2008 (Hernández G., José Ignacio, "El derecho a la educación y el currículo nacional bolivariano", en *Revista de Derecho Público N° 113,* Caracas, pp. 89 y ss). Tal currículo propone no sólo la ordenación pública de la educación, sino que va más allá, al disponer la *dirección del Estado sobre la educación, a partir de postulados basados en la funcionalización social de la educación.*

Recordemos que ese currículo no es sólo una propuesta: sus bases están contenidas en el vigente Reglamento Orgánico del Ministerio de Educación (Reglamento Orgánico del Ministerio del Poder Popular para la Educación, *G.O.* N° 38.884 de 5 de marzo de 2008), cuya nulidad fue desestimada por la Sala Político-Administrativa (sentencia de 28 de octubre de 2009). Con posterioridad, tal concepción del Estado docente expresamente fue consagrada en la Ley Orgánica de Educación (*G.O.* N° 5.929 extraordinario de 15 de agosto de 2009) y en el fallido proyecto de Ley de Educación Universitaria aprobado en diciembre de 2010.

De manera tal que la principal crítica que cabe formular al Plan no reside sólo en su contenido, sino en especial en sus fundamentos, que como vimos, responden a antecedes que se remontan a 2008. Fundamentos que no son otros que la manera en la cual la figura del Estado docente –que no es, en absoluto, una novedad en la regulación de la educación en Venezuela, como veremos- ha sido interpretada. Pues el Estado docente en la práctica, implica un Estado que dirige y controla todo el proceso educativo, de manera global, a través de postulados no técnicos sino políticos.

Es decir, lo que hemos denominado la funcionalización social de la educación. Ciertamente en el Plan esa errada concepción del Estado docente se agudiza, pues la dirección total de la educación por el Estado se asume, ahora, con base en una concepción militarista de la educación.

I.   LO QUE ES Y LO QUE NO ES EL ESTADO DOCENTE

La Ley Orgánica de Educación de 2009, en su artículo 5, incorpora la figura del *Estado docente* como "expresión rectora del Estado en Educación, en cumplimiento de su función indeclinable y de máximo interés como derecho humano universal y deber social fundamental, inalienable, irrenunciable, y como servicio público que se materializa en las políticas educativas". Tal expresión, como es conocido, fue divulgada por Luis B. Prieto Figueroa, quien partió de la tesis según la cual "*es inconcebible que el Estado deje abandonada al capricho de las actividades particulares la orientación y formación de la conciencia de los ciudadanos*". Es decir, que el Estado docente implica reconocer las funciones de limitación y prestación que, sobre todo el proceso educativo, debe desempeñar el Estado, como reconociera la Corte Federal y de Casación en su fallo de 1940, ampliamente comentado por Prieto (Brewer-Carías, Allan, *Jurisprudencia de la Corte Suprema de Justicia y Estudios de Derecho Administrativo, Tomo I*, Instituto de Derecho Público de la Universidad Central de Venezuela, Caracas, 1975, pp. 426 y ss). Para Prieto, "el Estado establece las normas generales dentro de las cuales la libertad de enseñar tiene cabal adecuación a su objeto, y solamente dentro de esas normas es dable ejercitarla". Jurídicamente, la expresión de esa visión es la concepción según la cual la educación es un *servicio público* (*El estado docente*, Biblioteca Ayacucho, 2006, pp. 42 y ss).

Casi no hace falta decirlo, pero la visión de la educación como servicio público es la que ha imperado tradicionalmente entre nosotros, en el sentido que la educación es un derecho prestacional cuya satisfacción exige la acción del Estado y de los ciudadanos, como reconoce por lo demás el artículo 102 constitucional. Que la educación es un servicio público no deja de ser una conclusión bastante cuestionable desde el punto de vista conceptual (Linares Benzo, Gustavo, "Bases constitucionales de la educación", en *Derecho y Sociedad, número 2, Universidad Monteávila*, Caracas 2001, pp. 217 y ss, y más recientemente, Anzola-Herrera, "La educación privada en Venezuela y su garantía constitucional", en *Temas de Derecho constitucional y administrativo*, FUNEDA, Caracas, 2010, pp. 147 y ss.). Pero, debemos reconocerlo, es una conclusión aceptada en el ordenamiento jurídico venezolano.

Por ello, la tesis de Luis B. Prieto Figueroa, muy en especial desde la Ley Orgánica de Educación de 1980, tiene plena vigencia: el Estado interviene activamente en la educación, satisfaciendo directamente ese derecho a través de establecimientos públicos, y adoptando las limitaciones dentro de las cuales ese derecho puede ser atendido por establecimientos privados, respetando las garantías constitucionales en juego, lo que no siempre sucede. Nadie puede cuestionar hoy –como sí sucedía en Venezuela, como bien recuerda Prieto, hasta 1940- esa función del Estado. Función que, en todo caso, siempre debe enmarcarse dentro de la Constitución y, en especial, dentro del Estado democrático, como también reconoce el artículo 102 de la Constitución de 1999.

Por ello, el concepto de Estado docente no puede conducir a la imposición de una doctrina única desde el Estado. *El Estado docente no es el Estado que adoctrina con base en un único pensamiento, dado que ello sería opuesto a las bases democráticas de la Constitución.*

Esto fue expresamente advertido por Prieto:

En el Estado democrático, como quien manda teóricamente es la totalidad del pueblo que fija las normas generales de dirección del Estado, la educación no puede ser, no debe ser la expresión de la doctrina política de un partido, sino cuando este partido, esta organización comprende a la totalidad, lo que es un imposible (p. 42).

El Estado docente (figura cuya revisión, se insiste, junto a la calificación de servicio público, es tarea pendiente) no implica que el Estado, con una doctrina única –la del partido de turno- asuma la función educativa: ello es contrario al Estado democrático y por ende, a la concepción del Estado docente que cabe dentro del marco de la Constitución, en concreto, de su artículo 102. Tal es la objeción que formuláramos en el pasado al *currículo nacional bolivariano* y, también, la crítica de fondo que cabe hacer al ya mencionado plan.

II. LA FUNCIONALIZACIÓN SOCIAL DE LA EDUCACIÓN: DEL CURRICULO NACIONAL BOLIVARIANO A LA LEY ORGÁNICA DELA EDUCACIÓN

Entendemos por funcionalización de la educación, la concepción del Gobierno según la cual la educación queda subordinada a directrices políticas, no técnicas. El Gobierno es quien imprime un concreto contenido político a la educación, conforme a una doctrina que, por única, se transforma en *doctrina de Estado*. Esa funcionalización social no puede ser entendida como manifestación el Estado social: el único Estado social que admite la Constitución es aquel compatible con el Estado de Derecho y el Estado democrático, y por ende, con el pluralismo de pensamiento al cual se refiere el artículo 102 constitucional. Además, por lo que respecta a la educación de los menores de edad, tampoco el Estado social puede socavar el derecho supraconstitucional de los padres a la educación de sus hijos (artículo 26, *Declaración Universal de los Derechos Humanos*). En fin, como el propio Prieto lo señaló, el Estado docente debe responder al Estado democrático, abierto y plural.

El currículo nacional bolivariano, por el contrario, funcionaliza socialmente a la educación, en el sentido que el proceso educativo queda condicionado con proposiciones políticas, afines al modelo político del Gobierno actual y contrario, por ello, el pluralismo político. Cuando se afirma en el currículo que "*la Educación Bolivariana se define como un proceso político y socializador*", en suma, se pretende reconocer –aun cuando ello no se afirma expresamente- que la educación debe ser orientada conforme al programa político del socialismo, lo que resulta, se insiste, contrario al Estado democrático.

La sentencia de la Sala Político-Administrativa de 28 de octubre de 2009, sin embargo, niega que las propuestas del currículum resulten contrarias a la Constitución, al considerar que no hay, en él, proposiciones que promuevan la funcionalización de la educación con base en un modelo político único. El análisis de la Sala fue, en realidad, superficial, en tanto no analizó el fondo y la esencia de ese diseño curricular. De tal manera, se limita la Sala a considerar que la utilización del vocablo "Bolivariano" no representa una violación al artículo 102 de la Constitución, pues en suma, lo que se pretende es "*garantizar el carácter **social** de la educación a toda la población venezolana, lo que implica la inclusión de todos los ciudadanos en el sistema educativo; a su vez, considera la Sala, como se concluyó precedentemente, que el resaltar la figura de nuestro Libertador como un ejemplo histórico de lucha por nuestra independencia y soberanía, no supone una vulneración a nuestro Texto Fundamental, sino la promoción de los valores y fines antes enunciados, que se inspiran en el ideario bolivariano*".

Ciertamente, la sola expresión "*bolivariano*", en referencia a la doctrina de Simón Bolívar, no es en sí misma un elemento determinante de la inconstitucionalidad del currículo, como tampoco lo es la sola concepción *social* de la educación. En todo caso, esa expresión es reflejo, ciertamente, de un *culto* que como tal, puede ser también contrario al pluralismo de ideas. Ahora bien, el análisis que se exigía de este tema, tan relevante, no podía limitarse a estos aspectos meramente ornamentales: era preciso descender al análisis del propósito y contenido del currículo, para apreciar cómo él, en definitiva, sienta las bases de la educación en consonancia con el modelo político actual, es decir, el socialismo adoptado por el Gobierno de turno, lo que lleva a fundar la intervención del Estado en criterios políticos, no técnicos.

La Ley Orgánica de Educación, de 2009, insiste y avanza en esta visión del Estado docente como Estado que condiciona la educación conforme al modelo socialista. No lo hace, por supuesto, de manera abierta y expresa, sino de manera ambigua, con lo cual, se insiste, es necesario profundizar en su contenido sin detenerse en meras formalidades. Así, la norma que refleja mejor esa funcionalización es el artículo 14 de la Ley. No nos referimos a la concepción según la cual la educación es *"un deber social fundamental"*, dado que en definitiva, ello refleja la función pública que, en la educación, debe cumplir el Estado, dentro del respeto a los derechos fundamentales en juego. Lo que consideramos inconstitucional en esa norma, es que la función pública sobre la educación *(i)* se realiza a partir de contenidos políticos, no técnicos y *(ii)* se soslaya el derecho preferente de los padres a la educación de sus hijos.

En cuanto a lo primero, la Ley alude a la *"formación de nuevos republicanos y republicanas para la participación activa, consciente y solidaria en los procesos de transformación individual y social"*, así como a la educación basada en el "humanismo social" (artículo 14). De manera más concreta, en el artículo 6.3, se asigna al Estado docente la función de *"alcanzar un nuevo modelo de escuela, concebida como espacio abierto para la producción y el desarrollo endógeno"*. El artículo 15, además, señala dentro de los fines de la educación la *"valoración ética y social del trabajo liberador y en la participación activa, consciente, protagónica, responsable y solidaria, comprometida con los procesos de transformación social"* (numeral 1), así como el *"fortalecimiento del Poder Popular"* (numeral 2). Poder Popular que es concebido como corresponsable de la educación (artículo 18), e integrante de la comunidad educativa (artículo 20).

Esas normas no ordenan la educación con base en criterios técnicos, sino más bien, a partir de expresiones ambiguas, de clara sintonía con los principios del actual modelo socialista, como sucede en concreto con la idea del *"nuevo republicano"*, el *"desarrollo endógeno"*, el *"trabajo liberador"* y, en especial, el *"Poder Popular"* (constituido, recuérdese, por instancias cuyo único objeto es la construcción de la sociedad socialista). Ciertamente, no hay en la Ley la expresa condicionante de la educación al modelo político en curso, pero tampoco estas expresiones pueden ser valoradas fuera de su contexto. Muy por el contrario, la valoración conjunta de todas estas expresiones permite entrever que el Estado docente es un Estado que orienta la educación a los objetivos del modelo socialista.

En cuanto al segundo aspecto señalado, en la Ley Orgánica de Educación el Estado es el principal protagonista, al punto que la familia es un mero *corresponsable* del proceso educativo, junto a otros actores, como la escuela, la sociedad (artículo 17) y el Poder Popular (18), que es una instancia orientada exclusivamente al socialismo. Del derecho preferente de los padres a la educación de sus hijos, se ha pasado a la participación conjunta de los padres junto a otros muchos actores más, siempre bajo la suprema rectoría del Estado docente, lo que insistimos, es contrario a la Constitución.

III. LA INCONSTITUCIONALIDAD DEL ESTADO DOCENTE SEGÚN SU FORMULACIÓN EN EL PLAN

El Plan responde a todos estos postulados. Es el Estado a quien corresponde gestionar el proceso educativo, en su condición de *gran docente* y atendiendo a los principios del modelo socialista. Esto es, que el socialismo –en el sentido concreto en el que éste es asumido actualmente, y con el contenido que, por ejemplo, se desprende de la Ley Orgánica del Sistema Económico Comunal- funcionaliza a la educación. Conteste con esta valoración, el Plan complementa tal función del Estado docente al desarrollar el contenido *militarista* de la educación, o sea, una concepción en la que prevalece la visión de lo militar como instrumento del actual modelo político.

El Plan, ahora sí de manera expresa, aparece fundado, entre otras bases, en el socialismo del Siglo XXI, o sea, el modelo del Gobierno de turno, que es convertido no sólo en doctrina de Estado sino además, en fundamento de todo el proceso educativo. Pero además de sostenerse expresamente en tal modelo, el Plan alude a otras expresiones, bastante imprecisas, pero que remiten también a varios de los contenidos de tal modelo. Así, por ejemplo, dentro de los objetivos del Plan, encontramos *"consolidar el pensamiento militar bolivariano"* y *"desarro-llar una conciencia revolucionaria"*, expresiones que no pueden ser valoradas en un sentido literal, sino dentro del contexto en el cual ellas se insertan. A similar conclusión se llega cuando, más adelante, el Plan enumera dentro sus objetivos, alcanzar un *"nuevo* Pensamiento Militar Venezolano", sin que el contenido de ese *nuevo* pensamiento quede explícitamente descrito en el Plan, aun cuando sí puede deducirse cuál será su orientación.

El Plan, si bien tiene contenido más programático, en tanto anuncia los cambios que deben introducirse dentro del sistema educativo venezolano, anuncia de manera concreta el diseño de una materia especial -*educación para la defensa integral*- "como eje Integrador, en los sub-sistemas de educación básica y universitaria". Materia que será diseñada por la "Milicia Bolivariana" a los fines de *"garantizar el cumplimiento de su misión, la cual estará orientada al entrenamiento, preparación y organización del pueblo para la defensa integral de la nación"*. Esa defensa integral, recordemos, es el principal objeto de la Milicia Bolivariana (artículo 43, Ley Orgánica de la Fuerza Armada Nacional Bolivariana), estrechamente asociada al Poder Popular

Nuevamente, esta disposición no puede ser valorada sólo desde una perspectiva aislada y formal: ese análisis sólo conduciría a reconocer que dentro del sistema de educación, deben incorporarse asignaturas referidas a la educación militar, lo que no es necesariamente contrario a la Constitución. Pero es que en realidad, no se trata sólo de una materia de educación militar: es una materia inserta dentro de los fundamentos del Plan, que no son otros que el **Estado docente orientado al Socialismo del Siglo XXI**. Por ello, más que una educación militar técnicamente desarrollada, la *educación para la defensa integral* estará basada en la concepción militar del modelo político en curso, y por ende, en la formación militar del pueblo –entiéndase: de los ciudadanos- conforme al citado artículo 44, como herramienta para la consolidación del modelo socialista.

Bajo esta nueva función, subyace la visión del Estado docente, pero entendido en el doble sentido aquí indicado: como el *principal* responsable del proceso educativo y además, como el Estado que asume la configuración de la educación desde los postulados del *actual* modelo político. Conclusión cuya validación exige la interpretación concordada –no formal y superficial- de la normativa examinada.

Por ello, la intervención de ese Estado docente no es técnica, sino basada en expresiones bastante amplias que, además de reconocer un ámbito relevante de discrecionalidad, se basan en la adopción de un pensamiento único incluso en su expresión militar, que funcionaliza el derecho a la educación en su doble sentido: derecho a ser educado y derecho a educar.

Reiteramos, no se trata de la adopción de una educación militar sobre la base de criterios técnicos –único parámetro admitido por la Constitución para limitar el derecho a la educación- sino de una educación militar funcionalizada en atención a los objetivos del modelo socialista, bajo la tutoría del Estado, incluso, respecto a menores de edad. Frente a lo anterior, es preciso insistir en que, dentro de la Constitución, son los padres quienes tienen el derecho *preferente* a la educación de sus hijos, bajo el marco jurídico desplegado por el Estado de manera técnica, abierta y plural.

LEGISLACIÓN

CRETOS NORMATIVOS, REGLAMENTOS SOLUCIONES DE EFECTOS GENERALES DURANTE EL PRIMER TRIMESTRE DE 2011

Recopilación y selección
por Marianella Villegas Salazar
Abogado

SUMARIO

I. ORDENAMIENTO ORGÁNICO DEL ESTADO

1. *Régimen del Poder Público Nacional.* A. Poder Ciudadano: Ministerio Público: Concurso Público de Credenciales y de Oposición.

II. RÉGIMEN DE LA ADMINISTRACIÓN GENERAL DEL ESTADO

1. *Sistema Financiero.* 2. *Plataforma Tecnología del Estado.* 3. *Sistema Impositivo.* A. Impuestos. a. Unidad Tributaria. b. Impuesto al Valor Agregado: Exoneraciones. 4. *Sistema de Personal: Emolumentos.*

III. POLÍTICA, SEGURIDAD Y DEFENSA

1. *Política de Relaciones Exteriores.* A. Tratados, Acuerdos y Convenios. A. Fuerza Armada Nacional Bolivariana: Sueldo básico. B. Adquisición, Registro y Control de armamentos. C. Emergencia Nacional. D. Refugios en casos de emergencias o desastres.

IV. DESARROLLO ECONÓMICO

1. *Títulos en moneda extranjera.* 2. *Régimen Cambiario.* 3. *Régimen de los Bancos y Otras Instituciones Financieras.* A. Ley de las Instituciones del Sector Bancario. B. Transformación y Fusión. C. Auditor Externo de los Bancos. D. Protección de los Usuarios de los Servicios Financieros. E. Aportes especiales. F. Tasas de Interés. G. Cartera Turística. H. Cartera Agraria. I. Administración y Fiscalización de Riesgos. J. Banca Electrónica. K. Manual de Contabilidad. L. Reestructuración y Condonación de Deudas. M. Requisitos de las Asambleas de Accionistas. N. Fondo Fideicomitados. O. Estados Financieros Consolidados o Combinados. P. Conformación de Cheques. 3. *Régimen del Mercado de Capitales.* 4. *Régimen del Comercio Interno.* A. Precios máximos de venta al público. 5. *Régimen de la Actividad Aseguradora.* 7. *Régimen Agrícola.*

V. DESARROLLO SOCIAL

1. *Régimen del Trabajo.* 2. *Régimen de la Salud.* A. *Médicos rurales.* B. Autorización del comercio y consumo de alimentos y bebidas. C. Ambientes libres de humo. 3. *Régimen de los juegos y apuestas ilícitas.*

VI. DESARROLLO FÍSICO Y ORDENACIÓN DEL TERRITORIO

1. *Régimen de protección del medio ambiente y los recursos naturales: Prohibición de rustiqueo.* 2. *Régimen de las Telecomunicaciones.* 3. *Régimen del Transporte y Tránsito.* A. Transporte y Tránsito Terrestre. B. Transporte y Tráfico Aéreo.

I. ORDENAMIENTO FEDERAL DEL ESTADO

1. *Régimen del Poder Público Nacional*

    A. *Poder Ciudadano: Ministerio Público: Concurso Público de Credencia* de Oposición

Resolución Nº 328 del Ministerio Público, mediante la cual se dictan las Normas del Concurso Público de Credenciales y de Oposición para el Ingreso a la Carrera Fiscal. *G.O.* Nº 39.637 de 18-3-2011.

II. RÉGIMEN DE LA ADMINISTRACIÓN GENERAL DEL ESTADO

1. *Sistema Financiero*

Providencias Nros. 11-001, 11-002 y 11-003 del Ministerio del Poder Popular de Planificación y Finanzas, mediante las cuales se dictan las Normas Técnicas que en ellas se especifican, en los términos que en ellas se señalan. (Normas Técnicas de contabilidad sobre la presentación de los estados financieros; sobre la elaboración y presentación del estado de flujo de efectivo; sobre las políticas contables, los cambios en las estimaciones contables y la corrección de errores de la República y sus Entes descentralizados funcionalmente sin fines empresariales). *G.O.* Nº 39.599 de 21-1-2011.

2. *Plataforma Tecnológica del Estado*

Resolución Nº 025 del Ministerio del Poder Popular para Ciencia, Tecnología e Industrias Intermedias, mediante la cual se establece el uso de Canaima GNU/linux como sistema operativo de Software Libre en las estaciones de trabajo de los Órganos y Entes de la Administración Pública Nacional de la República Bolivariana de Venezuela, con el propósito de homogeneizar y fortalecer la plataforma tecnológica del Estado Venezolano. *G.O.* Nº 39.633 de 14-3-2011.

Resolución Nº 026 del Ministerio del Poder Popular para Ciencia, Tecnología e Industrias Intermedias, mediante la cual se establecen los lineamientos de accesibilidad que deben ser aplicados por los Órganos y Entes de la Administración Pública Nacional en el desarrollo, implementación y puesta en producción de los Portales de Internet. *G.O.* Nº 39.633 de 14-3-2011.

Resolución Nº 027 del Ministerio del Poder Popular para Ciencia, Tecnología e Industrias Intermedias, mediante la cual se establecen los requisitos mínimos para la prestación de servicios, por parte de personas naturales, en calidad de Facilitadores Comunitarios en el área de Tecnologías de Información Libres, en tanto dicho servicio sea requerido por los Órganos y Entes de la Administración Pública Nacional. *G.O.* Nº 39.633 de 14-3-2011

3. *Sistema Impositivo*

    A. *Impuestos*

        a. *Unidad Tributaria*

Providencia Nº SNAT/2011/0009 del SENIAT, mediante la cual se reajusta la Unidad Tributaria de sesenta y cinco bolívares (Bs. 65,00) a setenta y seis bolívares (Bs. 76,00). *G.O.* Nº 39.623 de 24-2-2011.

b.   Impuesto al Valor Agregado: Exoneraciones

Decreto N° 7.992 de la Presidencia de la República, mediante el cual se exonera del pago del Impuesto al Valor Agregado, en los términos y condiciones previstos en este Decreto, a las operaciones de importación definitiva de los bienes muebles corporales, señalados en dicho Decreto, destinados exclusivamente a la ejecución de actividades relacionadas con la instalación del Sistema internacional de Telecomunicaciones, entre la República Bolivariana de Venezuela y la República de Cuba, realizadas por los órganos y entes del Poder Público Nacional. (Se reimprime por error material). *G.O.* N° 39.592 de 12-1-2011.

Decreto N° 7.980 de la Presidencia de la República, mediante el cual se exonera del pago del Impuesto al Valor Agregado, en los términos y condiciones previstos en este Decreto, a las importaciones definitivas de los bienes muebles corporales, realizadas por los Órganos o Entes de la Administración Pública Nacional, destinados exclusivamente al mantenimiento, atención de fallas, inspección y supervisión del sistema eléctrico nacional que en él se señalan. *G.O.* N° 39.586 de 4-1-2011.

Decreto N° 8.038, mediante el cual se exonera del pago del Impuesto al Valor Agregado (IVA), a las ventas de bienes muebles corporales y las prestaciones de servicios enumeradas en los artículos 5° y 6° de este Decreto, efectuadas a los órganos o empresas del Estado que se dediquen exclusivamente a las actividades de administración, diseño, construcción, instalación, operación, mantenimiento, funcionamiento, repotenciación, modernización, reconstrucción y expansión de los sistemas de transporte masivo de pasajeros por vía exclusiva, subterránea, elevada o a nivel, del tipo Metro, Trolebús y Ferroviario. *G.O.* N° 39.611 de 8-2-2011.

4.   Sistema de Personal: Emolumentos

Ley Orgánica de Emolumentos, Pensiones y Jubilaciones de los Altos Funcionarios y Altas Funcionarias del Poder Público. *G.O.* N° 39.592 de 12-1-2011.

Oficio N° 2011-001 del Tribunal Supremo de Justicia, mediante el cual se fija el monto equivalente a los doce (12) salarios mínimos como límite máximo de emolumentos mensuales de los Magistrados y Magistradas del Tribunal Supremo de Justicia. (Estableciéndose como sueldo total mensual la cantidad de Bs.F. 14.686,68, a partir del 1° de febrero de 2011). *G.O.* N° 39.640 de 23-3-2011.

III.   POLÍTICA, SEGURIDAD Y DEFENSA

1.   Política de Relaciones Exteriores

A.   Tratados, Acuerdos y Convenios

Resolución N° DM/021-A Ministerio del Poder Popular para Relaciones Exteriores, mediante la cual se suscribe el Programa de Intercambio Cultural entre el Gobierno de la República Bolivariana de Venezuela y el Gobierno de la República Popular China, para el período 2011-2013. *G.O.* N° 39.628 de 3-3-2011.

2.   Seguridad y Defensa

A.   Fuerza Armada Nacional Bolivariana

Decreto N° 8.096 de la Presidencia de la República, mediante el cual se dicta el Decreto con Rango, Valor y Fuerza de Ley Orgánica de Reforma de la Ley Orgánica de la Fuerza Armada Nacional Bolivariana. *G.O.* N° 39.638 de 21-3-2011 (Véase *G.O.* N° 6.020 Extraordinario de la misma fecha).

Resolución N° 017451 del Ministerio del Poder Popular para la Defensa, mediante la cual se revoca en todas y cada una de sus partes la Resolución N° 016045, de fecha 29 de octubre de 2010, en los términos que en ella se señalan. (Mediante la cual se dicta la directiva que regula el aporte del 4% de los órganos desconcentrados y entes descentralizados del sector defensa al fondo para cubrir las eventualidades médicas del personal militar profesional y sus familiares, ocasionadas por enfermedades de alto costo y riesgo). *G.O.* N° 39.620 de 21-2-2011.

B.   *Adquisición, Registro y Control de armamentos*

Resolución N° 017530 del Ministerio del Poder Popular para la Defensa, mediante la cual se dictan las Normas para la adquisición, posesión, uso, registro y control de armamentos, municiones, equipos y accesorios para los Órganos de Seguridad Ciudadana, Cuerpos de Seguridad del Estado y demás Órganos y Entes que excepcionalmente ejerzan competencias propias del Servicio de Policía. *G.O.* N° 39.627 de 2-3-2011.

C.   *Emergencia Nacional*

Decreto N° 8.073, mediante el cual se prorroga por un plazo de (90) noventa días la vigencia del Decreto N° 7.859, de fecha 30 de noviembre de 2010, mediante el cual se declara el Estado de Emergencia en los estados Falcón, Miranda y Vargas, así como en el Distrito Capital, como consecuencia de las fuertes y recurrentes lluvias acaecidas en el país durante el último trimestre del año 2010. (*G.O.* N° 39.563). *G.O.* N° 39.624 de 25-2-2011.

Decreto N° 8.074, mediante el cual se prorroga por un plazo de (90) noventa días la vigencia del Decreto N° 7.876, de fecha 05 de diciembre de 2010, mediante el cual se declara el Estado de Emergencia en los estados Zulia, Mérida, Trujillo y Nueva Esparta, como consecuencia de las fuertes y recurrentes lluvias acaecidas en el país durante el último trimestre del año 2010. (*G.O.* N° 39.567). *G.O.* N° 39.624 de 25-2-2011.

D.   *Refugios en casos de emergencias o desastres*

Decreto N° 8.001, mediante el cual se dicta el Decreto con Rango, Valor y Fuerza de Ley Especial de Refugios dignos para Proteger a la Población, en casos de emergencias o desastres. *G.O.* 39.599 de 21-1-2011.

Providencia N° 016/2011 del Ministerio del Poder Popular para el Deporte (IND), mediante la cual queda expresamente prohibido ingerir, poseer, vender, distribuir o facilitar de cualquier forma bebidas alcohólicas en el interior de las Instalaciones Deportivas pertenecientes a este Instituto y que estén siendo utilizadas como refugio, así como sus espacios adyacentes. *G.O.* N° 39.618 de 17-2-2011.

3.   *Aportes de la Ley Orgánica de Drogas y la Ley Orgánica Contra el Tráfico Ilícito y el Consumo de Sustancias Estupefacientes y Psicotrópicas*

Providencia N° 006-2011 de la FONA, mediante la cual se corrige por error material la Providencia Administrativa N° 004-2011, de fecha 24 de marzo de 2011, en los términos que en ella se indican. (Referente a la Normativa para Efectuar el Pago y la Distribución del Aporte y la Contribución Especial Establecidos en la Ley Orgánica de Drogas y la Ley Orgánica Contra el Tráfico Ilícito y el Consumo de Sustancias Estupefacientes y Psicotrópicas). *G.O.* N° 39.646 de 31-3-2011.

IV. DESARROLLO ECONÓMICO

1. *Títulos en Moneda Extranjera*

Resolución N° 017127 del Banco Central de Venezuela (BCV), mediante la cual se determina el procedimiento de la colocación primaria, en moneda nacional, de títulos denominados en moneda extranjera emitidos o por emitirse por la República, sus entes descentralizados o por cualquier otro ente, sólo podrá efectuarse a través del «Sistema de Colocación Primaria de Títulos en Moneda Extranjera (SICOTME)» de este Organismo. *G.O.* N° 39.613 de 10-2-2011

2. *Régimen Cambiario*

Convenio Cambiario N° 15 del Banco Central de Venezuela (BCV), mediante el cual serán liquidadas al tipo de cambio de dos bolívares con sesenta céntimos (Bs. 2,60) por dólar de los Estados Unidos de América, las operaciones de venta de divisas correspondientes a las autorizaciones de liquidación de divisas aprobadas por la Comisión de Administración de Divisas (CADIVI) para los conceptos a que se contraen los literales que en ella se mencionan, del artículo 1 del Convenio Cambiario N° 14 del 8 de enero de 2010, así como los artículos 3 del Convenio Cambiario N° 15 del 19 de enero de 2010 y 1 del Convenio Cambiario N° 17 del 15 de abril de 2010, enviadas por dicha Comisión al Banco Central de Venezuela y recibidas por éste el 31 de diciembre de 2010, vigentes hasta la fecha, y cuya liquidación no hubiere sido solicitada al Ente Emisor por parte del operador cambiario respectivo a la fecha antes indicada. *G.O.* N° 39.593 de 13-1-2011.

Resolución N° 039.11 Superintendencia de las Instituciones del Sector Bancario, mediante la cual se dictan las «Normas Relativas a la Aplicación y Registro de los Beneficios Netos Originados por la entrada en vigencia del Convenio Cambiario N° 14, de fecha 30 de diciembre de 2010». *G.O.* N° 39.612 de 9-2-2011.

3. *Régimen de los Bancos y Otras Instituciones Financieras*

A. *Ley de las Instituciones del Sector Bancario*

Decreto N° 8.079 de la Presidencia de la República, mediante el cual se dicta el Decreto con Rango, Valor y Fuerza de Ley de Reforma Parcial de la Ley de Instituciones del Sector Bancario. *G.O.* N° 39.627 de 2-3-2011.

B. *Transformación y Fusión*

Resolución N° 072-11 de la Superintendencia de las Instituciones del Sector Bancario, mediante la cual se establecen las condiciones y requisitos que deben cumplir las entidades o instituciones del sector bancario, a los fines de su transformación y/o fusión para adecuarse al tipo de institución; así como a los niveles mínimos de capital social exigidos en la Ley de Instituciones del Sector Bancario. *G.O.* N° 39.625 de 28-2-2011.

C. *Auditor Externo de los Bancos*

Resolución N° 065.11 de la Superintendencia de las Instituciones del Sector Bancario, mediante la cual se dictan las «Normas Relativas a la Selección, Contratación y Remoción del Auditor Externo de los Bancos». *G.O.* N° 39.622 de 23-2-2011.

D.   Protección de los Usuarios de los Servicios Financieros

Resolución N° 083.11 de la Superintendencia de las Instituciones del Sector Bancario, mediante la cual se dictan las «Normas Relativas a la Protección de los Usuarios y Usuarias de los Servicios Financieros». *G.O.* N° 39.635 de 16-3-2011.

E.   Aportes especiales

Resolución N° 652.10, mediante la cual se dicta las instrucciones al pago del aporte especial que deben efectuar los bancos universales, bancos comerciales, bancos hipotecarios, bancos de inversión, bancos de segundo piso, bancos de desarrollo, arrendadoras financieras, fondos del mercado monetario, entidades de ahorro y préstamo, Instituto Municipal de Crédito Popular (I.M.C.P.), casas de cambio, operadores cambiarios fronterizos, fondos de capital de riesgo, sociedades de capital de riesgo, fondos nacionales de garantías recíprocas, sociedades de garantías recíprocas, los bancos sometidos a leyes especiales, entes intervenidos, estatizados, en liquidación, en rehabilitación o que han sido objeto de medidas administrativas y demás personas sujetas a la supervisión y control de esta Superintendencia. *G.O.* N° 39.593 de 13-1-2011.

F.   Tasas de Interés

Aviso Oficial del Banco Central de Venezuela. (Tasas de Interés de Prestación de Antigüedad, Tasas de Interés para la Adquisición de Vehículos Modalidad Cuota Balón, Tasas de Interés para Operaciones con Tarjetas de Crédito y Tasas de Interés para Operaciones Crediticias Destinadas al Sector Turismo). *G.O.* N° 39.611 de 8-2-2011.

Aviso Oficial del Banco Central de Venezuela (BCV), mediante el cual se informan las tasas de interés de prestación de antigüedad, tasas de interés para adquisición de vehículos bajo la modalidad cuota balón, tasas de interés para operaciones con tarjetas de créditos y tasas de interés para operaciones crediticias destinadas al sector turismo. *G.O.* N° 39.631 de 10-3-2011.

Providencia N° SNAT/2011/0013 del SENIAT, mediante la cual se establece la tasa de interés activa promedio ponderado de los seis (6) principales bancos comerciales y universales del país con mayor volumen de depósitos, excluidos las carteras con interés preferenciales, fijada por el Banco Central de Venezuela para el mes de febrero de 2011 es de 19,90%. *G.O.* N° 39.640 de 23-3-2011.

G.   Cartera Turística

Resolución N° 007 del Ministerio del Poder Popular para el Turismo, mediante la cual se dispone que los bancos comerciales y universales destinarán el tres por ciento (3%) sobre el promedio de los cierres de la cartera de crédito bruta al 31 de diciembre de 2009 y al 31 de diciembre de 2010, en los términos que en ella se señalan. (Para el financiamiento de las operaciones y proyectos de carácter turístico indicados en el artículo 6 de la Ley de Crédito para el Sector Turismo). *G.O.* N° 39.612 de 9-2-2011.

Resolución N° 016 del Ministerio del Poder Popular para el Turismo, mediante la cual se fija el porcentaje de la Cartera de Crédito Turístico que deben destinar las Instituciones Financieras para el financiamiento de las operaciones y proyectos de carácter turístico. (Los bancos universales destinarán el 3% sobre el promedio de los cierres de la cartera de crédito bruta). *G.O.* N° 39.629 de 4-3-2011.

H. Cartera Agraria

Resolución Conjunta N° 2.992 y DM/SN, mediante la cual se fijan los porcentajes mínimos mensuales y las condiciones aplicables a la cartera agraria obligatoria para el Ejercicio Fiscal 2011. *G.O.* N° 39.627 de 2-3-2011.

Resolución N° 11-03-01 del Banco Central de Venezuela (BCV), mediante la cual se regula la tasa de interés anual activa máxima a ser aplicada por las instituciones bancarias regidas por el decreto con Rango, Valor y Fuerza de Ley de Reforma Parcial de la Ley de Instituciones del Sector Bancario y demás leyes especiales, a las colocaciones crediticias destinadas al sector agrícola. (No podrá ser superior al 13% y regirá durante la semana que va desde el 25 al 31 de marzo de 2011). *G.O.* N° 39.638 de 21-3-2011.

I. Administración y Fiscalización de Riesgos

Resolución N° 025 de la Superintendencia Nacional de Valores, mediante la cual se dictan las «Normas relativas a la Administración y Fiscalización de los riesgos relacionados con los delitos de Legitimación de Capitales y Financiamiento al Terrorismo aplicables a las Instituciones reguladas por esta Superintendencia». *G.O.* N° 39.616 de 15-2-2011.

J. Banca Electrónica

Resolución N° 641.10 de la SUDEBAN, mediante la cual se dictan las «Normas que Regulan el Uso de los Servicios de la Banca Electrónica». *G.O.* N° 39.597 de 19-1-2011.

K. Manual de Contabilidad

Resolución N° 637-10 de la Superintendencia de las Instituciones del Sector Bancario, mediante la cual se modifica el Manual de Contabilidad para Bancos, Otras Instituciones Financieras y Entidades de Ahorro y Préstamo, emitido por este Órgano Regulador, en los términos que en ella se indican. (Publicado en *G.O.* N° 5.572 Extraordinario del 17-01-2002). *G.O.* N° 39.625 de 28-2-2011.

L. Reestructuración y Condonación de Deudas

Resolución Conjunta N° 2.991 y DM S/N de los Ministerios del Poder Popular de Planificación y Finanzas y para la Agricultura y Tierras, mediante la cual se establecen los términos y condiciones especiales que aplicarán las Entidades de la Banca Pública y Privada para la reestructuración y condonación de deudas así como el procedimiento y requisitos para la presentación y notificación de respuesta de la solicitud de reestructuración y condonación de deudas. *G.O.* N° 39.627 de 2-3-2011.

M. Requisitos de las Asambleas de Accionistas

Resolución N° 063.11 Superintendencia de las Instituciones del Sector Bancario, mediante la cual se dictan las «Normas que establecen los Lineamientos y Requisitos que deben consignar las Asambleas de Accionistas de las Instituciones Bancarias, Casas de Cambio y Operadores Cambiarios Fronterizos». *G.O.* N° 39.628 de 3-3-2011.

N. Fondos Fideicomitados

Resolución N° 052.11 de la Superintendencia de las Instituciones del Sector Bancario, mediante la cual se dictan las «Normas Relativas al Establecimiento de los Límites Máximos de la Totalidad de los Fondos Fideicometidos con Base en el Patrimonio de la Institución Bancaria Fiduciaria». *G.O.* N° 39.624 de 25-2-2011.

O.   *Estados Financieros Consolidados o Combinados*

Resolución N° 648.10 de la Superintendencia de Bancos y Otras Instituciones Financieras, mediante la cual se establece el «Alcance a la Resolución N° 227.10, del 6 de mayo de 2010 relativa a la fecha de presentación semestral de los estados financieros consolidados o combinados de acuerdo con las Normas Ven-Nif, como información complementaria». *G.O.* N° 39.637 de 18-3-2011.

P.   *Conformación de Cheques*

Aviso Oficial del Banco Central de Venezuela (BVC), mediante el cual se informa a las instituciones bancarias regidas por la Ley de Instituciones del Sector Bancario y demás leyes especiales, así como al público que a partir del 1° de abril de 2011, las instituciones bancarias deberán efectuar, a través de los mecanismos dispuestos al efecto, la conformación de los cheques girados contra cuenta de depósito a la vista, emitidos por personas naturales o jurídicas, siempre que su monto sea igual o superior a los cien bolívares (Bs. 100,00). *G.O.* N° 39.646 de 31-3-2011.

4.   *Régimen del Mercado de Capitales*

Resolución N° 040 de la Superintendencia Nacional de Valores, por la cual se dictan las Normas relativas a las tasas y contribuciones que deben cancelar las personas sometidas al control de esta Superintendencia. *G.O.* N° 39.591 de 11-1-2011.

5.   *Régimen del Comercio Interno*

A.   *Precios Máximos de Venta al Público*

Resolución N° 2990 del Ministerio del Poder Popular de Planificación y Finanzas, mediante la cual se fijan los precios de venta de fósforos para las Labores Números 1, 2, 5, 7 y 8, por las cantidades que en ella se señalan. (Labor 1, Carterita Regalo Bs. 0,68; Labor 2, Carterita Popular Bs. 1,07; Labor 5 Lujo Bs. 115,20; Labor 7 Estándar Bs. 736,80 y Labor 8 Hogar Bs. 432,00, todas por gruesa). *G.O.* N° 39.625 de 28-2-2011.

Resolución Conjunta N° DM/3001, DM/SN, DM/041, DM/007-11 y DM/044 de los Ministerios del Poder Popular de Planificación y Finanzas, para el Comercio, para la Agricultura y Tierras, para la Alimentación y para Ciencia, Tecnología e Industrias Intermedias, mediante la cual se fija en todo el territorio nacional el Precio Máximo de Venta al Público (PMVP), de los productos alimenticios que en ella se señalan. (Pan de Trigo Salado de Panadería y Pastas Alimenticias elaboradas con mezcla de trigo). *G.O.* N° 39.638 de 21-3-2011

6.   *Régimen de la Actividad Aseguradora*

Ley de la Actividad Aseguradora. *G.O.* N° 39.476 de 29-7-2010. (Véase *G.O.* N° 5.990 Extraordinario de la misma fecha).

Resolución N° 000823 de la Superintendencia de la Actividad Aseguradora, mediante la cual se dictan las Normas relativas a la oportunidad en que se constituirán y mantendrán las reservas técnicas, así como la forma y términos en que las empresas de seguros y de reaseguros deberán reportárselo a esta Superintendencia. *G.O.* N° 39.645 de 30-3-2011.

Providencia N° 060 de la Superintendencia de la Actividad Aseguradora, mediante la cual se dictan las Normas para la presentación del examen de competencia profesional para obtener la autorización para actuar como Agente de Seguros. *G.O.* N° 39.613 de 10-2-2011

Providencia N° 000326 de la Superintendencia de la Actividad Aseguradora, mediante la cual se dictan las Normas para Regular las Operaciones de las Empresas de Medicina Prepagada. *G.O.* N° 39.617 de 16-2-2011.

Providencia N° FSS-000514 de la Superintendencia de la Actividad Aseguradora, mediante la cual se dictan las Normas sobre Prevención, Control y Fiscalización de los Delitos de Legitimación de Capitales y el Financiamiento al Terrorismo, en la Actividad Aseguradora. *G.O.* N° 39.621 de 22-2-2011.

Providencia N° 000327 de la Superintendencia de la Actividad Aseguradora, mediante la cual se dictan las Normas para Regular las Operaciones de las Cooperativas u Organismos de Integración que Realizan Actividad Aseguradora. *G.O.* N° 39.621 de 22-2-2011.

7. *Régimen Agrícola*

Resolución N° DM/020/2011, mediante la cual se dispone que los Registradores, Registradoras y Notarios podrán reconocer, protocolizar y autenticar la constitución de hipotecas y la expedición de certificaciones de gravámenes sobre bienhechurías y tierras con vocación agrícola, exclusivamente con el fin de contribuir a la colocación de la cartera crediticia agrícola. *G.O.* N° 39.625 de 28-2-2011.

V. DESARROLLO SOCIAL

1. *Régimen del Trabajo*

Providencia N° 01 del Ministerio del Poder Popular para el Trabajo y Seguridad Social (INPSASEL), mediante la cual se asigna la competencia para calificar el origen ocupacional de las enfermedades y dictaminar el grado de discapacidad de los trabajadores o trabajadoras a consecuencia de un accidente de trabajo o una enfermedad ocupacional a los ciudadanos y ciudadanas que en ella se mencionan. *G.O.* N° 39.611 de 8-2-2011.

2. *Régimen de la Salud*

A. *Médicos rurales*

Resolución N° 239 del Ministerio del Poder Popular para la Salud, por la cual se reforma parcialmente la Resolución N° 137, de fecha 24 de agosto de 2010. (Mediante la cual se establece la obligación de todos los médicos venezolanos de prestar servicio en zonas rurales. Se incorpora un nuevo artículo que será el artículo 4 y se modifica el artículo 5). *G.O.* N° 39.587 de 5-1-2011.

B. *Autorización del comercio y consumo de alimentos y bebidas*

Resoluciones Nros. 016, 017, 018, 019 y 020, mediante las cuales se autoriza la Libre Venta y Consumo en el territorio nacional de los alimentos y bebidas que en ellas se mencionan. Ministerio del Poder Popular para la Salud. *G.O.* N° 39.623 de 24-2-2011.

C. *Ambientes libres de humo*

Resolución N° 030 del Ministerio del Poder Popular Para la Salud, mediante la cual se dicta la Resolución de Ambientes Libres de Humo de Tabaco. *G.O.* N° 39.627 de 2-3-2011.

3. *Régimen de los Juegos y Apuestas Lícitas*

Providencia N° DE-11-008 de la Comisión Nacional de Casinos, Salas de Bingo y Máquinas Traganíqueles, mediante la cual se dicta la Normativa que Regulará el Comiso y Destrucción de Máquinas Traganíqueles. *G.O.* N° 39.621 de 22-2011.

VI. DESARROLLO FÍSICO Y ORDENACIÓN DEL TERRITORIO

1. *Régimen de Protección del Medio Ambiente y los Recursos Naturales: Prohibición de Rustiqueo*

Resolución N° 0000012 del Ministerio del Poder Popular para el Ambiente, mediante la cual se prohíbe la actividad de «rustiqueo» en los parques nacionales y monumentos naturales. *G.O.* N° 39.629 de 4-3-2011.

2. *Régimen de las Telecomunicaciones*

Aviso Oficial mediante el cual se reimprime por error material la Ley de Reforma Parcial de la Ley de Responsabilidad Social en Radio y Televisión, sancionada en sesión del día 20 de diciembre de 2010. *G.O.* N° 39.610 de 7-2-2011.

Aviso Oficial mediante el cual se reimprime por error material la Ley de Reforma de la Ley Orgánica de Telecomunicaciones, sancionada en sesión del día 20 de diciembre de 2010. *G.O.* N° 39.610 de 7-2-2011.

Providencia N° 1.791 de la Comisión Nacional de Telecomunicaciones (CONATEL), mediante la cual se fijan los Valores Referenciales para la Determinación de los Cargos de Interconexión de Uso para el Servicio de Telefonía Móvil. *G.O.* N° 39.615 de 14-2-2011.

3. *Régimen del Transporte y Tránsito*

A. *Transporte y Tránsito Terrestre*

Providencia N° 001-2011 del Instituto Nacional de Transporte Terrestre (INTT), mediante la cual se dicta el Manual Venezolano de Dispositivos Uniformes para el Control del Tránsito (MVDUCT). *G.O.* N° 39.590 de 10-1-2011.

B. *Transporte y Tráfico Aéreo*

Providencia N° PRE-CJU-097-10 de la Vicepresidencia de la República (INAC), mediante la cual se regula la aprobación, registro, publicación y entrada en vigencia de las tarifas para los servicios de transporte aéreo regular de pasajeros dentro del territorio nacional. *G.O.* N° 39.620 de 21-2-2011.

Comentario Legislativo

EL SISTEMA DE JUSTICIA CONSTITUCIONAL EN LA REPÚBLICA DOMINICANA Y EL PROYECTO DE LEY ORGANICA DEL TRIBUNAL CONSTITUCIONAL Y DE LOS PROCEDIMIENTOS CONSTITUCIONALES (Marzo, 2011)*

Allan R. Brewer-Carías
Profesor de la Universidad Central de Venezuela
Adjunct Professor of Law, Columbia Law School (2006-2007)

Resumen: *Con motivo de la reforma constitucional aprobada en República Dominicana en enero de 2010, en la cual se consolidó el sistema de justicia constitucional mixto o integral que existía, mediante la creación de un Tribunal Constitucional, como Jurisdicción Constitucional independiente para el control de la constitucionalidad de las leyes. Con tal motivo, en marzo de 2011, las Cámaras del Congreso concluyeron la discusión del texto de una Ley Orgánica del Tribunal Constitucional y de los Procesos Constitucionales, que se la que se comenta en este estudio.*

Palabras clave: *Justicia Constitucional. Jurisdicción Constitucional. Control de constitucionalidad. Tribunal Constitucional.*

Abstract: *In the constitutional reform sanctioned in the Dominican Republic in January 2010, the mixed judicial review system of the country was consolidated, by means of the creation of a Constitutional Tribunal, as an independent high Constitutional Jurisdiction on matters of control of the constitutionality of legislation. In order to regulate the judicial review system and the Constitutional Tribunal, the Chambers of Congress ended in March 2011, the discussions on a Organic Law on the Constitutional Tribunal and on the Constitutional Processes, to which analysis this article is devoted.*

Key words: *Judicial Review. Constitutional Justice. Constitucional Jurisdiction. Constitutional Tribunal.*

Con fecha 8 de noviembre de 2010, el Presidente de la República Dominicana, mediante Oficio N° 11339, sometió al Senado un Proyecto de *Ley Orgánica del Tribunal Constitucional y de los Procesos Constitucionales*, con el objeto de regular la organización del Tribunal Constitucional creado por la Constitución de enero de 2010, y "el ejercicio de la Justicia Constitucional entendida como la potestad del Tribunal Constitucional y el Poder Judicial de pronunciarse en materia constitucional en los asuntos de su competencia".

---

* Texto ampliado de la conferencia dictada en el *VII Encuentro Iberoamericano de Derecho Procesal Constitucional*, organizado por la Comisionaduría de Apoyo a la Reforma y Modernización de la Justicia de la República Dominicana y el Instituto Iberoamericano de Derecho Procesal Constitucional, Santo Domingo, 3 de marzo de 2010

En su comunicación, además, el Presidente resumió que

"la Justicia Constitucional se realiza mediante procesos y procedimientos constitucionales que tienen como objetivo sancionar las infracciones constitucionales, para garantizar la supremacía, integridad y eficacia de la Constitución, la defensa del orden constitucional, la adecuada interpretación constitucional y la protección efectiva de los derechos fundamentales."

A tal efecto, según expresó el Presidente en su comunicación, la Ley Orgánica estará regida por los siguientes principios rectores: "constitucionalidad, interdependencia, efectividad, oficiosidad, vinculatoriedad, inconvalidabilidad, favorabilidad, accesibilidad, celeridad, infor-malidad, gratuidad, inderogabilidad y supletoriedad."

El Presidente precisó además, que el Proyecto buscaba definir y regular, "la Justicia Constitucional y sus principios; la organización y atribuciones del Tribunal Constitucional; los procesos y procedimientos constitucionales, entre los que se encuentran: el control concentrado de constitucionalidad, el control difuso de constitucionalidad y el control preventivo de los tratados internacionales; los conflictos de competencia; las acciones de habeas corpus, habeas data y amparo; los procedimientos particulares de amparo, entre los cuales se encuentran: el amparo contra actos jurisdiccionales, el amparo de cumplimiento, el amparo colectivo y el amparo electoral; la revisión constitucional de sentencias; y el procedimiento de ejecución de sentencias de la Corte Interamericana de Derechos Humanos.

Luego de las discusiones en la Cámara del Senado el Proyecto fue discutido en la Cámara de Diputados donde fue aprobado en fecha 1 de marzo de 2011, habiendo sido devuelto al senado mediante oficio Nº 201 de 4 de marzo de 2011 con el título de *Ley Orgánica del Tribunal Constitucional y de los Procedimientos Constitucionales*, el cual fue precedido de una serie de "Considerandos" en los cuales se motiva el mismo, expresándose entre otros aspectos sobre el "sistema robusto de justicia constitucional independiente y efectivo, que "la tutela de la justicia constitucional fue conferida, tanto al Tribunal Constitucional como al Poder Judicial, a través del control concentrado y el control difuso" (Considerando Quinto).

En ese marco, las presentes notas están destinadas a analizar globalmente este importante Proyecto de Ley (en adelante "Ley Orgánica"), en su versión de fecha 1 de marzo de 2011, en especial solo en lo que se refiera a sus previsiones en materia de control difuso de la constitucionalidad (III); en materia de control concentrado de la constitucionalidad, incluyendo el control a posteriori de la constitucionalidad de los actos estatales y de omisiones legislativas, el control a priori de los tratados internacionales y la solución de conflictos de competencia de orden constitucional (IV); y la revisión constitucional de sentencias constitucionales (V) y de amparo (VI) por el Tribunal Constitucional. No nos referiremos por tanto, a los procesos constitucionales de protección de los derechos fundamentales (amparo, habeas corpus, habeas data) que también están regulados detalladamente en la Ley Orgánica (arts. 63 a 114). Antes sin embargo, haremos algunas precisiones sobre los sistemas de justicia constitucional (I), y sobre las previsiones en la materia en la Constitución de la República Dominicana, y algunos principios generales en la Ley Orgánica (II).

I. ALGUNAS PRECISIONES SOBRE LOS SISTEMAS DE JUSTICIA CONSTITUCIONAL

A los efectos de asegurarle al que en el Estado Constitucional de derecho, los órganos superiores de justicia puedan asumir el rol esencial de interpretar la Constitución y de ejercer el control de la constitucionalidad de los actos estatales, en el mundo contemporáneo, y de acuerdo a las peculiaridades de cada país y de cada sistema constitucional, se han venido estableciendo una variedad de sistemas de justicia constitucional, los cuales siempre se pueden clasificar tomando en cuenta lo que se haya dispuesto en relación con el o los órganos judiciales o de otra índole constitucional llamados a ejercer tal control de la constitucionalidad.

Es decir, sea cual fuere el sistema de justicia constitucional, cuando la potestad de ejercer el control de la constitucionalidad se atribuye a los órganos judiciales, estos pueden ser o todos los jueces que integran el Poder Judicial, o un solo órgano del mismo, u otro órgano separado del Poder Judicial al cual se atribuye la Jurisdicción Constitucional.

De allí la clásica distinción de los sistemas de justicia constitucional según el método de control que se ejerce: en primer lugar, el llamado método difuso de control, cuando el poder para apreciar la constitucionalidad o inconstitucionalidad de las leyes y, en su caso, declarar su inconstitucionalidad, se atribuye a todos los jueces de un país, cualquiera que sea su jerarquía; y en segundo lugar, el llamado método concentrado de control, conforme al cual el poder anulatorio respecto de las leyes y demás actos estatales contrarios a la Constitución se atribuye a un solo órgano del Poder judicial, sea a la Corte Suprema de Justicia del país o a un Tribunal Constitucional especialmente creado para ello, que incluso puede ser ubicado fuera del Poder Judicial.

Ambos sistemas de justicia constitucional, sin duda, aún cuando en su inicio respondían a principios diferentes, en muchos países coexisten en paralelo, como sucede en buena parte de los regímenes constitucionales de los países latinoamericanos y como está regulado expresamente en la Constitución de República Dominicana.

En cuanto al método difuso de control de constitucionalidad, como poder atribuido a todos los jueces para decidir sobre la inconstitucionalidad de una ley que deba aplicarse en un caso concreto, desaplicándola y aplicando preferentemente la Constitución, el mismo se lo regula expresamente en el artículo 188 de la Constitución de República Dominicana. Como en virtud de la supremacía de la Constitución, todo acto estatal contrario a la misma debe considerarse inconstitucional y nulo; todos los jueces tienen el poder-deber de apreciar dicha inconstitucionalidad. Ello es la consecuencia lógica cuando se habla de la Constitución como "norma suprema y fundamento de todo el ordenamiento jurídico" (art. 6).

Ahora bien, correspondiendo el método difuso de control de la constitucionalidad a todos los jueces, su ejercicio se caracteriza por ser de carácter incidental, en el sentido de que se ejerce al decidirse un caso concreto, como poder que puede ejercer cualquier juez, incluso de oficio. En estos casos, en consecuencia, no se trata de un proceso constitucional que tiene por objeto específico controlar la constitucionalidad de una ley, sino de una decisión judicial que se adopta en un proceso judicial cualquiera, con su propio objeto específico, en el cual, para decidirlo, se aprecia la inconstitucionalidad de la ley. Por ello, la decisión que en tal sentido se adopta, sólo tiene efectos *inter partes* y meramente declarativos. El juez, en estos casos, no anula la ley sino sólo la considera inconstitucional y nula, por lo que la decisión tiene en principio efectos *ex tunc, pro praeterito*.

En relación con este método difuso de control de constitucionalidad, en el derecho comparado se ha planteado el problema de la eventual falta de uniformidad o la disparidad de decisiones que podrían adoptar los jueces de distinta jerarquía, en torno a la inconstitucionalidad de una ley, habiéndose establecido diversos correctivos en los propios sistemas constitucionales.

Uno de ellos es, por ejemplo, la asignación del carácter vinculante a las decisiones que adopte la Corte Suprema de Justicia en la materia cuando el asunto llegue a ese nivel, como sucede en los Estados Unidos de América.

Otro correctivo es, por ejemplo, la atribución a la Corte Constitucional o Tribunal Supremo de la competencia para conocer de un recurso extraordinario de revisión, como se ha establecido en las Constituciones de Colombia o Venezuela, lo que permite al Tribunal constitucional uniformizar la jurisprudencia y resolver con carácter obligatorio y vinculante sobre el tema. Esta es la solución adoptada en la Constitución de la República Dominicana.

Adicionalmente, otro correctivo al problema se logra precisamente con el establecimiento, en paralelo del método concentrado de control de constitucionalidad de las leyes, como también ocurre en la Constitución de República Dominicana siguiendo el modelo mixto e integral que se desarrolló inicialmente en América Latina en Colombia y Venezuela, otorgándose a las decisiones del Tribunal Constitucional el carácter de "precedentes vinculantes para los poderes públicos y todos los órganos del Estado "(art. 184). El principio se reitera en el artículo 31 de la Ley Orgánica y, además, en el artículo 7.13 al definir el principio de la "vinculatoriedad" como uno de los principios rectores del sistema de justicia constitucional, indicando que:

> "Las decisiones del Tribunal Constitucional y las interpretaciones que adoptan o hagan los tribunales internacionales en materia de derechos humanos constituyen precedentes vinculantes para los poderes públicos y todos los órganos del Estado."

Se destaca, en esta declaración, por supuesto, la importancia que significa la atribución mediante la Ley Orgánica, del carácter vinculante para el Estado de la república Dominicana que tienen las decisiones por ejemplo de la Corte Interamericana de Derechos Humanos.

Por otra parte, el método concentrado de control de constitucionalidad, como es sabido, tuvo su origen en América Latina y fue luego desarrollado durante el siglo pasado en Europa. Se caracteriza por la atribución a un solo órgano judicial, que puede ser el Tribunal o Corte Suprema con o sin Sala Constitucional, o un Tribunal Constitucional especial, del poder de conocer de la impugnación de leyes por inconstitucionalidad, y de anularlas en caso de que sean contrarias a la Constitución, con efectos *erga omnes*. Esta última opción es la que se ha seguido en la Constitución de 2010 de la República Dominicana con la creación del Tribunal Constitucional "para garantizar la supremacía de la Constitución, la defensa del orden constitucional y la protección de los derechos fundamentales" (art. 184).

Sin embargo, en realidad, lo que caracteriza al método concentrado de control de constitucionalidad de las leyes no es la creación de un tribunal constitucional, sino la atribución a *un solo órgano judicial o tribunal constitucional del poder anulatorio* de las mismas.

Es decir, lo importante es la concentración del poder anulatorio de control en un solo órgano judicial o de control constitucional, más que la forma o naturaleza que puede tener el mismo.

Este método concentrado de control de la constitucionalidad, a diferencia del método difuso, como se ha dicho, se ejerce en un proceso en el cual su objeto principal es, precisamente, el juzgamiento de la inconstitucionalidad de una ley, la cual puede consistir en una decisión anulatoria de la misma, con efectos generales, *erga omnes*, y en general *ex nunc*, es decir *pro futuro* teniendo la decisión en consecuencia, carácter constitutivo.

El método concentrado de control, por otra parte, puede ser previo o posterior, según que se pueda ejercer contra leyes antes de que entren en vigencia o sólo una vez que están vigentes. En el caso de la República Dominicana el control concentrado de la constitucionalidad de las leyes en general es *a posteriori*, regulándose sin embargo un control en forma *a priori* respecto de" los tratados internacionales antes de su ratificación por el órgano legislativo" (art. 185,2), como también, por ejemplo, sucede en Colombia y en Venezuela.

El método concentrado de control, además, puede ser principal o incidental, según que la cuestión de la inconstitucionalidad de la ley llegue al juez constitucional por vía de una acción de inconstitucionalidad, la cual incluso en algunos casos, como sucede en Colombia, Panamá y Venezuela, puede ser una acción popular; o que llegue por vía incidental, por una incidencia planteada en un juicio concreto, como excepción de inconstitucionalidad, lo cual no sucede por supuesto, cuando se establece en paralelo el control difuso de constitucionalidad como es el caso de los sistemas mixtos o integrales, como el que se establece en la República Dominicana.

Por último, además del método difuso y concentrado de control de la constitucionalidad de la legislación existente, en el mundo contemporáneo también se han venido desarrollando mecanismos de control de la constitucionalidad de las omisiones del Legislador, cuando ha dejado de sancionar leyes indispensables para la completa aplicación o vigencia de la Constitución. Se trata del control de la constitucionalidad de las misiones legislativas.

II. MARCO REGULATORIO GENERAL DE LA JUSTICIA CONSTITUCIONAL EN LA CONSTITUCIÓN DE LA REPÚBLICA DOMINICANA DE 2010

1. *Base normativa de la justicia constitucional en la Constitución de 2010 y el sistema mixto o integral de justicia constitucional*

Como todas las Constituciones del mundo contemporáneo, la Constitución de la República Dominicana está revestida de supremacía en el ordenamiento jurídico, a cuyo efecto, en su propio texto se indica que:

"Todas las personas y los órganos que ejercen potestades públicas están sujetos a la Constitución, norma suprema y fundamento del ordenamiento jurídico del Estado" (art. 6).

En la Constitución se regula, además, la garantía objetiva de la misma, al indicar que:

"son nulos de pleno derecho toda ley, decreto, resolución, reglamento o acto contrarios a esta Constitución" (art. 6).

Estos principios se complementa, en la Ley Orgánica al disponer el principio de "inconvalibilidad" en el sentido de que:

"la infracción de los valores, principios y reglas constitucionales está sancionada con la nulidad y se prohíbe su subsanación o convalidación" (art. 7.7).

La inconstitucionalidad, por tanto, no sólo se produce por violación directa de las normas constitucionales, sino de los valores, principios y reglas constitucionales, como lo indica artículo 6 de la Ley Orgánica, la Constitución se tiene por infringida:

"cuando haya contradicción del texto de la norma, acto u omisión cuestionado, de sus efectos o de su interpretación o aplicación con los valores, principios y reglas contenidos en la Constitución y en los tratados internacionales sobre derechos humanos suscritos y ratificados por la República Dominicana o cuando los mismos tengan como consecuencia restar efectividad a los principios y mandatos contenidos en los mismos."

Para asegurar la supremacía normativa de la Constitución por sobre todo acto estatal, es decir, sobre todo acto dictado en ejercicio del Poder Público, incluyendo, por supuesto, las leyes y demás actos del Congreso, como se dijo, la propia Constitución ha establecido un marco general de la justicia constitucional, atribuyendo, por una parte, al Tribunal Constitucional en República Dominicana, competencia para ejercer tal control de constitucionalidad de dichos actos legislativos y otros actos estatales (art. 185,1), con potestad para anularlos cuando sean inconstitucionales; y además, por la otra, asignando a todos los tribunales competencia para declarar dichos actos como inconstitucionales e inaplicarlos en los casos concretos que decidan (art. 188). Como parte integrante de dicho control de constitucionalidad, está, por supuesto, el control de convencionalidad en relación con los tratados en materia de derechos humanos, ya que la Ley orgánica precisa que también hay infracción constitucional cuando se violan las normas, valores y reglas de los tratados.

Se trata, por tanto, como dijimos, de un sistema mixto o integral de justicia constitucional que combina el control difuso con el control concentrado de la constitucionalidad y convencionalidad adoptado en otros países latinoamericanos como Colombia, Venezuela, Perú, Brasil, Ecuador, Guatemala, Nicaragua y México.

La consecuencia de ello es que en República Dominicana, al contrario de los que sucede, por ejemplo, en países como Costa Rica o Panamá, la justicia constitucional no se concentra en un solo órgano que conforma la "Jurisdicción Constitucional" como el Tribunal Constitucional, sino que se ejerce por éste y por todos los órganos judiciales.

Se distingue, entonces, en la República Dominicana, la "justicia constitucional" de la "Jurisdicción Constitucional." Esta última es una noción de carácter orgánico, que identifica un órgano estatal judicial o no que ejerce el control concentrado de la constitucionalidad de las leyes y demás actos normativos generalmente dictados de ejecución inmediata de la Constitución, con poderes anulatorios de las mismas, y que por ello, no tiene el monopolio de la "justicia constitucional."

En cambio, la noción de "justicia constitucional," es una noción material equiparable a "control de constitucionalidad," la cual, como se ha dicho, además de por el Tribunal Constitucional, también se ejerce por todos los jueces u órganos jurisdiccionales mediante el método difuso de control de constitucionalidad. Así se precisa en el artículo 5 de la Ley Orgánica al disponerse que

> "La justicia constitucional es la potestad del Tribunal Constitucional y del Poder Judicial de pronunciarse en materia constitucional en los asuntos de su competencia. Se realiza mediante procesos y procedimientos jurisdiccionales que tienen como objetivo sancionar las infracciones constitucionales para garantizar la supremacía, integridad y eficacia y defensa del orden constitucional, su adecuada interpretación y la protección efectiva de los derechos fundamentales" (art. 5)

Por ello, en la Constitución, además de crearse el Tribunal Constitucional como "Jurisdicción Constitucional," se regulan las competencias en materia de justicia constitucional que ejercen los demás tribunales de la República al decidir las excepciones de inconstitucionalidad cuando ejercen el método de control difuso de la constitucionalidad de las leyes, y al decidir los procesos iniciados mediante las acciones de *hábeas corpus,* amparo o *hábeas data.*

En resumen, la noción de *justicia constitucional* es carácter material o sustantiva y se refiere a la competencia que ejercen todos los órganos judiciales cuando les corresponde decidir casos concretos o juicios de amparo aplicando y garantizando la Constitución; en tanto que la expresión *Jurisdicción Constitucional* es, en cambio, de carácter orgánica, e identifica al órgano jurisdiccional al cual se ha atribuido en la Constitución *competencia exclusiva* en materia de control concentrado de la constitucionalidad de las leyes, y que es el Tribunal Constitucional.

Esta distinción, en todo caso, se acoge en la Ley Orgánica cuando dispone en el artículo 2 que la misma tiene como finalidad, no sólo reglar "la organización del Tribunal Constitucional" el cual conforme al artículo 3 ejerce sus funciones como *Jurisdicción Constitucional*;

sino regular "el ejercicio de la *justicia constitucional*" la cual como hemos dicho se define en el artículo 5 como la potestad de los tribunales ("del Tribunal Constitucional y del Poder judicial") "de pronunciarse en materia constitucional en los asuntos de su competencia", la cual "se realiza mediante procesos y procedimientos constitucionales que tienen como objetivo sancionar las infracciones constitucionales para garantizar la supremacía, integridad y eficacia de la Constitución, la defensa del orden constitucional, la adecuada interpretación constitucional y la protección efectiva de los derechos fundamentales". En el mismo sentido, en el artículo 2 de la Ley Orgánica se insiste en que la justicia constitucional es "para garantizar la supremacía y defensa de las normas y principios constitucionales y del Derecho Internacional vigente en la República, su uniforme interpretación y aplicación, así como los derechos y libertades fundamentales consagrados en la Constitución o en los instrumentos internacionales de derechos humanos aplicables."

En este mismo sentido, por otra parte, es que se define la expresión "constitucionalidad" en el artículo 7.3 de la Ley Orgánica, al declarar que:

"Corresponde al Tribunal Constitucional y al Poder Judicial, en el marco de sus respectivas competencias, garantizar la supremacía, integridad y eficacia de la Constitución y del bloque de constitucionalidad."

Por su parte, en cuanto al bloque de constitucionalidad, "que sirve de parámetro al control de la constitucionalidad y al cual está sujeto la validez formal y material de las normas infraconstitucionales," conforme al artículo 7.10 de la Ley Orgánica, está integrado por:

"los valores, principios y reglas contenidos en la Constitución y en los tratados internacionales sobre derechos humanos adoptados por los poderes públicos de la República Dominicana, conjuntamente con los derechos y garantías fundamentales de igual naturaleza a los expresamente contenidos en aquellos."

En esta forma puede decirse que se materializa en la Ley Orgánica, la previsión del artículo 74,3 de la Constitución que otorga jerarquía internacional a los "tratados, pactos y convenciones relativos a derechos humanos, suscritos y ratificados por el Estado dominicano," los cuales son, por tanto, "de aplicación directa e inmediata por los tribunales y demás órganos del Estado". Por ello, como se dijo, en materia de derechos humanos, el control de constitucionalidad a cargo del Tribunal Constitucional y de los tribunales de la República, es además un control de convencionalidad.

En todo caso, todo este sistema mixto o integral de justicia constitucional en la Constitución de 2010 se concretiza en las previsiones expresas relativas al control concentrado de la constitucionalidad, al control difuso de la constitucionalidad y a los procesos de protección de los derechos fundamentales.

2. *El control difuso de la constitucionalidad en la Constitución de 2010*

En lo que se refiere al control difuso de la constitucionalidad, la Constitución de la República Dominicana lo reguló, en paralelo al control concentrado, al disponer en su artículo 188 que:

"Los tribunales de la República conocerán la excepción de constitucionalidad en los asuntos sometidos a su conocimiento."

En estos casos, por tanto, todos los tribunales de la República tienen el carácter de jueces constitucionales cuando al resolver un caso concreto sobre el cual tengan conocimiento, declaren la inconstitucionalidad de una norma (el juez la considera "nula"), como si la misma nunca se hubiese dictado (*ab inicio*), y por tanto, la desapliquen al decidir el caso concreto.

En estos casos, por supuesto, el juez no anula la ley cuestionada, competencia que está reservada al Tribunal Constitucional.

En este supuesto, la consideración de la ley aplicable al caso como inconstitucional con efectos retroactivos, debería permitir al juez, también, graduar dichos efectos, como es en general aceptado en el derecho comparado, en materia penal o sancionatoria si se trata de previsiones más favorables, o de respeto a ciertos derechos adquiridos.

3.   El control concentrado de la constitucionalidad en la Constitución de 2010

El sistema de control concentrado de la constitucionalidad se establece en la Constitución mediante la regulación en el propio texto constitucional, en forma expresa, de la acción de inconstitucionalidad, del control a priori de la constitucionalidad de los tratados internacionales, de los procesos de resolución de conflictos constitucionales entre órganos del Estado y del control de constitucionalidad de las omisiones legislativas. En forma indirecta, también se abre posibilidad en la Constitución para la estructuración del control de la constitucionalidad de la actuación de los partidos políticos.

A tal efecto, el artículo 184 de la Constitución creó el Tribunal Constitucional "para garantizar la supremacía de la Constitución, la defensa del orden constitucional y la protección de los derechos fundamentales," al cual conforme al artículo 9 de la Ley Orgánica, le corresponde conocer de los casos previstos por el artículo 185 de la Constitución y de los que se le atribuyen en la Ley Orgánica, teniendo además competencia para conocer "de las cuestiones incidentales que surjan ante él y dirimirá las dificultades relativas a la ejecución de sus decisiones."

A.   Acción de inconstitucionalidad

En lo que se refiere al control concentrado de la constitucionalidad, el artículo 185.1 de la Constitución le atribuye al Tribunal Constitucional como Jurisdicción Constitucional, competencia para conocer en única instancia de:

"1) Las acciones directas de inconstitucionalidad contra las leyes, decretos, reglamentos, resoluciones y ordenanzas, a instancia del Presidente de la República, de una tercera parte de los miembros del Senado o de la Cámara de Diputados y de cualquier persona con interés legítimo y jurídicamente protegido."

Como consecuencia de esta competencia, el Tribunal Constitucional tiene el poder de anular los actos estatales inconstitucionales con efectos, en principio, hacia el futuro, aún cuando el Tribunal Constitucional tiene competencia para graduarlos y hacerlos retroactivos.

B.   El control de constitucionalidad a priori de los tratados internacionales

Por otra parte, también como mecanismo de control concentrado de constitucionalidad, conforme al artículo 185.2 de la Constitución, el Tribunal Constitucional tiene competencia para conocer en única instancia, del "control preventivo de los tratados internacionales antes de su ratificación por el órgano legislativo."

C.   El control concentrado de los conflictos constitucionales

Además, en virtud de que el control concentrado de la constitucionalidad tiene por objeto, en particular, asegurar la efectiva vigencia de la parte orgánica de la Constitución, la cual en el mundo moderno y en el Estado democrático siempre se ha construido sobre la base de los principios tanto de la separación orgánica de poderes como de distribución territorial del Poder Público, en la Constitución se asigna también al Tribunal Constitucional competencia para resolver los "conflictos de competencia" entre los Poderes Públicos (art. 185,3).

Estos conflictos son básicamente, los que se originan entre los Poderes Legislativo y Ejecutivo y, además, respecto de los otros órganos constitucionales con autonomía funcional, de manera que todos actúen conforme a los poderes atribuidos en la Constitución, sancionando toda usurpación, por inconstitucionalidad.

Sin embargo, también correspondería al Tribunal Constitucional como órgano encargado del control de la constitucionalidad, mantener el principio de la distribución territorial del poder que establece la Constitución conforme al esquema de descentralización política adoptado, haciendo respetar la autonomía de las entidades municipales que están constitucionalmente establecidas. Por tanto, en el caso de los Municipios que en República Dominicana se dotan de autonomía (art. 199), los conflictos de competencia también caerían bajo la competencia del Tribunal Constitucional para resolver los conflictos de competencia constitucional entre las entidades territoriales.

D. *El control de las omisiones legislativas absolutas*

La Constitución de 2010 no reguló en forma expresa la potestad del Tribunal Constitucional de controlar la constitucionalidad de las omisiones absolutas del Legislador, como por ejemplo, se regula expresamente en las Constituciones de Brasil, Colombia y Venezuela.

Sin embargo, habiéndose creado el Tribunal constitucional en el artículo 184 de la Constitución "para garantizar la supremacía de la Constitución, la defensa del orden constitucional y la protección de los derechos fundamentales," sin duda que el mismo, conforme a esta norma, tiene potestad para controlar la constitucionalidad de las omisiones legislativas absolutas, a los efectos de no sólo poder garantizar la supremacía de la Constitución frente a la omisión legislativa en regular mediante ley aspectos sustantivos necesarios para que aquélla tenga efectiva vigencia, sino para la defensa del orden constitucional y además, en particular, para la protección de los derechos fundamentales cuando la omisión legislativa pueda afectar su efectivo ejercicio.

Sobre esto, en todo caso, la Ley Orgánica dispuso al regular la acción directa de inconstitucionalidad, que la misma puede ser interpuesta ante el Tribunal Constitucional "contra las leyes, decretos, reglamentos, resoluciones y ordenanzas, que infrinjan, por acción u *omisión*, alguna norma sustantiva" (art. 36). Igualmente, el artículo 6 de la Ley Orgánica dispuso que la Constitución también se tiene por infringida "cuando haya contradicción del texto de la norma, acto u *omisión* cuestionado, de sus efectos o de su interpretación o aplicación con los valores, principios y reglas contenidos en la Constitución."

E. *El control de la constitucionalidad de la actuación de los partidos políticos*

Por último, también formaría parte del objeto del control de la constitucionalidad el velar por el mantenimiento del régimen político democrático, de manera de asegurar que no se rompa; sancionando cualquier actuación que sea contraria a los valores de la democracia que establece la Constitución. Por ello, incluso, en algunos países, los Tribunales Constitucionales tienen competencias para proscribir la actuación de partidos políticos cuyo objeto sea destruir la democracia misma. En la República Dominicana, por ejemplo, la actuación de los partidos debe realizarse "con sujeción a los principios establecidos en esta Constitución (art. 216), por lo que el control último de la constitucionalidad de la actuación de los partidos políticos también correspondería al Tribunal Constitucional.

4. *El control de constitucionalidad y la garantía de los derechos fundamentales en la Constitución de 2010*

Por otra parte, el control de constitucionalidad también tiene por objeto particular asegurar la vigencia de la parte dogmática de la Constitución, es decir, de los derechos fundamentales declarados en el texto constitucional, y en el caso de la República Dominicana, también los declarados en los tratados internacionales de derechos humanos a los que se da rango constitucional (art. 74,3).

A estos efectos en la República Dominicana la Constitución ha establecido acciones específicas de protección como las de amparo, hábeas corpus y hábeas data (arts. 70-72), cuyo conocimiento corresponde en forma difusa a los tribunales de la República, consagrándose como principio fundamental en la Ley Orgánica (art. 7.4), lo que se denomina el principio de "efectividad" en el sentido de que:

"Todo juez o tribunal debe garantizar la efectiva aplicación de las normas constitucionales y de los derechos fundamentales frente a los sujetos obligados o deudores de los mismos, respetando las garantías mínimas del debido proceso y está obligado a utilizar los medios más idóneos y adecuados a las necesidades concretas de protección frente a cada cuestión planteada, pudiendo conceder una tutela judicial diferenciada cuando lo amerite el caso en razón de sus peculiaridades."

5. *Principios generales en la Ley Orgánica del Tribunal Constitucional y de los Procedimientos Constitucionales (01-03-2010)*

Conforme al marco constitucional regulatorio de la justicia constitucional antes esbozada, en la Ley Orgánica del Tribunal Constitucional y de los Procedimientos Constitucionales de 2010, se ha establece el marco regulatorio legislativo general de todo el sistema mixto o integral de justicia constitucional de la República Dominicana, conforme a las previsiones que se resumen a continuación.

A. *Los diversos procesos constitucionales en la Ley Orgánica*

En la Ley Orgánica, en efecto, se regula en primer lugar, el control difuso de la constitucionalidad de las leyes y demás actos del Estado.

En segundo lugar, en la Ley Orgánica se regula el control concentrado de la constitucionalidad, previéndose la competencia del Tribunal Constitucional para conocer del proceso constitucional el control a posteriori de la constitucionalidad de las leyes y otros actos estadales, el cual se ejerce mediante la acción de inconstitucionalidad; el procedimiento constitucional del control *a priori* en relación específicamente con los tratados internacionales; y el proceso constitucional de la resolución de conflictos constitucionales.

En tercer lugar, en la Ley Orgánica también se regula en forma detallada, el régimen general de la garantía judicial de los derechos fundamentales, regulándose los procesos constitucionales en materia de *habeas corpus, habeas data* y amparo, a cuyo efecto se deroga la Ley número 437-06 de Recurso de Amparo de fecha 30 de noviembre del año 2006.

En cuarto lugar, en la Ley Orgánica también se establecen algunas previsiones, aún cuando incompletas, relativas al control de constitucionalidad de las omisiones absolutas del Legislador.

Y en quinto lugar, también se establecen en la Ley Orgánica previsiones destinadas a regular la potestad del Tribunal Constitucional de revisión de sentencias en materia constitucional; y de conocer en segunda instancia de los casos de amparo, habeas corpus y habeas data vía un recurso de revisión.

B.   *El principio de la progresividad en materia de derechos fundamentales*

En todos los procesos constitucionales que se regulan en la Ley Orgánica en los cuales esté en juego la protección de los derechos fundamentales, en la misma se ha establecido como principio rector que debe guiar los mismos, el principio de la progresividad o principio *pro homine*, que se denomina como principio de "favorabilidad" (art. 7.5), en el sentido de que se declara, primero, que "ninguna disposición de la presente ley puede ser interpretada en el sentido de limitar o suprimir el goce y ejercicio de los derechos y garantías fundamentales"; y segundo, que los jueces y funcionarios tienen el deber de interpretar y aplicar la Constitución y los derechos fundamentales de modo que se "optimice su máxima efectividad para favorecer al titular del derecho fundamental." La consecuencia del principio es que "cuando exista conflicto entre normas integrantes del bloque de constitucionalidad" debe prevalecer "la que sea más favorable al titular del derecho vulnerado," agregándose que "Si una norma infraconstitucional es más favorable para el titular del derecho fundamental que las normas del bloque de constitucionalidad la primera se aplicará de forma complementaria, de manera tal que se asegure el máximo nivel de protección."

C.   *Los principios rectores de carácter adjetivo del conjunto de procesos constitucionales*

Respecto de todos estos procesos y procedimientos constitucionales, la Ley Orgánica, por otra parte, ha establecido en su artículo 7, un conjunto de principios rectores de carácter adjetivo, entre los cuales se destacan los siguientes:

En primer lugar, el principio de "accesibilidad" (art. 7.1), conforme al cual la jurisdicción debe estar "libre de obstáculos, impedimentos, formalismos o ritualismos que limiten irrazonablemente la accesibilidad y oportunidad de la justicia."

En segundo lugar, el principio de la "celeridad" (art. 7.2), conforme al cual, "los procesos de justicia constitucional, en especial los de tutela de los derechos fundamentales deben resolverse dentro de los plazos constitucional y legalmente previstos y sin demora innecesaria."

En tercer lugar, el principio de "informalidad" (art. 7.9), en el sentido de que los procesos y procedimientos constitucionales "deben estar exentos de formalismos o rigores innecesarios que afecten la tutela judicial efectiva."

En cuarto lugar, el principio de la "gratuidad" (art. 7.6), precisando que "la justicia constitucional no está condicionada a sellos, fianzas o gastos de cualquier naturaleza que dificulten su acceso o efectividad y no está sujeta al pago de costas, salvo la excepción de inconstitucionalidad cuando aplique."

En quinto lugar, el principio de la "inderogabilidad" (art. 7.8), disponiéndose que los procesos constitucionales "no se suspenden durante los estados de excepción y, en consecuencia, los actos adoptados que vulneren derechos protegidos o que afecten irrazonablemente derechos suspendidos, están sujetos al control jurisdiccional."

Y en sexto lugar, el principio de la "supletoriedad" (art. 2.13), en el sentido de que para la solución de toda "imprevisión, oscuridad, insuficiencia o ambigüedad" de la Ley, se deben aplicar supletoriamente "los principios generales del Derecho Procesal Constitucional y sólo subsidiariamente las normas procesales afines a la materia discutida, siempre y cuando no contradigan los fines de los procesos y procedimientos constitucionales y los ayuden a su mejor desarrollo."

III. EL RÉGIMEN DEL CONTROL DIFUSO DE LA CONSTITUCIONALIDAD DE LAS LEYES Y DEMÁS ACTOS ESTATALES

Como se dijo, el artículo 188 de la Constitución regula el "control difuso" de la constitucionalidad, al atribuir a los tribunales de la República competencia para conocer de la "excepción de constitucionalidad" en los asuntos sometidos a su conocimiento;" control que también podría consistir en un control de convencionalidad, en virtud de la jerarquía constitucional de los tratados, pactos y convenciones relativos a derechos humanos, suscritos y ratificados por el Estado dominicano que, además, son de aplicación directa e inmediata por los tribunales y demás órganos del Estado (art. 74.3).

Por ello, en el Considerando Octavo de la Ley Orgánica se definió el control difuso como el poder "otorgado a los tribunales del Poder Judicial, los cuales por disposición de la propia normativa constitucional, tienen la facultad de revisar, en el marco de los procesos sometidos a su consideración, la constitucionalidad del ordenamiento jurídico dominicano;" habiéndose destinado los artículos 51 y 52 de la Ley Orgánica a regular, dentro de las modalidades de "control de constitucionalidad," este control difuso de la constitucionalidad, conforme a las siguientes reglas:

En primer lugar, se trata de un control de la constitucionalidad que puede realizar "todo juez o tribunal del Poder Judicial apoderado del fondo de un asunto" (art. 51).

En segundo lugar, es un control difuso de objeto amplio, en el sentido de que no sólo se establece respecto de las leyes, sino que procede respecto de tipo de acto estatal como una "ley, decreto, reglamento o acto" (art. 51). Es decir, ni en la Constitución ni en la Ley se establece que se trate exclusivamente de un control de constitucionalidad de las leyes ni siquiera de los actos normativos, Sin embargo, el control difuso no procede respecto de los Tratados internacionales una vez que se han reputado constitucionales por el Tribunal Constitucional, de manera que el artículo 57, Parágrafo Único de la Ley Orgánica dispone que luego de que hayan sido objeto de control preventivo de constitucionalidad por el Tribunal Constitucional, "ello impide que posteriormente, el mismo sea cuestionado por inconstitucional ante el Tribunal Constitucional o cualquier juez o tribunal por los motivos que valoró el Tribunal Constitucional."

En tercer lugar, la Ley Orgánica dispone que cuando ante un tribunal apoderado del fondo de un asunto "se alegue como medio de defensa la inconstitucionalidad de una ley, decreto, reglamento o acto," dicho tribunal "tiene competencia y está en el deber de examinar, ponderar y decidir la excepción planteada como cuestión previa al resto del caso."

En cuarto lugar, y contrariamente al sistema tradicional derivado del principio dispositivo, en el régimen de la República Dominicana revalorizándose el principio de la supremacía constitucional, se establece la posibilidad de que el control difuso de la constitucionalidad se pueda ejercer de oficio por todo juez o tribunal del Poder Judicial, en aquellas causas llamadas a su conocimiento. Se sigue aquí la misma orientación adoptada en el sistema venezolano, a cuyo efecto por una parte se define en la Ley Orgánica, como principio de "oficiosidad," el que:

"Todo juez o tribunal, como garante de la tutela judicial efectiva, debe adoptar de oficio las medidas requeridas para garantizar la supremacía constitucional y el pleno goce de los derechos fundamentales, aunque no hayan sido invocadas por las partes o lo hayan sido erróneamente" (art. 2.4).

Y por la otra, el artículo 52 de la Ley Orgánica expresamente dispone que:

"El control difuso de la constitucionalidad debe ejercerse por todo juez o tribunal del Poder Judicial, aún de oficio, en aquellas causas sometidas a su conocimiento."

En quinto lugar, cuanto se trate de una decisión que acepte la excepción de inconstitucionalidad y la consecuencia de la misma sea la desestimación de la acción, la sentencia dictada es entonces recurrible ante la instancia superior. En el caso de que la decisión judicial sea de rechazo de la excepción de inconstitucionalidad, en la Ley Orgánica se dispone que las mismas sólo pueden ser recurridas con la sentencia que recaiga sobre el fondo del asunto (art. 51, parágrafo único).

Debe mencionarse, por último, que en la versión inicial del Proyecto de Ley sometido al Senado por el Presidente de la República (art. 30.3) se buscaba regular expresamente los casos en los cuales dentro de los procesos judiciales, fuera la Suprema Corte de Justicia, o una de sus Salas, la que declarase en su sentencia, por vía de excepción, la inconstitucionalidad de una norma, en cuyo caso se proponía que la misma debía remitirse al Tribunal Constitucional para que éste se pronunciase de manera definitiva sobre la conformidad o no a la Constitución de la norma cuestionada, sin perjuicio de la autoridad de cosa juzgada en el caso. Esta propuesta, sin embargo, no fue acogida en el Proyecto aprobado en el Congreso. De haberlo sido, hubiera sido el único caso del ejercicio del control concentrado de constitucionalidad de las leyes y demás normas, por vía incidental, como consecuencia del ejercicio del control difuso de la constitucionalidad de normas por la Corte Suprema.

IV. EL RÉGIMEN DEL CONTROL CONCENTRADO DE LA CONSTITUCIONALIDAD DE LAS LEYES Y DEMÁS ACTOS ESTATALES Y DE LAS OMISIONES LEGISLATIVAS

1. La acción de inconstitucionalidad

El control concentrado de la constitucionalidad, como se dijo, en la Ley Orgánica y conforme a la Constitución, se atribuye al Tribunal Constitucional, el cual está definido como "el órgano supremo de interpretación y control de la constitucionalidad" (art. 1).

A tal efecto, y siguiendo lo previsto en la Constitución, en la Ley Orgánica se lo concibe como una institución autónoma de los poderes públicos y de los demás órganos del Estado (art. 1), por lo cual los jueces integrantes del Tribunal no están sujetos a mandato imperativo, ni reciben instrucciones de ninguna autoridad; no incurriendo en responsabilidad por los votos emitidos en el ejercicio de sus funciones (art. 18). Por ello, el artículo 3 de la Ley Orgánica expresamente dispone que "en el cumplimiento de sus funciones como jurisdicción constitucional, el Tribunal Constitucional solo se encuentra sometido a la Constitución, a las normas que integran el bloque de Constitucionalidad, a esta Ley Orgánica y a sus reglamentos."

Conforme a la Constitución, en definitiva, el Tribunal Constitucional fue concebido "con el objetivo de garantizar la supremacía de la Constitución, la defensa del orden constitucional y la protección de los derechos fundamentales" (Considerando Sexto de la Ley), con la competencia para conocer "de los procesos previstos por el artículo 185 de la Constitución."

A. La competencia del Tribunal Constitucional

a. La precisión del objeto de la acción de inconstitucionalidad

La competencia del Tribunal Constitucional en materia de control concentrado de la constitucionalidad está definida en la Ley Orgánica, en la Sección I ("Del control concentrado de constitucionalidad") del Capítulo I ("Del control de constitucionalidad") del Título II

("De los procesos y procedimientos constitucionales"), estableciéndose que dicho control se ejerce mediante el conocimiento de "la acción directa de inconstitucionalidad" que puede ser interpuesta ante el Tribunal Constitucional "contra las leyes, decretos, reglamentos, resoluciones y ordenanzas, que infrinjan, por acción u omisión, alguna norma sustantiva." (art. 36). Se entiende, por supuesto, que en esta expresión de infracción de "norma sustantiva" el artículo se está refiriendo a las infracciones constitucionales tal como se definen en el artículo 6 de la Ley Orgánica.

En el caso de los tratados internacionales, sin embargo, en la Ley Orgánica se dispone que los mismos, luego de que hayan sido objeto de control preventivo de constitucionalidad, y sean reputados como constitucionales, ello impide que los mismos pueden ser cuestionado por inconstitucional ante el Tribunal Constitucional por los motivos que valoró el Tribunal Constitucional (artículo 57, Párrafo único).

Ahora bien, con esta última excepción, se trata en general, de un control concentrado de constitucionalidad que se regula en la Ley en forma universal, que abarca materialmente todos los actos del Estado. Ello, sin duda, constituye una disidencia respecto de los sistemas de control concentrados de la constitucionalidad en el derecho comparado, cuyo objeto se limita normalmente a las leyes o demás actos de igual rango y valor (como los decretos leyes), así como respecto de actos de los órganos superiores del Estado dictados en ejecución directa de la Constitución, como por ejemplo serían los *interna corporis* del Congreso, los actos de gobierno, como los que declaran los estados de excepción, o las resoluciones, por ejemplo dictadas por la Corte Suprema de Justicia.

Es cierto que el artículo 184 de la Constitución atribuye al Tribunal Constitucional competencia para conocer de las "acciones directas de inconstitucionalidad contra las leyes, decretos, reglamentos, resoluciones y ordenanzas;" pero también es cierto que la misma Constitución regula la Jurisdicción Contencioso Administrativa, atribuyendo a los Tribunales Superiores Contencioso Administrativos competencia para "conocer de los recursos contenciosos contra los actos, actuaciones y disposiciones de autoridades administrativas contrarias al Derecho como consecuencia de las relaciones entre la Administración del Estado y los particulares, si éstos no son conocidos por los tribunales contencioso administrativos de primera instancia" (art. 165.2).

Por tanto, esta la Ley reguladora de la Jurisdicción Constitucional tendría que haber sido precisamente la que debía establecer con precisión el deslinde de su ámbito u objeto con relación al de la Jurisdicción Contencioso Administrativa, cuyos jueces también son jueces constitucionales, no sólo cuando ejercen el control difuso de la constitucionalidad como cualquier juez en los casos que resuelven, sin cuando anulan actos administrativos por razones de inconstitucionalidad que es una forma de "contrariedad del derecho."

En el caso de la República Dominicana, puede decirse que la Jurisdicción Constitucional no tiene el monopolio del control concentrado de la constitucionalidad; sino que lo que tiene es el monopolio del control concentrado de la constitucionalidad de ciertos actos estatales, como las leyes y los demás actos estatales de ejecución directa de la Constitución. El control concentrado de la constitucionalidad de los actos administrativos, en cambio, debe seguir bajo la competencia de los tribunales de la Jurisdicción Contencioso Administrativa.

b.   *El necesario deslinde entre el objeto de la Jurisdicción Constitucional y la Jurisdicción contencioso administrativa*

El necesario deslinde de estas competencias entre los tribunales de las dos Jurisdicciones, la Constitucional y la Contencioso Administrativa, deberá ser, sin duda, una de las tareas iniciales del Tribunal Constitucional, lo que deberá hacer, como ha ocurrido en general en el derecho comparado, basándose en la naturaleza de los actos impugnados y no en los motivos de impugnación. Para ello, insistimos, resultan fundamentales las previsiones de la Constitución.

En cuanto a la Jurisdicción Contencioso Administrativa, la competencia de los tribunales de la misma es para conocer de la impugnación de los actos administrativos, o como lo dice el artículo 165,2 de la Constitución de "los actos, actuaciones y disposiciones de autoridades administrativas contrarias al Derecho como consecuencia de las relaciones entre la Administración del Estado y los particulares," por contrariedad al derecho, es decir, por vicios de inconstitucionalidad o de legalidad propiamente dicha. Por supuesto, la clave de esta norma está en determinar, primero, si los actos administrativos normativos, como los reglamentos, se consideran o no como actos administrativos; y además, segundo, si hay actos administrativos que puedan estar excluidos del control contencioso administrativo, lo que en principio parece no permitir la norma.

En cuanto a la Jurisdicción Constitucional, la competencia del Tribunal Constitucional es para conocer de las "acciones directas de inconstitucionalidad contra las leyes, decretos, reglamentos, resoluciones y ordenanzas," tal como lo establece el artículo 185,2 de la Constitución. Ahora bien, es esta materia que el Tribunal Constitucional deberá interpretar la Constitución para distribuir la competencia entre ambas Jurisdicciones, pues si se atiene literalmente al texto, algunos "decretos, reglamentos, resoluciones y ordenanzas" pueden ser considerados o contener actos administrativos, y otros no.

Es decir, en ausencia de una precisa determinación legal por el legislador, deberá ser el Tribunal Constitucional el que precise cuándo algunos "decretos, reglamentos, resoluciones y ordenanzas" son meros actos administrativos y por tanto, sujetos al control de la Jurisdicción Contencioso Administrativa; y cuándo otros "decretos, reglamentos, resoluciones y ordenanzas" no son actos administrativos y por tanto, sujetos al control de la Jurisdicción Constitucional; y la clave para ello no es otra que la interpretación del sistema jurídico conforme a la doctrina de la creación del derecho por grados (Kelsen, Merkl) de manera que llámense como se llamen los actos estatales, deberían estar sometidos al control de la Jurisdicción Constitucional, aquellos actos estatales, como lo son las leyes, dictados en ejecución directa e inmediata de la Constitución o de previsiones constitucionales, con rango legal en la formación del orden jurídico. De resto, los otros actos estatales serían de rango sub-legal como los actos administrativos, dictados en ejecución directa de la legislación (e indirecta de la Constitución) y, por tanto, sometidos al control de la Jurisdicción Contencioso Administrativa.

Esto implica que el criterio de distinción entre la Jurisdicción Constitucional y la Jurisdicción Contencioso Administrativa, debe establecerse con claridad con base en la naturaleza de los actos impugnados, independientemente de su denominación formal o de su forma jurídica, y por supuesto, de ninguna manera con base en los motivos de impugnación, pues los motivos de inconstitucionalidad se pueden formular en ambas Jurisdicciones.

De acuerdo con el artículo 139 de la Constitución el control de "legalidad" de los actos de la Administración Pública lo ejercen los tribunales, y en particular, los de la Jurisdicción Contencioso Administrativa que deben conocer de los recursos contenciosos contra los actos, actuaciones y disposiciones de autoridades administrativas "contrarias al Derecho" realizadas como consecuencia de las relaciones entre la Administración del Estado y los particulares (Artículo 165,2).

Y "contrariedad al derecho" implica contrariedad a la Constitución y, además, a las leyes y demás fuentes de derecho, por lo que la impugnación de los actos administrativos por razón de inconstitucionalidad, es una competencia exclusiva de los tribunales de la Jurisdicción Contencioso Administrativa y no puede corresponder a la Jurisdicción Constitucional.

Por tanto, como se dijo, frente a los "decretos, resoluciones y ordenanzas" debe precisarse si en cada caso se trata o no de actos administrativos, pues si se trata de actos administrativos, la competencia para conocer de su impugnación corresponde a los tribunales de la Jurisdicción Contencioso Administrativa aún cuando los motivos de impugnación sean de inconstitucionalidad. Solo en el caso de los "reglamentos," sin embargo, en particular los dictados por el Presidente de la República (Reglamentos Ejecutivos), aún tratándose de actos administrativos, en virtud de la mención expresa de la Constitución, podrían considerarse que como excepción, la competencia para conocer de su impugnación corresponde en forma exclusiva a la Jurisdicción Constitucional. Pero ello no debería aplicarse a reglamentos es decir, actos normativos dictados por otros funcionarios de la Administración.

En nuestro criterio, por ejemplo, la Ley Orgánica pudo haberse dispuesto, casuísticamente, que la acción directa de inconstitucionalidad podía ser interpuesta contra las leyes y resoluciones dictados por el Congreso Nacional; contra los reglamentos dictados por el Presidente de la República; contra los decretos ejecutivos y demás resoluciones emanados de los diversos órganos de los poderes públicos y dictados en ejecución directa e inmediata de la Constitución, incluyendo las declaratorias de los estados de excepción; y contra las ordenanzas, como leyes locales municipales; siempre que no se trate de actos administrativos cuya impugnación debe realizarse ante la Jurisdicción Contencioso Administrativa.

En tal sentido, además, debería aclararse en todo caso, que los actos administrativos de efectos particulares solo pueden ser impugnados ante la Jurisdicción Contencioso Administrativa aún cuando el motivo de impugnación sea su inconstitucionalidad.

La redacción de los artículos 184 y 185.1 de la Constitución impone que se interprete la competencia de las dos Jurisdicciones en el sentido de que los actos llamados a ser impugnados ante el Tribunal Constitucional (Jurisdicción Constitucional), con excepción de los reglamentos, sólo deben ser los actos estatales dictados en ejecución directa e inmediata de la Constitución; o en otros términos, que no debe proceder la impugnación ante la Jurisdicción Constitucional de los actos administrativos, los cuales sólo deben ser impugnados, conforme al artículo 165.2 de la Constitución, ante los tribunales de la Jurisdicción Contencioso Administrativa.

En la enumeración de actos estatales incluida en el artículo 36 de la Ley Orgánica, sin embargo, se sigue a la letra la misma que trae el artículo 185.1 de la Constitución, de la cual resulta, sin duda, unos actos estatales que definitivamente no son actos administrativos, como es el caso de las "leyes" y algunas "resoluciones" que dicta el Congreso Nacional o la Corte Suprema de Justicia.

En cuanto a los "reglamentos", como se dijo, aún siendo actos administrativos, es la Constitución la que prevé su impugnación ante el Tribunal Constitucional, por lo que en ausencia de precisión legal, es el Tribunal Constitucional el llamado a determinar si se trata de cualquier reglamento o acto reglamentario o normativo (que son actos administrativos) o sólo de ciertos Reglamentos como los Reglamentos Ejecutivos, es decir, los dictados por el Presidente de la República conforme al artículo 128,1,b de la Constitución.

Todos los otros actos administrativos reglamentarios dictados por cualquier otra autoridad administrativa nacional, provincial o municipal deberían ser impugnables ante los tribunales de la Jurisdicción Contencioso Administrativa.

En cuanto a los otros actos enumerados en la norma del artículo 36 de la Ley Orgánica, también deberá ser el Tribunal Constitucional el que determine en su jurisprudencia interpretativa cuáles se reservan al conocimiento de la Jurisdicción Constitucional, que deberían ser solo aquellos dictados en ejecución directa e inmediata de la Constitución. Ello será necesario, por ejemplo, en relación con los "Decretos" que debe presumirse que se refiere a los dictados por el Presidente de la República. Estos, en general, son actos administrativos (impugnables, por tanto, ante la Jurisdicción Contencioso Administrativa) excepto aquellos dictados en ejecución directa e inmediata de la Constitución que serían los únicos que deberían ser impugnables ante la Jurisdicción Constitucional, como serían muchos de los dictados por el Presidente de la República como Jefe de Estado, por ejemplo, en materia de declaratoria de estados de excepción o estado de defensa nacional conforme al artículo 128,1 e y f de la Constitución, que serían lo que en otras latitudes se conocen como "actos de gobierno" impugnables ante el Tribunal Constitucional.

En cuanto a las "Ordenanzas" debe observarse que en la Constitución esa palabra sólo se utiliza precisamente en el artículo 185.2, y no se la usa para calificar ningún acto estatal específico. En la terminología de otros países de América Latina, las Ordenanza serían las "leyes locales," es decir, los actos normativos dictados por los Concejos Municipales autónomos, en las materias que la Constitución les asigna y reserva, que presumimos es el mismo sentido que tienen en la república Dominicana.

B.   *La legitimación activa para intentar la acción de inconstitucionalidad*

El artículo 37 de la Ley Orgánica regula la legitimación para interponer la acción de inconstitucionalidad, distinguiendo dos supuestos distintos con criterios diferentes.

a.   *Legitimación activa del Presidente de la República y de representantes de las Cámaras Legislativas*

En primer lugar, se dispone que la acción directa en inconstitucionalidad puede ser interpuesta a instancia del Presidente de la República o de una tercera parte de los miembros del Senado o de la Cámara de Diputados. En estos casos, la legitimación activa que se regula es específica, sin consideración alguna al interés que puedan tener dichos funcionarios en la impugnación.

b.   *Legitimación respecto de los ciudadanos: la exigencia de un interés legítimo y protegido*

En segundo lugar, se establece en general que la acción de inconstitucionalidad puede ser impuesta por cualquier persona "con interés legítimo y jurídicamente protegido" (art. 37). En consecuencia, sea cual fuere la naturaleza del acto estatal objeto de la impugnación, es decir, trátese o no de un acto estatal de carácter normativo, la condición legal para intentar la acción de inconstitucionalidad es que sólo las personas afectados por los mismos, y que por tanto, sean titulares de un "interés legítimo", es decir, derivado de un título jurídico, y que se encuentre jurídicamente protegido, pueden interponerla.

En esta forma, se eliminó de la Ley Orgánica toda posibilidad de que la acción de inconstitucionalidad se pudiera configurar como una acción popular, que corresponde a todos los ciudadanos por el simple interés en la constitucionalidad, como existe en Colombia y Venezuela. A tal efecto, en el Proyecto enviado al Senado por el Presidente de la república en

2010 (art. 99), se disponía que frente a los actos normativos se presumía siempre que toda persona tenía un interés legítimo y jurídicamente protegido, con lo que la acción de inconstitucionalidad contra los actos normativos, se configuraba como una acción popular, pudiendo cualquier persona interponerla. No estableciéndose en el texto de la Ley Orgánica esta presunción legal, es forzado que se interprete que todo ciudadano siempre tiene "interés legítimo" en la constitucionalidad de los actos estatales, y que dado el principio constitucional de la supremacía, se presuma que por ello ese interés en la constitucionalidad está "jurídicamente protegido."

Nada se estableció expresamente en la Ley Orgánica sobre la posibilidad de acciones de inconstitucionalidad interpuestas contra actos estatales que vulneren derechos colectivos y del medio ambiente o intereses colectivos y difusos, por lo que respecto de los mismos se aplica la misma regla del interés legítimo y jurídicamente protegido.

C.   *Los principios del procedimiento en el proceso constitucional de anulación*

En cuanto al procedimiento en los procesos de control de constitucionalidad, la Ley Orgánica establece las siguientes reglas principales de procedimiento:

a.   *Escrito de la demanda*

El escrito mediante el cual se interponga la acción de inconstitucionalidad debe ser presentado ante la Secretaría del Tribunal Constitucional, y en el mismo deben exponerse sus "fundamentos en forma clara y precisa, con cita concreta de las disposiciones constitucionales que se consideren infringidas" (art. 38).

b.   *Admisión de la acción*

Si el Presidente del Tribunal Constitucional considera que se han cumplido los requisitos antes indicados, debe decidir sobre la admisión de la acción, debiendo en el auto de admisión de la acción, notificar el escrito al Procurador General República y a la autoridad de la que emane la norma o acto cuestionado, para que en el plazo de 30 días a partir de su recepción, manifiesten su opinión al respecto (art. 39). La falta de dictamen del Procurador o de las observaciones de la autoridad cuya norma o acto se cuestione no impide la tramitación y fallo de la acción en inconstitucionalidad (art. 39, Parágrafo único).

El Presidente del Tribunal debe igualmente en el mismo acto de admisión, disponer que un extracto de la acción que ha sido incoada se publique en el portal institucional del Tribunal y en cualquier otro medio que se estime pertinente (art. 40).

En el Proyecto de Ley Orgánica sometido por el Presidente de la República al Senado (art. 30.16), se había previsto que conjuntamente con la acción de inconstitucionalidad, y mediante instancia separada, el accionante podía solicitar que mientras se decidiera la acción de inconstitucionalidad de la norma o acto impugnado, el Tribunal Constitucional podía disponer sobre la suspensión de sus efectos, hasta tanto dictara sentencia sobre la acción principal. Esta previsión fue eliminada al sancionarse la Ley Orgánica.

c.   *Audiencia oral*

Una vez vencido el plazo antes indicado para la manifestación de la opinión del Procurador y de la autoridad de la que emane la norma o acto cuestionado, el Tribunal debe convocar a una audiencia oral y pública, a fin de que el accionante, dicha autoridad y el Procurador presenten sus conclusiones. La no comparecencia de las partes no impide el fallo de la acción en inconstitucionalidad (art. 41).

En esta forma, al eliminarse de la ley Orgánica la popularidad de la acción, se eliminó también del procedimiento la posibilidad de intervención de terceros como coadyuvantes en las alegaciones que pudieren justificar la procedencia o improcedencia de la inconstitucionalidad, o para ampliar, en su caso, los motivos de inconstitucionalidad en relación con el asunto que les pudiese interesar, tal como se había dispuesto en el Proyecto de ley Orgánica que el Presidente de la república sometió al Senado en 2010 (art. 29.4).

d.   *Informes técnicos*

El Tribunal Constitucional puede requerir de instituciones públicas o privadas informes técnicos para mejor resolver en ocasión de una acción de inconstitucionalidad (art. 42).

e.   *Lapso de decisión*

El Tribunal Constitucional debe resolver la acción de inconstitucionalidad dentro de un término máximo de cuatro (4) meses, a partir de la fecha en que concluya la vista (art. 43).

D.   *Las sentencias del Tribunal Constitucional en materia de control concentrado de constitucionalidad*

La Ley Orgánica establece en el artículo 30, los siguientes tipos de tipos de sentencias en los procesos de control de constitucionalidad:

a.   *Sentencias desestimatorias o de denegación*

En primer lugar, están las sentencias desestimatorias o de denegación de la acción en las cuales el Tribunal debe examinar todos los motivos de inconstitucionalidad que se hubieren alegado para fundamentarla.

Estas sentencias únicamente surten efecto entre las partes en el caso concreto y no producen cosa juzgada (art. 44).

b.   *Sentencias estimatorias y de anulación*

En segundo lugar, están las sentencias estimatorias o de acogimiento de la acción, que declaran la inconstitucionalidad y que, en consecuencia, disponen la anulación consecuente de la norma o los actos impugnados.

Estas sentencias producen cosa juzgada y eliminan la norma o acto del ordenamiento jurídico, lo que rige "a partir de la publicación de la sentencia" (art. 45). Esto significa que las sentencias anulatorias del Tribunal Constitucional tienen, en principio, efectos *pro futuro, ex nunc*; lo que se reafirma en el artículo 48 donde se afirma que "la sentencia que declara la inconstitucionalidad de una norma produce efectos inmediatos y para el porvenir." Sin embargo, la norma autoriza por vía de excepción al Tribunal Constitucional para "reconocer y graduar excepcionalmente, de modo retroactivo, los efectos de sus decisiones de acuerdo a las exigencias del caso."

Estas sentencias que declaran la inconstitucionalidad de una norma o disposición general, deben declarar también la inconstitucionalidad de los demás preceptos de ella, o de cualquier otra norma o disposición cuya anulación resulte evidentemente necesaria por conexidad, así como la de los actos de aplicación cuestionados (art. 46).

c.   *Sentencias interpretativas en armonía con la Constitución y de desestimación de la anulación*

En tercer lugar, están las sentencias interpretativas de acuerdo con la Constitución y de desestimación de la anulación, sobre las cuales el artículo 47, dispone que el Tribunal Constitucional, en todos los casos que conozca, puede dictar "sentencias interpretativas de desestimación o rechazo que descartan la demanda de inconstitucionalidad, declarando la constitucionalidad del precepto impugnado, en la medida en que se interprete en el sentido que el Tribunal Constitucional considera como adecuado a la Constitución, o no se interprete en el sentido o sentidos que considera inadecuados". Se trata de las sentencias de interpretación de la ley en armonía con la Constitución evitando su anulación.

### d.	Sentencias aditivas en los casos de estimación de la omisión legislativa relativa inconstitucional

En cuarto lugar, están las sentencias aditivas o exhortativas dictadas en los casos de control de la constitucionalidad de omisiones legislativas relativas. En tal sentido, el artículo 47.I dispone expresamente la posibilidad para el Tribunal Constitucional, al controlar la inconstitucionalidad de las omisiones legislativas, de dictar sentencias interpretativas de estimación en las cuales se puede declarar expresamente la inconstitucionalidad parcial de un precepto, sin que dicha inconstitucionalidad afecte a su texto.

Puede tratarse de las llamadas sentencias interpretativas "aditivas", que son las sentencias dictadas cuando el Tribunal considera inconstitucional una omisión legislativa relativa en el sentido amplio de "ausencia de previsión legal expresa de lo que constitucionalmente debía haberse previsto", interpretando la norma en el sentido de contener lo que conforme a la Constitución debía haberse previsto; o realizando una "interpretación extensiva o analógica del precepto impugnado" para cubrir el vacío legislativo (art. 47.II).

### E.	El carácter vinculante de las sentencias del Tribunal Constitucional

Conforme a los principios establecidos en la Constitución (art. 184), las sentencias del Tribunal Constitucional en materia de control de constitucionalidad, son "definitivas e irrevocables," constituyendo "precedentes vinculantes para todos los poderes públicos y los órganos del Estado" (Considerando Séptimo de la ley Orgánica), lo que como se ha dicho se precisa en el artículo 7.13 la Ley Orgánica, y se reitera en el artículo 31 de la misma Ley Orgánica al disponerse que "las decisiones del Tribunal Constitucional son definitivas e irrevocables y constituyen precedentes vinculantes para los poderes públicos y todos los órganos del Estado." Se prevé en la norma, sin embargo, que el Tribunal Constitucional pude resolver "apartándose de su precedente," en cuyo caso debe expresar en los fundamentos de hecho y de derecho de la decisión "las razones por las cuales ha variado su criterio (art. 31.I)".

### F.	Algunas previsiones adjetivas en torno a las sentencias

La Ley Orgánica, además, en torno a la sentencia, establece las siguientes provisiones generales de carácter adjetivo:

### a.	Notificación

Una vez dictadas la sentencia, cualquiera que fuese su forma, se debe notificar siempre' al Procurador General de la República, al accionante y "a las partes que hubieren intervenido" (art. 49), las que quedan reducidas a la autoridad o autoridades de las que emane la norma o acto cuestionado. Además, la Secretaría del Tribunal Constitucional la debe comunicar por nota a los funcionarios que conozcan del asunto principal y los de las demás partes, para que lo hagan constar en los autos, y debe publicar por tres veces consecutivas un aviso en el Boletín Constitucional así como en el portal institucional del Tribunal (art. 49.I).

La declaración de inconstitucionalidad se debe comunicar además, al Poder o Poderes, órganos o entidades que emitieron las normas o actos declarados inconstitucionales, así como, en su caso, "a los competentes para su corrección o conversión" (art. 49.II)

b. *Publicación*

El fallo debe publicarse íntegramente en el Boletín Constitucional, y reseñarse en un diario de circulación nacional y en las publicaciones oficiales de los textos a que pertenecían la norma o normas anuladas (art. 49.III).

A tal efecto, el artículo 4 de la Ley Orgánica precisa que el Boletín Constitucional es el órgano de publicación oficial de los actos del Tribunal Constitucional, debiendo además tener el Tribunal su propio portal institucional.

c. *Ejecución*

El Tribunal Constitucional, además, puede disponer en la sentencia, o en actos posteriores, el responsable de ejecutarla y, en su caso, resolver las incidencias de la ejecución (art. 50) conforme a lo dispuesto en el artículo 87 que regula los poderes del juez de amparo, conforme al cual, por tanto, el Tribunal Constitucional goza de los más amplios poderes para celebrar medidas de instrucción.

2. *El control preventivo de la constitucionalidad de los tratados internacionales*

Conforme al artículo 185.2 de la Constitución, el Tribunal Constitucional tiene competencia para conocer en única instancia, del "control preventivo de los tratados internacionales antes de su ratificación por el órgano legislativo," razón por la cual en los artículos 55 y siguientes de la Ley Orgánica se regula el procedimiento constitucional, estableciéndose las siguientes reglas:

A. *Carácter automático del control*

En primer lugar, se ratifica el carácter preventivo y obligatorio o automático del control, al disponerse que "previo a su ratificación por el Congreso Nacional," el Presidente de la República debe someter los tratados internacionales suscritos por la República al Tribunal Constitucional, "a fin de que éste ejerza sobre ellos el control previo de constitucionalidad" (55).

B. *Ámbito y competencia del Tribunal*

En segundo lugar, en cuanto a la competencia del Tribunal Constitucional, el artículo 52 dispone que el mismo debe decidir "sobre la constitucionalidad o no de los tratados internacionales suscritos" dentro de los 30 días siguiente a su recibo, y, al hacerlo, el Tribunal debe indicar, si considerare que el Tratado es inconstitucional, "sobre cuales aspectos recae la inconstitucionalidad" así como las razones que fundamentan su decisión.

C. *Efectos de las sentencia*

En tercer lugar, en cuanto a los efectos de la sentencia del Tribunal Constitucional también se dispone en la Ley Orgánica, por una parte, que la misma es vinculante para el Congreso Nacional y el Poder Ejecutivo (art. 57); y por la otra, en los casos en los cuales el tratado internacional sea reputado constitucional, la decisión impide que, posteriormente, el mismo tratado sea cuestionado por inconstitucional ante el Tribunal Constitucional o cualquier juez o tribunal por los motivos que valoró el Tribunal Constitucional (art. 57, Párrafo único).

D.   *Publicación de las sentencia*

La decisión del Tribunal Constitucional sobre el control preventivo de los tratados, también debe publicarse por los medios oficiales del Tribunal Constitucional (art. 58), es decir, el Boletín Constitucional y el portal del Tribunal Constitucional (art. 4).

3.   *El control de la constitucionalidad de las omisiones legislativa absolutas*

Es evidente que al atribuirle, el artículo 184 de la Constitución, al Tribunal Constitucional competencia "para garantizar la supremacía de la Constitución, la defensa del orden constitucional y la protección de los derechos fundamentales," que frente a omisiones legislativas absolutas, el Tribunal tendría competencia para conocer de las denuncias que se formulen al respecto. La Ley Orgánica, a tal efecto, reguló expresamente la posibilidad de intentar una acción autónoma de inconstitucionalidad contra las omisiones de las leyes (art. 36), considerando además las omisiones legislativas como infracciones constitucionales (art. 6).

La consecuencia de ello es la previsión en la Ley Orgánica, al regularse los tipos de sentencias que puede dictar el Tribunal, de las llamadas "sentencias exhortativas" en las cuales requiere o exhorta al legislador para dictar la normativa necesaria para cubrir un vacío legislativo absoluto. En tal sentido, en el artículo 47.III de la Ley Orgánica se incluyó la posibilidad para el Tribunal Constitucional de dictar en estos casos de omisiones legislativas "cualquier otra modalidad admitida en la práctica constitucional comparada" lo cual abre un campo muy amplio de justicia constitucional, por ejemplo, cuando en las sentencias exhortativas el Tribunal en su mismo texto se establece el régimen legal aplicable, de vigencia temporal hasta que debe regir hasta tanto el legislador dicte la legislación correspondiente.

4.   *El control de la constitucionalidad de los conflictos de competencia de orden constitucional*

Conforme al artículo 185.3 de la Constitución, el Tribunal Constitucional tiene competencia para conocer en única instancia de "los conflictos de competencia entre los poderes públicos, a instancia de uno de sus titulares".

A.   *Naturaleza constitucional del conflicto*

Conforme al artículo 59 de la Ley Orgánica, este control es un control de constitucionalidad, por lo que los conflictos que el Tribunal Constitucional está llamado a resolver son sólo:

"los conflictos de competencia de orden constitucional entre los poderes del Estado, así como los que surjan entre cualesquiera de estos poderes, y entes órganos constitucionales, entidades descentralizadas y autónomas, los municipios u otras personas de Derecho Público, o los de cualesquiera de éstas entre sí, salvo aquellos conflictos que sean de la competencia de otras jurisdicciones en virtud de la Constitución o leyes especiales" (art. 59).

Por tanto, conflictos meramente administrativos entre órganos o entidades de la Administración sobre competencias no reguladas en la Constitución, se deben someter, por ejemplo, al conocimiento de los tribunales de la Jurisdicción Contencioso Administrativa.

B.   *Legitimación*

En cuanto a la iniciativa para plantear el conflicto constitucional, la Ley Orgánica dispone que el mismo debe ser planteado "por el titular de cualquiera de los poderes del Estado, órganos o entidades en conflicto," quien debe enviar a la Secretaría del Tribunal Constitucional, "un memorial con una exposición precisa de todas las razones jurídicas en que se fundamente el hecho en cuestión" (art. 60).

C. *Audiencia*

En cuanto al procedimiento, se dispone en la Ley Orgánica que el Presidente del Tribunal debe dar audiencia al titular del otro poder, órgano o entidad por un plazo improrrogable de 30 días, a partir de la recepción del memorial (art. 61).

D. *Sentencia*

Una vez cumplido el lapso antes mencionado para la audiencia, aunque no se hubiere contestado la audiencia, el Tribunal debe resolver el conflicto dentro de los siguientes 60 días, salvo que se considere indispensable practicar alguna prueba, en cuyo caso dicho plazo se contará a partir del momento en que ésta se haya practicado (art. 62). Por supuesto, en este caso, como en todas las sentencias del Tribunal Constitucional, la misma se considera como precedente vinculante.

V. EL PROCESO CONSTITUCIONAL DE LA REVISIÓN CONSTITUCIONAL DE SENTENCIAS CONSTITUCIONALES ANTE EL TRIBUNAL COSNTITUCIONAL

La Constitución de 2010 establece, como principio general, en su artículo 277, que todas las decisiones judiciales que hubieran adquirido la autoridad de la cosa irrevocablemente juzgada, especialmente las dictadas en ejercicio del control directo de la constitucionalidad por la Suprema Corte de Justicia, hasta el momento de la proclamación de la Constitución (enero 2010), no pueden ser examinadas por el Tribunal Constitucional.

En cambio, dispuso la norma en relación con las sentencias dictadas con posterioridad a la entrada en vigencia de la Constitución, que las mismas están "sujetas al procedimiento que determine la ley que rija la materia." Se estableció así, indirectamente, la posibilidad para el Tribunal Constitucional de revisar sentencias definitivamente firmes por motivos de inconstitucionalidad.

1. *Previsión legal*

Fue por tanto conforme a esta autorización constitucional que en la Ley Orgánica se ha previsto un procedimiento para la "revisión constitucional de las decisiones constitucionales," conforme al cual, tal como lo dispone el artículo 53, el Tribunal Constitucional tiene "la potestad de revisar las decisiones jurisdiccionales que hayan adquirido la autoridad de la cosa irrevocablemente juzgada con posterioridad al 26 de enero de 2010, fecha de proclamación y entrada en vigencia de la Constitución," en las cuales se haya resuelto alguna cuestión constitucional. El fundamento de este procedimiento de revisión constitucional de sentencias constitucionales, se expresó en los Considerandos Noveno y Décimo de la ley Orgánica, al declarar lo siguiente:

"*Considerando Noveno*: Que se hace necesario establecer un mecanismo jurisdiccional a través del cual se garantice la coherencia y unidad de la jurisprudencia constitucional, siempre evitando la utilización de los mismos en perjuicio del debido proceso y la seguridad jurídica;

Considerando Décimo: Que en tal virtud, el artículo 277 de la Constitución de la República atribuyó a la ley la potestad de establecer las disposiciones necesarias para asegurar la adecuada protección y armonización de los bienes jurídicos envueltos en la sinergia institucional que debe darse entre el Tribunal Constitucional y el Poder Judicial, tales como la independencia judicial, la seguridad jurídica derivada de la adquisición de la autoridad de cosa juzgada y la necesidad de asegurar el establecimiento de criterios uniformes que garanticen en un grado máximo la supremacía constitucional y la protección de los derechos fundamentales."

2.   Supuestos de decisiones judiciales sujetas a revisión constitucional

De acuerdo con estas declaraciones y con el mismo artículo 53 de la Ley Orgánica que está destinado a regular la "revisión constitucional de decisiones jurisdiccionales," sujeto a la limitación temporal antes mencionada así como al carácter de sentencia que ha adquirido autoridad de cosa irrevocablemente juzgada, la revisión procede respecto de las siguientes:

A.   Sentencias dictadas en materia de control difuso de la constitucionalidad

En primer lugar, cuando se trate de decisiones judiciales que "declaren inaplicables por inconstitucional una ley, decreto, reglamento, resolución u ordenanza," en un caso concreto, es decir, en los casos sentencias en las cuales se ejerza el control difuso de la constitucionalidad.

B.   Sentencias que violen un precedente del Tribunal Constitucional

En segundo lugar, cuando se trate de decisiones judiciales en las cuales se "viole un precedente del Tribunal Constitucional."

Siendo las sentencias del Tribunal Constitucional precedentes vinculantes, cuando una decisión judicial viole tal precedente su revisión constitucional.

C.   Sentencias que violen derechos fundamentales

En tercer lugar, cuando se trate de sentencias en las cuales "se haya producido una violación de un derecho fundamental," siempre que concurran y se cumplan todos y cada uno de los siguientes requisitos:

a. Que el derecho fundamental vulnerado se haya invocado formalmente en el proceso, tan pronto quien invoque la violación haya tomado conocimiento de la misma;

b. Que se hayan agotado todos los recursos disponibles dentro de la vía jurisdiccional correspondiente y que la violación no haya sido subsanada; y

c. Que la violación al derecho fundamental sea imputable de modo inmediato y directo a una acción u omisión del órgano jurisdiccional, con independencia de los hechos que dieron lugar al proceso en que dicha violación se produjo, los cuales el Tribunal Constitucional no podrá revisar.

Debe mencionarse que en este tercer supuesto de revisión constitucional de sentencias, conforme al Párrafo único del artículo 53, la revisión sólo es admisible por el Tribunal Constitucional cuando éste considere "que, en razón de su especial trascendencia o relevancia constitucional, el contenido del recurso de revisión justifique un examen y una decisión sobre el asunto planteado." En estos casos, el Tribunal siempre debe motivar su decisión, lo que se ratifica en el artículo 31, Párrafo II, al indicar en general que "en los casos en los cuales esta ley establezca el requisito de la relevancia o trascendencia constitucional como condición de recibilidad de la acción o recurso, el Tribunal debe hacer constar en su decisión los motivos que justifican la admisión."

D.   Sentencias de amparo constitucional

En cuarto lugar, debe mencionarse en materia de las sentencias constitucionales sujetas a revisión por el Tribunal Constitucional, que también estarían las sentencias de amparo, aún cuando la revisión en este caso no se produzca mediante el recurso previsto en los artículos 53 y siguientes de la Ley Orgánica, sino mediante el recurso de revisión establecido en los artículos 94 y siguientes de la misma Ley Orgánica.

En estos casos, ciertamente, se regula la competencia del Tribunal Constitucional para conocer en segunda instancia (revisión o apelación) de las sentencias de primera instancia dictadas en materia de amparo, y si bien la revisión no es, por tanto, en principio, sólo de orden constitucional, pues comprende el conocimiento de la causa, uno de los motivos fundamentales de revisión es de tipo constitucional al punto de que se establece como requisito de admisibilidad del recurso de revisión, a la existencia de una "especial trascendencia o relevancia constitucional de la cuestión planteada, que se apreciará atendiendo a su importancia para la interpretación, aplicación y general eficacia de la Constitución, o para la determinación del contenido, alcance y la concreta protección de los derechos fundamentales" (art. 100).

2. *Legitimación activa*

Aún cuando la Ley Orgánica no estableció expresamente las condiciones de legitimación para intentar el recurso, se entiende que la misma corresponde a quienes hayan sido parte en el proceso jurisdiccional correspondiente.

3. *Normas generales de procedimiento*

El artículo 54 de la Ley Orgánica establece las siguientes normas básicas de procedimiento a seguir en materia de revisión constitucional de las decisiones jurisdiccionales:

A. *Lapso para recurrir y escrito del recurso.*

El recurso de revisión constitucional debe interponerse mediante escrito motivado que debe ser depositado en la secretaría del tribunal que dictó la sentencia recurrida, en un plazo no mayor de treinta días a partir de la notificación de la sentencia (art. 54.1).

B. *Notificación a las partes y escrito de defensa*

El escrito contentivo del recurso debe ser notificado a las partes que participaron en el proceso resuelto mediante la sentencia recurrida, en un plazo no mayor de cinco días a partir de la fecha de su depósito (art. 54.2).

La otra parte del proceso, o "el recurrido" debe depositar el escrito de defensa en la secretaría del tribunal que dictó la sentencia, en un plazo no mayor de treinta días a partir de la fecha de la notificación del recurso. Este escrito de defensa debe ser notificado "al recurrente" en un plazo de cinco días contados a partir de la fecha de su depósito (art. 54.3).

C. *Remisión del expediente al Tribunal Constitucional y la decisión sobre la admisibilidad*

El tribunal que dictó la sentencia recurrida debe remitir a la Secretaría del Tribunal Constitucional copia certificada de la misma, así como de los escritos correspondientes presentados por las partes en un plazo no mayor de diez días contados a partir de la fecha de vencimiento del plazo para el depósito del escrito de defensa. Las partes ligadas en el diferendo pueden diligenciar la tramitación de los documentos anteriormente indicados, en interés de que la revisión sea conocida, con la celeridad que requiere el control de la constitucionalidad (art. 54.4).

El recurso de revisión no tiene efecto suspensivo, salvo que, a petición, debidamente motivada, de parte interesada, el Tribunal Constitucional disponga expresamente lo contrario (art. 54.8)

Una vez recibidos los recaudos en el Tribunal Constitucional, el mismo tiene un plazo no mayor de 30 días, a partir de la fecha de la recepción del expediente, para decidir sobre la admisibilidad del recurso, estando obligado a motivar su decisión "en caso de que decida admitirlo" (art. 54.5).

D.   *La sentencia de revisión y su efecto*

El Tribunal Constitucional debe realizar la revisión en "Cámara de Consejo, sin necesidad de celebrar audiencia" (art. 54.6), debiendo dictar sentencia de revisión en un plazo no mayor de 90 días contados a partir de la fecha de la decisión sobre la admisibilidad del recurso (art. 54.7).

La decisión del Tribunal Constitucional que acogiere el recurso, debe anular la sentencia objeto del mismo y el Tribunal Constitucional debe devolver el expediente a la secretaría del tribunal que la dictó (art. 54.9).

E.   *La nueva decisión judicial*

Con motivo de la devolución del expediente al tribunal que dictó la sentencia recurrida, este deberá conocerá nuevamente del caso, con estricto apego al criterio establecido por el Tribunal Constitucional en relación del derecho fundamental violado o a la constitucionalidad o inconstitucionalidad de la norma cuestionada por la vía difusa (art. 54.10).

VI.   EL PROCEDIMIENTO DE REVISIÓN DE LAS SENTENCIAS DE AMPARO ANTE EL TRIBUNAL CONSTITUCIONAL

Como se dijo, de acuerdo con el artículo 94 de la Ley Orgánica, los procesos de amparo se desarrollan en dos instancias, siendo la segunda instancia el Tribunal Constitucional, razón por la cual, "todas las sentencias emitidas por el juez de amparo pueden ser recurridas en revisión por ante el Tribunal Constitucional." En consecuencia, ningún otro recurso es posible, salvo la tercería, en cuyo caso debe procederse "con arreglo a lo que establece el derecho común" (art. 94, Párrafo único).

1.   *Escrito de interposición del recurso*

El recurso de revisión de las sentencias de amparo se debe interponer mediante escrito motivado que debe ser depositado en la secretaría del juez o tribunal que rindió la sentencia, en un plazo de cinco (5) días contados a partir de la fecha de su notificación (art. 95).

Dicho escrito debe contener las menciones exigidas para la interposición de la acción de amparo, haciéndose constar además de forma clara y precisa los agravios causados por la decisión impugnada (art. 96).

2.   *Notificación y escrito de defensa*

El recurso de revisión interpuesto debe ser notificado a las demás partes en el proceso, junto con las pruebas anexas, en un plazo no mayor de cinco (5) días (art. 97); de manera que en el plazo de cinco (5) días contados a partir de dicha notificación del recurso, las demás partes en el proceso deben depositar en la secretaría del juez o tribunal que rindió la sentencia, su escrito de defensa, junto con las pruebas que lo avalan (art. 98).

3.   *Remisión al Tribunal Constitucional y requisitos de admisibilidad vinculados a la trascendencia constitucional de la cuestión*

Al vencerse el plazo para la presentación del escrito de defensa, la secretaría de juez o tribunal debe remitir sin demora el expediente conformado al Tribunal Constitucional (art. 99), a los efectos de que este decida sobre la admisibilidad del recurso.

Se destaca, a este respecto, que la admisibilidad de los recursos de revisión contra las sentencias de amparo es limitada, sólo cuando existan cuestiones constitucionales, y más específicamente, cuando haya "especial trascendencia o relevancia constitucional de la cuestión planteada," lo cual se debe apreciar por el Tribunal Constitucional, "atendiendo a su importancia para la interpretación, aplicación y general eficacia de la Constitución, o para la determinación del contenido, alcance y la concreta protección de los derechos fundamentales" (art. 100).

4.   *Audiencia y sentencia*

En el curso del procedimiento que se sigue ante el Tribunal Constitucional, la posibilidad de convocar a una audiencia pública para una mejor sustanciación del caso, queda a juicio del Tribunal Constitucional, si "lo considera necesario" (art. 101).

La sentencia del Tribunal Constitucional sobre el recurso de revisión de las sentencias de amparo debe pronunciarse dentro del plazo máximo de 30 días que sigan a la recepción de las actuaciones (art. 102).

DECRETOS LEYES DICTADOS EN 2008 CONFORME A LA LEY HABILITANTE DE 2007 Y SU RELACIÓN CON LA REFORMA CONSTITUCIONAL IMPROBADA EL 2 DE DICIEMBRE DE 2007

Juan Domingo Alfonzo Paradisi
Profesor de Derecho Administrativo UCV
Profesor de posgrado en Derecho Administrativo UCAB

Resumen: *En este articulo se analiza hasta el mes de marzo de 2011 los Decretos Leyes, así como las Leyes dictadas con posterioridad al 31 de julio de 2008 con fundamento en la Ley habilitante publicada en la Gaceta Oficial N° 38.617 del 01 de febrero de 2007. Mediante dichas leyes y decretos Leyes se le da contenido a la Reforma Constitucional improbada por el pueblo el 02 de diciembre de 2007 así como, se sientan las bases del Estado Socialista y del Estado Centralizado y Comunal.*

Palabras clave: *Reforma Constitucional; Decretos Leyes; Estado Socialista; Estado Centralizado.*

Abstract: *This article analyzes the Decree-Laws issued up to March 2011, and the Laws issued after July 31, 2008, based on the Enabling Law published in Official Gazette N° 38.617 of February 01, 2007. Such Laws and Decree-Laws embody the content the Constitutional Reform rejected by the people on December 02, 2007, and establish the bases of the Socialist, Centralized and Communal State.*

Keys word: *Constitutional Reform; Decree-Laws; Socialist State; Centralized State."*

I. INTRODUCCIÓN

Con la Reforma Constitucional de 2007 la cual fue rechazada mediante referéndum el 02 de diciembre del mismo año, se pretendió cambiar por la vía de un procedimiento distinto a la Asamblea Nacional Constituyente, el modelo de Estado en Venezuela, su sistema político, su régimen de gobierno, así como su forma de Estado[1].

En efecto, Venezuela en su evolución Constitucional desde 1945 había venido construyendo un modelo de Estado: Democrático, plural, Social de Derecho, con régimen de economía mixta y estableciendo así mismo desde su génesis, como forma de Estado, una estruc-

---

[1]   La Constitución de la Republica Bolivariana de Venezuela establece en su artículo 347 que: "El pueblo de Venezuela es el depositario del poder constituyente originario. En ejercicio de dicho poder. Puede convocar una Asamblea Nacional Constituyente con el objeto de transformar al Estado, crear un nuevo ordenamiento jurídico y redactar una nueva Constitución. De allí pues, el mecanismo idóneo para trasformar al Estado no era la Reforma Constitucional sino la Asamblea Nacional Constituyente prevista de manera expresa en La Constitución Vigente para tales fines.

tura de Organización de Estado Federal (Art. 2, de la Constitución de 1961) o un Estado Federal Descentralizado. (Art. 4 de la Constitución de 1999) que el Jurista Manuel García Pelayo catalogó como un Estado Semi-Federal[2].

No obstante, habiéndose aprobado la Constitución de 1999 y habiéndose previsto en dicha Constitución un estado Democrático y Social de Derecho y de Justicia que propugna valores como la vida, la libertad, la justicia, la democracia, la solidaridad, la responsabilidad social, y el pluralismo político[3], entre otros, así como, habiéndose establecido un Régimen de economía mixta donde hay un reconocimiento de la iniciativa privada[4], de la libertad Económica[5], de la propiedad privada[6], de la libre competencia[7], así como la posibilidad de la intervención del Estado en determinadas áreas, se trató de imponer un modelo de Estado de corte socialista, un Estado Comunal, absolutamente centralizado y subordinado a las ordenes del Poder Ejecutivo Nacional y de su máximo jerarca, el Presidente de la República, lo cual fue rechazado por el pueblo Venezolano, mediante referéndum popular.

II. LA LEY HABILITANTE DE 2007

Ahora bien, aún antes de que fuese rechazado dicho modelo, la Asamblea Nacional con fundamento en el Art. 236 numeral 8° de la Constitución, había sancionado una Ley Habilitante publicada en la *Gaceta Oficial* N° 38.617 de fecha 01 de febrero de 2007, para que el Ejecutivo Nacional dictase decretos Leyes en las siguientes áreas:

1.   Transformación de las instituciones del estado
2.   Participación Popular
3.   Valores esenciales del ejercicio de la Función Publica
4.   Económico y Social
5.   Financiero y Tributario
6.   Seguridad Ciudadana y Jurídica
7.   Ciencia y Tecnología
8.   Ordenación Territorial
9.   Seguridad y defensa
10. Infraestructura Transporte y servicios
11. Energético

Con fundamento en la Ley Habilitante, y a pesar de que en el referendo de diciembre de 2007 había sido rechazada la reforma constitucional propuesta por el Ejecutivo nacional, 8 meses después fueron publicados el 31 de julio de 2008 26 decretos leyes los cuales tuvieron como denominador común un asentamiento relevante del Estado en la economía Venezolana, la afectación de una series de actividades económicas al interés público, al interés general o al interés social. Así mismo, se estableció la declaratoria de utilidad pública e interés social a diversas actividades y bienes con el propósito ulterior de iniciar procedimientos de expropia-

---

[2]   García Pelayo, Manuel: *Derecho Constitucional Comparado*, Madrid p. 226

[3]   Art. 2 de la Constitución Bolivariana de Venezuela

[4]   Art. 299 de la Constitución Bolivariana de Venezuela

[5]   Art. 112 de la Constitución de la Republica Bolivariana

[6]   Art. 115 de la Constitución de la Republica Bolivariana

[7]   Art. 299 de la Constitución de la Republica Bolivariana

ción por causa de utilidad pública o social o de realizar las denominadas "intervenciones administrativas" u ocupaciones y operatividad temporal en instalaciones privadas, plantas, fábricas, industrias, centros de distribución e incluso estableciendo en algunos de dichos decretos leyes (Ley para la Defensa de las Personas en el Acceso a los Bienes y Servicios) que no es necesaria la declaratoria previa de utilidad pública o social por parte de la Asamblea Nacional para el inicio de procedimiento de expropiación.

Por otra parte, en dichos decretos leyes se aumentó el número de órganos administrativos, aumentando sus competencias y estableciendo el control y supervisión de los órganos administrativos sobre las actividades económicas de los particulares. En este sentido, se establece un importante catalogo de nuevas obligaciones y sanciones administrativas (multas, cierres temporales y definitivos de establecimientos).

Una importante particularidad de estos 26 decretos leyes lo constituye la previsión en cuanto a las comunidades organizadas en especial los Consejos Comunales y el protagonismo que se le otorga a los mismos. En efecto, se le otorga participación popular en actividades de contraloría social (véase por Ej.: La Ley de Defensa de las Personas en el Acceso a los Bienes y Servicios Decreto con Rango, Valor y Fuerza de Ley N° 6092 Publicado en la *Gaceta Oficial* N° 5.889 Extraordinaria de fecha 31-02-2008 y el decreto con Rango y fuerza de ley orgánica de Seguridad y soberanía Agroalimentaria). Decreto con Rango, Valor y Fuerza de Ley N° 6071 Publicado en *Gaceta Oficial* N° 5.889 de fecha 31-02-2008. Se establecen así mismo, nuevas formas de organización comunitaria (empresa de propiedad social directa y empresas de propiedad social indirecta, empresas de producción social, de distribución social y unidades productivitas familiares, así como grupos de intercambios solidarios). Se crea así mismo, un sistema alternativo de intercambio solidario; en dicho sistema se prevé el intercambio de bienes, saberes y servicios con el uso de la moneda comunal (ver por Ej. Los decretos leyes relativos al Fomento y Desarrollo a la Economía Popular, Decreto con Rango, Valor y Fuerza de Ley N° 6130 publicado en *Gaceta Oficial* N° 5.980 de fecha 31-02-2008. Así como, el decreto con rango y fuerza de ley Orgánica sobre Seguridad y Soberanía Agroalimentaria (Art. 39), y el decreto ley sobre la Promoción y Desarrollo de la Pequeña y Mediana Industria (Art. 12).

En materia de agricultura, ganadería, alimentación y servicios, el llamado "Paquetazo Legislativo" publicado en las *Gacetas Oficiales* N° 5.889 al 5.892 de fecha 31 de julio de 2008, fue una de las áreas que resultó mayormente regulada mediante la publicación de 6 cuerpos legislativos, a saber:

- Ley Orgánica de Seguridad y Soberanía Agroalimentaria.
- Ley de Salud Agrícola Integral.
- Ley de Crédito para el Sector Agrario.
- Ley de Banco Agrícola de Venezuela.
- Ley de Beneficios y Facilidades de Pago para las Deudas Agrícolas y Rubros Estratégicos para la Seguridad y Soberanía Alimentaria.
- Defensa de las Personas en el Acceso para los Bienes y Servicios.

Entre estos nuevos cuerpos legislativos, destacan 2, a saber, la Ley Orgánica de Seguridad y Soberanía Agroalimentaria, la cual, trajo consigo la supervisión, regulación y control cuasi absoluto de la cadena alimentaria por parte del Estado estableciendo sanciones pecuniarias (multas) a los que desarrollan la actividad y limitaciones e intervenciones a la propiedad privada y a la libertad económica tales como: comiso, cierre temporal de establecimientos, requisición u ocupación temporal de bienes, suspensión temporal de permisos y licencias; y la Ley de Salud Agrícola Integral, en la que el legislador, partiendo de la idea de que el sistema de sanidad agropecuaria e inocuidad de los alimentos de un país es la protección de su agricultura y ganadería de los agentes biológicos, químicos y físicos que pudieran producir daños y pérdidas en la producción, productividad y comercialización agropecuarias, reemplaza el Servicio Autónomo de Sanidad Agropecuaria (SASA), por el Instituto Nacional de Salud Agrícola Integral (INSAI), el cual cuenta con funciones más amplias que el organismo que reemplaza, entre estás, la potestad de sancionar severamente a aquellos sujetos que infrinjan la política de Salud Agroalimentaria.

Es de notarse que en ambas leyes, se ha incrementado la penalización (multa, comiso, cierre temporal, prisión, destrucción de las mercancías objeto de la infracción y la revocatoria del permiso, licencia, o autorización respectivo) a aquellos comercializadores, productores o distribuidores que no gocen de la permisología adecuada (incrementada además por la nueva regulación) o que realicen una actividad considerada esencial para los fines del Estado en materia de Seguridad Agroalimentaria.

Por último, en cuanto a los cuerpos legislativos relacionados a créditos y financiamientos de las actividades Agroalimentarias, las leyes creadas o modificadas lo que buscan es generar el incentivo de la realización de dichas actividades así como imponer a los bancos la obligación de financiar, mediante plazos y tasas más laxas, al sector agrícola.

En cuanto a las leyes relativas a la administración pública se crearon nuevos entes como la Comisión central de Planificación, Autoridades regionales designadas por el Presidente de la República y se incorporan como entes administrativos a las misiones creadas por el Presidente de la República para satisfacer las necesidades fundamentales de la población y se incrementa el uso de la tecnología.

Luego de agosto del año 2008 y que constituye parte relevante del análisis que se realiza mediante el presente trabajo, se dictan una serie de leyes que -a pesar de haberse rechazado por el pueblo la reforma constitucional- pretenden la consolidación, a través de normas de rango legal, del Estado Socialista, Centralizado, y Comunal.

III.   LEYES RELATIVAS AL ESTADO SOCIALISTA

En cuanto al Estado Socialista, la Ley Orgánica de Los Consejos Comunales publicada en *Gaceta Oficial* N° 39.335 de fecha 28-12-2009 el 28 de Diciembre de 2009 establece que los Consejos Comunales son instancias de participación entre los ciudadanos que permiten al pueblo organizado ejercer el gobierno comunitario y la gestión directa de las políticas públicas orientados a responder las necesidades de las comunidades en la construcción de la *nueva sociedad socialista, de igualdad, equidad y justicia social.*

Así mismo la Ley Orgánica de Creación de la Comisión Central de Planificación publicada en la *Gaceta Oficial* N° 5.990 de 29 de Julio de 2010 Extraordinario, prevé en su artículo 2.3 que dicha Comisión Central de Planificación realizará sus funciones atendiendo entre otras finalidades *"a orientar el establecimiento de un modelo socialista capaz de garantizar la satisfacción de las necesidades espirituales y materiales de la sociedad para lograr la suprema felicidad social".* Así mismo, ya diversas leyes y reglamentos insertan la definición de socialismo como por ejemplo *la Ley Orgánica del Poder Popular (Gaceta Oficial N° 6.011 extraordinario del 21-12-10, la Ley de las Comunas (Gaceta Oficial N° 6.011 del 21-12-10 y el Reglamento del Consejo General de Gobierno (Gaceta Oficial N° 39.416 del 4 de mayo de 2010)*[8]. Como dato interesante en dicha definición legal al prever el desarrollo de la propiedad social sobre los factores y medios de producción no se prevé el atributo de disposición sino únicamente el uso, el goce y el disfrute por los ciudadanos de dichos bienes. En el marco del modelo productivo socialista que aspiraba la improbada reforma constitucional de 2007 y muy a tono con la perspectiva del Plan Económico y Social de la Nación 2007-2013 Primer Plan Socialista, se han dictado luego del 31 de julio del 2008 diversos decretos con Rango, valor y fuerza de ley así como diversas leyes como por ejemplo: el Decreto con Rango, valor y fuerza de Ley para la Promoción y Desarrollo de la Pequeña y Mediana Industria y unidades de producción social que tiene por objeto el apoyar y expandir la pequeña y mediana industria y las unidades de propiedad social. Decreto 6218 con Rango, Valor y Fuerza de Ley publicado en la *Gaceta Oficial* N° 5.890 del 31-02-2008. En el mismo marco y como un debilitamiento a las garantías de propiedad y libertad económica se ha reformado en dos oportunidades hasta la presente fecha la ley para la Defensa en el Acceso a Bienes y Servicios, cuya primera reforma Ley de Reforma parcial del decreto 6.092 con Rango, Valor y Fuerza de Ley para la Defensa de las Personas, en el Acceso a los Bienes y Servicios publicado en la *Gaceta Oficial* N° 39.358 de fecha 24-04-2009, tuvo por objeto, fundamentalmente, en definir como *servicios públicos esenciales* las actividades de producción, fabricación, importación, acopio, transporte, distribución y comercialización de alimentos o productos de primera necesidad.

De tal manera que, al equipararse estas actividades privadas al servicio público, el Ejecutivo Nacional puede tomar las medidas para garantizar la efectiva prestación del servicio[9] En cuanto a la segunda reforma realizada en febrero de 2010 estableció la posibilidad de expropiación sin que medie la declaratoria previa de utilidad pública e interés social por parte de la Asamblea Nacional lo cual es violatorio del artículo 115 de la Constitución vigente y así mismo estableció la *institución de la expropiación como sanción*. Esto es que en casos en que se incurra en supuestos de ilícitos administrativos como imposición de condiciones abusivas (Art. 16), especulación (Art. 5) acaparamiento (Art. 67), boicot (Art. 68) y venta de alimentos en mal estado (Art. 69) puede dar lugar al inicio de procedimiento expropiatorio. Así mismo, dicha reforma suprimió el calificativo de bienes de primera necesidad. Por tanto el ámbito de aplicación de la ley es mucho mayor y no sólo abarca a aquellos bienes que sean declarados como de primera necesidad.

Dentro de este marco productivo socialista se derogó el Decreto Ley para el Fomento y Desarrollo de la Economía Popular y se dictó la ley Orgánica del Sistema Económico Comunal[10] que establece nuevas formas de apropiación y distribución de los excedentes económicos, estableciendo un sistema económico comunal basados en planes y proyectos impulsados por instancias del Poder Popular y en el intercambio de bienes, saberes y servicios para la

---

[8] En efecto, en estas leyes se ha definido como Socialismo: "El socialismo es un modo de relaciones sociales de producción centrado en la convivencia solidaria y la satisfacción de las necesidades materiales e intangibles de toda la sociedad, que tiene como base fundamental la recuperación del valor del trabajo como productor de bienes y servicios para satisfacer las necesidades humanas y lograr la Suprema Felicidad Social y el Desarrollo Humano Integral. Para ello es necesario el desarrollo de la propiedad social sobre los factores y medios de producción básicos y estratégicos que permita que todas las familias y los ciudadanos y ciudadanas venezolanos y venezolanas posean, usen y disfruten de su patrimonio o propiedad individual o familiar, y ejerzan el pleno goce de sus derechos económicos, sociales, políticos y culturales".

[9] Véase *Gaceta Oficial* N° 39.358 de fecha 1 de Febrero de 2011.

[10] Véase *Gaceta Oficial* N° 6.011 de fecha 21 de Diciembre de 2010.

satisfacción de necesidades públicas con reinversión social de los excedentes. Esta ley dentro de este marco productivo socialista y la planificación centralizada llevada a cabo por el Ministerio del Poder Popular para Las Comunas y Protección Social, establece las organizaciones socio productivas dentro de las cuales se encuentran las Empresas de Propiedad Social Directa Comunal, Las Empresas de Propiedad Social Indirecta Comunal, la Unidad Productiva Familiar y los Grupos de Intercambio Solidario (muchas de estas disposiciones coinciden casi idénticamente con las previstas en la improbada reforma constitucional de 2007). Así mismo, se establece un Sistema Alternativo de Intercambio que realizan los Prosumidores y Prosumidoras con fines de satisfacer sus necesidades de saberes, conocimientos y bienes y servicios mediante el uso de la moneda comunal y con prohibición de prácticas de carácter financiero.

IV. LEYES RELATIVAS AL ESTADO CENTRALIZADO Y COMUNAL

En cuanto al Estado Centralizado y Comunal el aspecto de la distribución del Poder Público desde el punto de vista vertical y la forma de Estado en Venezuela es interesante destacar por ejemplo la reforma a la ley Orgánica de Descentralización Delimitación y Transferencia de Competencia del Poder Público *Gaceta Oficial* N° 39.140 de fecha 17 de marzo de 2009, mediante la cual paradójicamente por exhorto de Sentencia del Tribunal Supremo de Justicia en Sala Constitucional[11] se efectuó y se centralizaron las competencias en materia de puertos, aeropuertos y carreteras donde el Ejecutivo Nacional reasume dichas competencias y se establece como el órgano rector al cual los Estados están subordinados, pudiendo el Poder Nacional intervenir dichos servicios cuando lo considere necesario, con lo cual la transferencia de competencias que se realizó en el pasado y que incluso se le dio rango constitucional fue desconocida y revertida mediante ley al Poder Ejecutivo Nacional, lo cual implicó un vaciamiento o desnaturalización del proceso de descentralización político territorial.

Así mismo, ha sido relevante la desviación de recursos que, constitucional y tradicionalmente mediante ley, eran dirigidos a los Estados y Municipio, ahora una parte importante de ellos han sido desviados hacia los Consejos Comunales, esto se ha venido logrando a través de la modificación de la antigua ley del Fondo Intergubernamental Para La Descentralización (FIDES) cuya última reforma fue publicada en la *Gaceta Oficial* N° 5.805 de fecha 22 de marzo de 2006, (hoy derogada mediante ley publicada en la *Gaceta Oficial* N° 39.394 de fecha 25 de marzo de 2010), mediante la cual se cambiaron los porcentaje de destino de los recursos a Estados y Municipios para asignarle del total de los recursos asignados en la Ley De Presupuesto al referido Fondo intergubernamental para la Descentralización el 30% a los Consejos Comunales[12]. Así mismo, a través de la reformas de la Ley de Asignaciones Económicas Especiales[13] se desvían recursos para los Consejos Comunales.

---

[11] Sentencia de la Sala Constitucional del Tribunal Supremo de Justicia de fecha 20 de febrero de 2008 Recurso de Interpretación del numeral 10 del artículo 164 de la Constitución Nacional, Juez Ponente: Luisa Estella Morales. Expediente N° 07-1108.

[12] Véase ley de Reforma parcial de la Ley que Crea El Fondo Intergubernamental para la Descentralización (FIDES) *Gaceta Oficial* N° 5.805 extraordinario de fecha 22 de marzo de 2006.

[13] Véase ley de Reforma Parcial de la Ley de asignaciones Económicas Especiales para los Estados, Distritos Metropolitanos derivadas de Minas e Hidrocarburos en *Gaceta Oficial* N° 38408 de fecha 29 de marzo de 2006 y Ley de Reforma parcial publicada en *Gaceta Oficial* N° 5.824 Extraordinario de fecha 13 de Octubre de 2010.

Dicha asignación especial fue prevista constitucionalmente en beneficio de los Estados de conformidad con el artículo 156 numeral 16. No obstante, en contra de lo previsto en la Constitución vigente y para lo cual fue establecida dicha asignación, se ha reformado la Ley de Asignación Económicas Especiales para destinar en principio a los Consejos Comunales (sujetos no establecidos como destinatarios de esta asignación en la Constitución), una cantidad equivalente al 30% del monto resultante de la asignación económica especial para cada ejercicio fiscal y destinarla al financiamiento de proyectos presentados directamente por los Consejos Comunales. Ahora bien, en la última Ley de Asignaciones Económicas Especiales Derivadas de Minas e Hidrocarburos.[14] Se estableció que las asignaciones económicas especiales derivadas de Minas e hidrocarburos se distribuirán entre las entidades político-territoriales y las organizaciones de base del Poder Popular con base en los porcentajes y criterios establecidos por la Secretaría del Consejo Federal De Gobierno. De allí pues, que dicho parámetros ya no son fijados por ley sino quedan al criterio y definición de la referida Secretaría.

De igual forma la Ley del Consejo Federal de Gobierno (*Gaceta Oficial* N° 5.963 de fecha 22-2-2010) también establece a las organizaciones detentadoras de la soberanía originaria del Estado y a las organizaciones de base del Poder Popular, como sujetos destinatarios directos de transferencia de competencia y recursos, lo cual no está así previsto en la Constitución vigente ya que El Consejo Federal de Gobierno es previsto en el artículo 185 de la Constitución como "el órgano encargado de la planificación y coordinación de políticas y acciones para el desarrollo del proceso de descentralización y *transferencias de competencias del Poder Nacional a los Estados y Municipios"*, sin haber sido contempladas en este artículo las organizaciones de base del Poder Popular como sujetos destinatarios directos de transferencias de competencia.

Así mismo, desde el punto de vista financiero, la creación de fondos especiales rompiendo el principio de la unidad presupuestaria, por ejemplo el FONDEN, aunado a la técnica de calcular, a efectos del presupuesto ordinario anual, el barril de petróleo tipo Brent a 60$ para la presentación del presupuesto nacional anual lo cual ha mermado los ingresos que le corresponderían a los Estados y Municipios y ha favorecido el financiamiento -entre otros- de los Consejos Comunales. Esta técnica ha implicado el que el Gobierno Nacional posea una amplia discrecionalidad en cuanto al destino de los recursos excedentarios, en virtud del aumento del precio del petróleo, y no destinar dicho excedente también a los Estados y Municipios conforme a las normas constitucionales concernientes al situado constitucional Art.167.4 de la Constitución.

Por último, dentro de la consolidación de este Estado Comunal es relevante la previsión legal del artículo 56 de la Ley Orgánica de los Consejos Comunales según la cual el Ministerio con Competencia en materia de Participación Ciudadana debe dictar las políticas estratégicas, planes generales, programas y proyectos para la participación comunitaria en los asuntos públicos, así como tiene la atribución de acompañar a los consejos comunales en el cumplimiento de sus fines y propósitos y facilitar su articulación con los órganos del Poder Público. Así mismo, dentro de esta rectoría del Poder Ejecutivo Nacional sobre los consejos comunales, se prevé como atribución el artículo 57.2 El Registro de los Consejos Comunales y la emisión del certificado correspondiente; así como el artículo 57.11 Financiar los Proyectos comunitarios, sociales y productivos presentados por los consejos comunales en sus componentes financieros y no financieros, con recursos retornables y no retornables en el marco de

---

[14]   (*Gaceta Oficial* N° 5.991 de fecha 29 de Julio de 2010)

esta ley. De conformidad con el artículo 17 numeral 1 de la Ley Orgánica en comentario, los Consejos Comunales constituidos y organizados conforme a esta ley, adquieren su personalidad jurídica, mediante el registro ante el Ministerio del Poder Popular con competencia en materia de Participación ciudadana. De tal manera que los Consejos Comunales para adquirir la personalidad jurídica dependen del otorgamiento del acto administrativo de registro por parte del Ejecutivo Nacional.

DECRETO-LEY ESPECIAL PARA LA DIGNIFICACIÓN DE TRABAJADORAS Y TRABAJADORES RESIDENCIALES

Ricardo Antela Garrido
Profesor Derecho Constitucional
Universidad Metropolitana

Resumen: *En este breve ensayo se comenta brevemente el Decreto presidencial con rango, valor y fuerza de Ley Especial para la Dignificación de Trabajadoras y Trabajadores Residenciales, publicado en la Gaceta Oficial de la República Bolivariana de Venezuela N° 39.668 del 06 de mayo 2011, el cual tiene por objeto, según sus propias palabras, asegurar las garantías constitucionales y los derechos humanos de los trabajadores residenciales, anteriormente denominados "conserjes", y así denominados en el argot coloquial, y generar las condiciones necesarias para su dignificación. Además del articulado, se llamará la atención del lector sobre las dos premisas fácticas y conceptuales que fundamentan dicho Decreto: la supuesta equivalencia entre Conserjería y Esclavitud; y la supuesta inconstitucionalidad del régimen jurídico previsto en la Ley Orgánica del Trabajo para los conserjes.*

Palabras clave: *Trabajadores residenciales; conserjes; esclavitud; jornada.*

Abstract: *This essay is related to the Presidential Decree that has a hierarchy of Special Law for the Dignity of Residential Workers, published in the Official Gazette of the Bolivarian Republic of Venezuela N° 39,668, on May 6th, 2011. This decree intends, in the President's words, to ensure constitutional and human rights of the residential workers [workers who have the custody, care, cleaning and maintenance of a building or property], formerly known as "conserjes" [janitors or doorkeepers], or so called colloquially, and create the conditions necessary for their dignity. In addition to the articles, I hope to get reader's attention on both the factual and conceptual premises underlying the decree: the supposed equivalence between "Conserje" and Slave, and the alleged unconstitutionality of the legal provisions of the Labor Law for the "Conserjes".*

Key Words: *Residential workers; janitors; doorkeepers; slavery; working hours.*

Como se explicó en el Resumen, recientemente fue publicado el Decreto presidencial con rango, valor y fuerza de Ley Especial para la Dignificación de Trabajadoras y Trabajadores Residenciales, el cual tiene por objeto, según sus propias palabras, asegurar las garantías constitucionales y los derechos humanos de los trabajadores residenciales, anteriormente denominados "conserjes", y así denominados en el argot coloquial, y generar las condiciones necesarias para su dignificación. Para ello, el Decreto-Ley se propone delimitar las acciones propias de lo que hasta ahora ha sido denominado oficio de conserjería, las partes del proceso, los derechos y obligaciones, así como los mecanismos especiales para la garantía efectiva de los derechos de este sector. Intentaremos resumir acá los principales aspectos del Decreto-

Ley, incluyendo su Exposición de Motivos [en lo adelante denominada **EM**], en la cual llaman la atención las dos premisas que fundamentan el Decreto-Ley: la primera, que *"los trabajadores y trabajadoras residenciales son un grupo vulnerable y excluido en cuanto viven sometidos y sometidas a un régimen esclavista..."*. La segunda, que el Ejecutivo Nacional escuchó el reclamo de las conserjes *"frente a la **inconstitucionalidad** del marco jurídico regulatorio del oficio de conserjes, establecido en el Título V, Capítulo 3 de la Ley Orgánica del Trabajo de fecha 19 de Junio de 1997 [Artículos 282 y ss.], que colide con disposiciones fundamentales de la Constitución..."*.

I.   ¿CONSERJERÍA EQUIVALE A ESCLAVITUD?

En las dos primeras líneas de esta EM encontramos la afirmación de que *"las trabajadoras y trabajadores que ejercen el oficio de conserjería, constituyen una expresión viviente de la miseria estructural que aun vive nuestro pueblo, sin vivienda, sin empleo, y sometidas y sometidos a condiciones inhumanas propias de formas contemporáneas de esclavitud..."*. Y en el último de sus párrafos, la EM afirma sin matices que *"Esta ley parte de la premisa de que los trabajadores y trabajadoras residenciales son un grupo vulnerable y excluido en cuanto viven sometidos y sometidas a un régimen esclavista donde se vulneran sus derechos humanos fundamentales..."* [Subrayado y negrilla añadidos]. Según cifras del Instituto Nacional de Estadísticas que cita la propia EM, ¡en Venezuela podría haber al menos 100 mil trabajadores residenciales que viven sometidos a un régimen de esclavitud!

En otras palabras, según el Ejecutivo Nacional, los trabajadores que ejercen el oficio de conserjería son una expresión viviente de miseria estructural y de esclavitud, y es por ello que se parte de la premisa de que los trabajadores residenciales –sin distinción– son un grupo vulnerable y excluido que vive sometido a un régimen esclavista. Lo que no se entiende es que, según el artículo 54 de la Constitución venezolana, *"Ninguna persona podrá ser sometida a esclavitud o servidumbre. La trata de personas y, en particular, la de mujeres, niños, niñas y adolescentes en todas sus formas, estará sujeta a las penas previstas en la ley"*. Entonces, ¿cómo puede *"dignificarse"* un oficio o labor cuya existencia es, según el Gobierno, expresión viviente de miseria y esclavitud? Si la Conserjería es una forma de esclavitud, ¿lo lógico no sería prohibir ese oficio?

Tal vez para resolver esta contradicción, más adelante se afirma que el marco legal previsto para las Conserjes en la Ley Orgánica del Trabajo (1997) *"ha favorecido el desarrollo en la sociedad venezolana de prácticas contemporáneas similares a la esclavitud, que si bien se encuentra formalmente abolida, encuentra un campo fértil para germinar en el marco de las relaciones de explotación capitalistas"*. Es por ello, se advierte en el texto, que *"si bien pueden encontrarse **excepcionalmente** personas con este oficio a quienes se les garantizan plenamente sus derechos como trabajador... en la **mayoría de los casos** nos encontramos con situaciones graves de violación a sus derechos, como el sometimiento a jornadas de trabajo diarias mayores a las 8 horas, no pago de salarios o pagos mensuales menores al salario mínimo, prohibiciones de salir embarazada, discriminación de sus hijos..., suspensión ilegal de servicios, desalojos arbitrarios, entre otras violaciones a derechos humanos..."*.

Resulta evidente entonces que los conserjes o trabajadores residenciales no son por definición esclavos, y que la esclavitud no es una consecuencia del oficio de Conserjería, como aventuradamente se afirmó al inicio de la EM, sino que es consecuencia de la práctica abusiva de **algunos** patronos, y no necesariamente de la mayoría de ellos, lo que es también una afirmación atrevida de la EM. Esas prácticas abusivas de **algunos** patronos no son consecuencia necesaria de relaciones capitalistas, pues ocurren en relaciones laborales de cualquier

índole; tampoco son consecuencia necesaria de un marco legal determinado; ni ocurren solamente en el sector de los conserjes, pues pueden ocurrir –y de hecho ocurren– en cualquier
sector laboral. La verdad es que tales abusos son producto de interpretaciones interesadas y
anticonstitucionales que hacen algunos patronos de las normas legales, en la generalidad de
las relaciones laborales.

En fin, es poco probable que este Decreto-Ley sea una regulación jurídica razonable y
conveniente a la sociedad, cuando una de las premisas que la fundamenta es que los conserjes
en Venezuela, o una mayoría de ellos, son siervos esclavos; y que los condominios en Venezuela, con excepciones, son en su mayoría patronos capitalistas que practican la esclavitud.

II. SUPUESTA INCONSTITUCIONALIDAD DE LA LEY ORGÁNICA DEL TRA-BAJO [LOT]

El Presidente Chávez presenta al Decreto-Ley como una reacción *"frente a la **inconstitucionalidad** del marco jurídico regulatorio del oficio de conserjes, establecido en el Título
V, Capítulo 3 de la Ley Orgánica del Trabajo de fecha 19 de Junio de 1997 [Artículos 282 y
ss.], que colide con disposiciones fundamentales de la Constitución…"*. Y es que, según el
Ejecutivo Nacional, el artículo 285 de la LOT ha permitido que las administradoras y juntas
de condominio exijan a los conserjes una jornada laboral de 15 horas diarias, toda vez que en
dicho artículo se contemplaba que esta categoría especial de trabajadores tenía un descanso
mínimo de 9 horas a partir de las 10 de la noche [es decir, que trabajan desde las 07:00 am
hasta las 10:00 pm, y descansan de 10:00 pm a 07:00 am].

Esta disposición –que según el Gobierno es esclavista– en realidad tiene su fundamento
en el artículo 198, literal c) de la LOT, a tenor del cual, no están sometidos a las limitaciones
legales sobre duración de la jornada de trabajo, aquellos trabajadores que desempeñan labores
que requieren sólo su presencia, o labores discontinuas o esencialmente intermitentes que
implican largos períodos de inacción durante los cuales el trabajador no tiene que desplegar
actividad material ni atención sostenida, y permanece en su puesto de trabajo sólo para responder a llamadas eventuales.

Precisamente, los conserjes son un ejemplo de este supuesto pues, como resulta obvio,
el cuestionado artículo 285 de la LOT no implicaba, ni quiso implicarlo, que el Conserje deba
asear el edificio desde las 07:00 am hasta las 10:00 pm, de manera continua. En realidad, la
labor del conserje es una actividad por naturaleza discontinua, que comprende unos períodos
de actividad y otros de inactividad, durante los cuales el conserje no tiene la obligación de
realizar acciones materiales de limpieza o mantenimiento, sino que permanece en su puesto
de trabajo, o incluso fuera de su puesto pero disponible, sólo para responder a llamadas o
requerimientos eventuales.

Lo interesante es –y esto aparentemente no lo sabe el Gobierno– que mediante sentencia
N° 1183 del 03 de julio del 2001[1], suscrita unánimemente por los magistrados Iván Rincón,
Jesús E. Cabrera, José M. Delgado Ocando, Antonio García García y Pedro Rondón Haaz, la
Sala Constitucional del Tribunal Supremo de Justicia declaró **improcedente** la nulidad por
inconstitucionalidad del mencionado artículo 198 y quince disposiciones más de la LOT,
todas relativas a las excepciones del tope de jornada laboral. En el caso concreto, propuesto
en febrero del 2000, los recurrentes denunciaron que a los trabajadores petroleros, vigilantes,
enfermeras, médicos de guardia, el servicio doméstico, los conserjes y choferes, entre otros,

---

[1]   http://www.tsj.gov.ve/decisiones/scon/julio/1183-030701-00-0486.htm

se les continuaba aplicando la jornada de trabajo establecida en las normas impugnadas, haciendo caso omiso a la entonces reciente normativa constitucional.

Pero la Sala Constitucional sentenció –acertadamente– que hay categorías especiales de trabajadores excluidas de la jornada ordinaria, sujetos a regulación especial, *"en virtud de que el trabajo desempeñado no está sometido a un horario fijo, ya que en algunas oportunidades la jornada cumplida es incluso menor a la prevista ordinariamente, y además no requiere ningún esfuerzo físico e intelectual para su efectivo desarrollo, necesitándose sólo la presencia física, y pudiendo el trabajador incluso, en el mismo sitio de trabajo –siempre y cuando no perturbe su ejercicio– emplear su tiempo en otras actividades."* Así, por ejemplo, no sería indebido que durante su jornada de trabajo, un conserje acuda a un supermercado cercano al edificio y haga sus compras familiares, siempre que se mantenga disponible ante una llamada eventual y su ausencia no perturbe alguna actividad prevista en el condominio.

Podría afirmarse, no sin mucha dificultad, que la premisa de la cual parte el Presidente Chávez y del Decreto-Ley en cuestión, es contradictoria con la interpretación constitucional que hizo la Sala Constitucional de las normas contenidas en la LOT, y por ello, el Decreto-Ley estaría sujeto a nulidad.

Ahora bien, en el supuesto negado de que el Título V, Capítulo III de la LOT de **1997**, fuere contrario a la Constitución de **1999**, como equivocadamente lo afirmó el Presidente Chávez en el Decreto-Ley, ¿dicho Capítulo no quedó automáticamente derogado en 1999 con la entrada en vigencia de la Constitución? Así debe ser conforme a la Disposición Derogatoria Única de la Constitución de 1999, al tenor de la cual el ordenamiento jurídico *"mantendrá su vigencia en todo lo que no contradiga esta Constitución"*. Por lo tanto, el Título V, Capítulo III de la LOT de 1997 estaba supuestamente afectado de inconstitucionalidad sobrevenida y en razón de ello, debió entenderse derogado de pleno derecho en 1999.

Pero, si esto es así, ¿dónde han estado el Ministerio del Trabajo y los tribunales laborales, durante los últimos 10 años, que han facilitado o tolerado la aplicación de un marco jurídico supuestamente inconstitucional? ¿Cuántas leyes habilitantes debieron otorgarse al Ejecutivo Nacional para que este se diera cuenta de la supuesta inconstitucionalidad? Podría argumentarse que ambos Poderes, el Ejecutivo y el Judicial, se acogieron a la sentencia N° 1183/2001 de la Sala Constitucional, pero si este fuere el caso, ninguno de los Poderes podría apartarse de este precedente constitucional hasta que la Sala lo modifique.

Ahora que el Gobierno se enteró de la inconstitucionalidad de la norma y dictó un Decreto-Ley Especial para la dignificación de trabajadores residenciales, ¿cómo se resolverá jurídicamente la presunta inconstitucionalidad de las prácticas ocurridas durante los últimos 10 años, que al decir del Gobierno han sido esclavistas? ¿Podría un Conserje demandar daños o denunciar penalmente a su patrono, sólo por haberlo hecho trabajar más de ocho horas diarias? ¿Cuál es la responsabilidad de la Sala Constitucional frente a la convalidación de normas de esta índole? ¿Quién ejerce la jurisdicción constitucional en Venezuela: el Presidente de la República o la Sala Constitucional del TSJ?

Cabe preguntarse finalmente, si ahora que el Gobierno se enteró de la inconstitucionalidad de la norma e incluso reformó parcialmente la Ley Orgánica del Trabajo y derogó todo el

Capítulo III en cuestión, relativo a los conserjes[2], ¿no debería también derogar los artículos 195 [parágrafo único]; 196; 198; 199; 200; 201; 202; 203; 204; 206; 207; 208; 210; 325; 360 y 362 de la Ley Orgánica del Trabajo? Porque todos estos artículos fueron impugnados ante la Sala Constitucional en febrero del 2000, precisamente por permitir que se excedan los topes de jornada previstos en la Constitución. Más fácil aún, ¿no debería el Gobierno derogar la Resolución Conjunta N° 102 del Ministerio del Trabajo y N° 1460 del Ministerio de Transporte y Comunicaciones, de 1996, que establece la jornada de trabajo de los trabajadores aéreos y el período de descanso de los tripulantes de vuelo?

III. ASPECTOS PRINCIPALES DEL ARTICULADO

Terminado el comentario de las premisas contenidas en la Exposición de Motivos, finalmente toca describir los aspectos principales o críticos del articulado contenido en el nuevo texto legal. De entrada, vale destacar que se aprovechó, una vez más, la vía del Decreto-Ley para avanzar mediante atajos en la consolidación de un *"Estado Comunal"* donde el pueblo organizado ejerza de manera directa el Poder Popular como vía para construir una sociedad socialista. Los aspectos novedosos, realmente referidos al asunto de los conserjes, son los siguientes:

1. Queda en el pasado la denominación *"conserje"* por ser un término peyorativo y que refiere una forma contemporánea de esclavitud. Llama mi atención, y así lo planteo, que bajo esta concepción gubernamental podría argumentarse que seguir llamando o denominando *conserje* a un *trabajador residencial* podría considerarse como una difamación o una práctica esclavista.

2. A diferencia de los conserjes, que tenían a su cargo "la custodia de un inmueble, la atención, el aseo y el mantenimiento del mismo", los trabajadores residenciales tienen a su cargo solamente "la limpieza y aseo de las áreas comunes de un inmueble", lo que aparentemente se confirma a la postre, al señalarse que "[s]e prohíbe la sobreexplotación del trabajador", esto es, "la asignación de labores que no se corresponden a la definición del oficio", tales como:

a. Trabajos distintos a la limpieza y el aseo de las áreas comunes[3].

b. Tareas que impliquen trabajos especializados o que sean responsabilidad de la Junta de Condominio.

c. Esfuerzos que estén por encima de sus posibilidades físicas.

d. Control, observancia y supervisión del cumplimiento de los servicios públicos, así como otras obligaciones y responsabilidades derivadas de la administración del inmueble o de quienes habiten en el mismo.

e. Vigilancia y custodia del edificio.

---

[2]   Decreto N° 8.202 mediante el cual se dicta el Decreto con Rango, Valor y Fuerza de Ley Orgánica de Reforma Parcial de la Ley Orgánica del Trabajo.- [Véase N° 6.024 Extraordinario de la Gaceta Oficial de la República Bolivariana de Venezuela, de esta misma fecha]

[3]   Tal como quedó redactada la norma, los trabajadores residenciales tienen a su cargo solamente la limpieza y el aseo de las áreas comunes, y no podrían realizar trabajos distintos. Por consiguiente, los demás supuestos excluidos sobran.

f. Limpieza, aseo y mantenimiento de las áreas comerciales, en caso que existan, o de espacios distintos a las áreas comunes internas del inmueble.

g. Reparación de daños y desperfectos ocurridos en el inmueble.

h. Cualquier otro trabajo pesado.

i. Labores que impliquen Riesgo.

3. Durante la relación laboral, *el trabajador residencial y los integrantes de su núcleo familiar, serán considerados como **habitantes** de la comunidad*, con los mismos derechos inherentes a la vida social, comunitaria, familiar y ciudadana, que el resto de los habitantes del inmueble. Aplicación de ello es, por ejemplo, que el uso de las áreas comunes del inmueble no podrá ser restringido al trabajador residencial, ni a su núcleo familiar, en condiciones distintas que al resto de la comunidad.

4. Es responsabilidad de los *habitantes* de la comunidad, conservar en buen estado de limpieza las áreas comunes y responder por los perjuicios de cualquier índole ocasionados en el inmueble.

5. Los medios de comunicación social y los patronos o empleadores deben contribuir a la formación de los vecinos sobre su corresponsabilidad en el cuidado de las áreas comunes y en el respeto al oficio del trabajador residencial.

6. Son partes de la relación laboral, la *comunidad de habitantes* y el trabajador residencial. Las obligaciones derivadas de la relación laboral son responsabilidad de todos los propietarios, de manera individual, según la alícuota parte que le corresponda en el inmueble, o de forma colectiva, si cuentan con una instancia de organización. En todo caso, corresponde a la *"asamblea de residentes o copropietarios"* aprobar la contratación o despido, incluso justificado, del trabajador. La garantía de buen funcionamiento de los servicios públicos, instalaciones, maquinarias y equipos del inmueble, es responsabilidad de la *comunidad de residentes*, y no del trabajador residencial.

7. *El Patrono no será la empresa administradora del condominio, sino la comunidad de residentes*, que dictará las órdenes e instrucciones al trabajador, a través de la junta de condominio. Es responsabilidad indelegable de esta junta, todo lo relativo a las obligaciones derivadas de la relación de trabajo, así como la administración y garantía del buen funcionamiento de los servicios públicos del inmueble.

8. Los trabajadores residenciales estarán sometidos a la jornada diurna de trabajo y fines de semana libres, que se desarrollará con criterio de flexibilidad para el trabajador. El justo cumplimiento de la jornada laboral será garantizado por un *plan de trabajo*, en el que se contemplarán aquellos *"casos donde la distribución de horarios contravenga la jornada diurna o fines de semana"*. El Plan de Trabajo debe ser diseñado de mutuo acuerdo entre el trabajador y el patrono.

9. Cuando la relación laboral termine por cualquier causa, el trabajador residencial tiene derecho a que se le respete su condición de miembro de la comunidad. Y por esta razón, se le debe otorgar un mínimo de tres (03) meses para la desocupación del inmueble, contado a partir de la fecha en que se haga efectivo el pago total de las prestaciones sociales y demás deudas laborales que existan al término de la relación laboral. Durante ese lapso de desocupación, el trabajador residencial no está obligado a trabajar y la junta de condominio debe contratar un trabajador suplente.

En caso de conflicto sobre el plazo o la ejecución concreta de la desocupación, se debe recurrir en primera instancia a procesos de mediación y agotar las vías administrativas, antes de recurrir a las instancias judiciales. "*En ningún caso podrá realizarse un desalojo forzoso y arbitrario*".

10. Hay muchos otros derechos, aparentemente nuevos, pero que en realidad eran titularidad de los conserjes simplemente por su condición de trabajadores, tales como: protección a la maternidad y paternidad, medio ambiente de trabajo, etc.

11. El reglamento de la Ley podrá establecer un límite máximo de área física común asignada a un solo trabajador residencial para la prestación de sus servicios, por superficie o por cantidad de apartamentos, oficinas, locales o establecimientos. En tal caso, la Comunidad deberá contratar tantos *Ayudantes* como sean necesarios para cubrir el área física total del inmueble, con todos sus derechos laborales, con excepción de la provisión de vivienda y de los derechos como habitante del inmueble, salvo que el ayudante sea pariente del trabajador residencial y haya común acuerdo de vivir en la misma vivienda.

12. El reglamento de la Ley puede establecer también la obligación de prever un espacio idóneo como vivienda del trabajador residencial en los desarrollos habitacionales que se construyan.

Finalmente, el Decreto-Ley contempla un plazo de seis (06) meses, que vence el próximo 06 de noviembre, para adecuar a las normas y previsiones allí establecidas, todas las relaciones con los trabajadores residenciales. Lapso dentro del cual, tocará a las Asambleas de Copropietarios y de Residentes, redefinir los contratos de trabajo con los trabajadores residenciales, en cuanto sea necesario, y probablemente los contratos de mandato con las administradoras del condominio; así como formalizar todas las decisiones que le den cumplimiento al nuevo Decreto-Ley.

Igualmente, se dispone de seis (6) meses para dictar el Reglamento, donde se regularán la figura de los Ayudantes y la obligatoriedad del espacio de vivienda para un trabajador residencial.

JURISPRUDENCIA

Información Jurisprudencial

Jurisprudencia Administrativa y Constitucional Tribunal Supremo de Justicia y Cortes de lo Contencioso Administrativo): Primer Trimestre de 2011

Selección, recopilación y notas
por Mary Ramos Fernández
Abogado
Secretaria de Redacción de la Revista

Marianella Villegas Salazar
Abogado Asistente

SUMARIO

VI.   LA JUSTICIA CONSTITUCIONAL

1. *Control a priori de la constitucionalidad del carácter orgánico de las leyes.* 2. *Recurso de Revisión de sentencias en materia constitucional: Recusación.*

I.   DERECHOS Y GARANTÍAS CONSTITUCIONALES

1.   *Las Garantías Constitucionales*

A.   *Las garantías del debido proceso*

TSJ-SC (2)   **27-1-2011**

Magistrado-Ponente: Francisco Antonio Carrasquero López

Caso: INDUSTRIAL PARAÍSO C.A. vs. Auto del Juzgado Séptimo Superior del Trabajo de la Circunscripción Judicial del Área Metropolitana de Caracas.

La falta de notificación alguna de las partes para la realización de un acto procesal, constituiría una violación al debido proceso, por disminuir y, en algunos casos, impedir su participación en ejercicio de su defensa que, por demás, menoscabaría el derecho constitucional a una tutela judicial efectiva.

Analizados los alegatos de las partes, así como la opinión del Ministerio Público, esta sala Constitucional pasa a resolver la controversia planteada en los términos siguientes:

Los apoderados judiciales de las accionantes fundamentaron la acción de amparo incoada en la presunta violación de los derechos a la tutela judicial efectiva, al debido proceso y a la defensa, como consecuencia de la omisión del Juzgado Séptimo Superior del Trabajo de la Circunscripción Judicial del Área Metropolitana de Caracas, de haber fijado la fecha y hora para que tuviera lugar la Audiencia Oral que prevé el artículo 163 de la Ley Orgánica Procesal del Trabajo, sin ordenar la notificación de sus representadas para la continuación del juicio, por cuanto éste estuvo paralizado por más de siete (7) meses, tiempo transcurrido entre el 23 de febrero del 2007, fecha en la cual el Tribunal de Alzada dio por recibido el expediente, y el 5 de marzo de 2007, oportunidad en la que fijó el día y hora para que tuviera lugar la audiencia oral de la apelación. Aducen los apoderados judiciales de las accionantes que, como consecuencia de dicha omisión, sus representadas no se enteraron de la fijación de la audiencia oral.

Ahora bien, con respecto a la presunta lesión constitucional delatada, esta Sala observa que, el 6 de agosto de 2003, la Sala Plena de este Tribunal Supremo de Justicia, de conformidad con el artículo 267 de la Constitución de la República Bolivariana de Venezuela y el artículo 15 de la Ley Orgánica Procesal del Trabajo, estableció un Régimen Procesal Transitorio con la finalidad de gestionar los procesos judiciales que se encontraban en curso para la fecha de entrada en vigencia de la Ley Orgánica Procesal del Trabajo.

De igual forma, se advierte que constituye un hecho notorio que con la entrada en vigencia del nuevo régimen procesal del trabajo, las causas que se encontraban en trámite sufrieron una demora en su continuación.

Ahora bien, esta Sala Constitucional, en sentencias números 05/2001 y 80/2001, había sostenido que el debido proceso y el derecho a la defensa involucran la posibilidad de oír a las partes de la manera prevista en la ley y que se les permita actuar durante el proceso, de manera que el debido proceso se lesionaría en cuanto esa posibilidad resulte afectada porque sea indebidamente restringida su participación efectiva en un plano de igualdad en cualquier juicio en el que se ventilen cuestiones que les afecten o interesen.

A partir de este marco doctrinal, resulta evidente que la falta de notificación alguna de las partes para la realización de un acto procesal, constituiría una violación al debido proceso, por disminuir y, en algunos casos, impedir su participación en ejercicio de su defensa que, por demás, menoscabaría el derecho constitucional a una tutela judicial efectiva.

En este orden, esta Sala, en sentencia 312/2002, la Sala señaló que:

"...*la violación al derecho a la defensa existe cuando los interesados no conocen el procedimiento que pueda afectarlos, se les impide su participación en él o el ejercicio de sus derechos, se les prohíbe realizar actividades probatorias o no se les notifican los actos que los afecten*".

Es por ello que, con el fin de garantizar el debido proceso y el ejercicio del derecho a la defensa de ambas partes, manteniéndolas en equilibrio e igualdad de condiciones, los jueces deben verificar que las mismas se encuentran a derecho. En este sentido, debe acotarse que si bien la Ley Orgánica Procesal del Trabajo, en los artículos 163 al 169, que regulan la tramitación del procedimiento de segunda instancia, no señalan que para el acto de la audiencia oral se requiera la notificación previa de las partes; no es menos cierto que los actos procesales tienen un lapso establecido en la ley adjetiva laboral, y el juez del trabajo, como director del proceso, debe procurar la consecución de los fines fundamentales del mismo (*Vid*. Artículo 11 *eiusdem*).

En efecto, el artículo 163 de la Ley Orgánica Procesal del Trabajo establece:

"**Artículo 163.** Al quinto (5°) día hábil siguiente al recibo del expediente, el Tribunal Superior del Trabajo competente fijará, por auto expreso, el día y la hora de la celebración de la audiencia oral, dentro de un lapso no mayor a quince (15) días hábiles, contados a partir de dicha determinación. Con relación a los expertos, el Tribunal ordenará su comparecencia, previa notificación de los mismos".

De la norma transcrita se evidencia que el legislador estableció un término para que el Juez Superior del Trabajo fije la oportunidad en la cual debe verificarse la audiencia oral y pública de apelación, indicando igualmente un plazo de quince (15) días hábiles, a partir de dicha determinación, que constituye un límite máximo dentro del cual deberá verificarse la mencionada audiencia.

El fundamento teleológico que inspira la disposición legal comentada, no es otro que garantizar la celeridad del proceso laboral, que por estar dirigido a lograr la tutela judicial efectiva de los derechos derivados de la relación de trabajo, tomando especialmente en cuenta el carácter alimentario de las prestaciones involucradas en este tipo de relaciones contractuales, tal procedimiento no puede concebirse de manera que la Administración de Justicia se vea obstaculizada por la exigencia de formalidades que no sean esenciales para salvaguardar el derecho a la defensa y al debido proceso.

En este orden de ideas, debe destacarse que el nuevo proceso laboral está inspirado por los principios de brevedad, oralidad, celeridad y concentración de los actos, siendo una manifestación de estos postulados fundamentales, el principio de notificación única consagrado en el artículo 7 de la Ley Orgánica Procesal del Trabajo, en virtud del cual, hecha la notificación para la audiencia preliminar, las partes quedan a derecho y no habrá necesidad de nueva notificación para ningún otro acto del proceso, salvo los casos expresamente señalados en la ley.

No obstante, la citación única prevista en el artículo 7 de la Ley Orgánica Procesal de Trabajo, no puede servir de escudo como regla general para solapar el retardo de los jueces en la toma de sus decisiones correspondientes sobre la materia no imputable a las partes, por lo que debe atenderse a las circunstancias específicas del caso concreto.

La acción de amparo de autos se intentó contra una sentencia dictada bajo el régimen procesal transitorio del trabajo, que dada su naturaleza temporal y especial, el cual esta Sala reconoció en sentencia N° 449 del 09 de marzo de 2006, caso: *Gonzalo Suárez*, en los términos siguientes:

"...la norma contenida en el numeral 4 del artículo 197 de la Ley Orgánica Procesal del Trabajo es un mandato expreso en un régimen especialísimo: el del régimen procesal transitorio de la Ley Orgánica Procesal del Trabajo. Un mandato que persigue mucho más que encausar los actos procesales, pues tutela los derechos laborales de los trabajadores (ellos de rango constitucional) de todas las dificultades, retrasos y demás vicisitudes propias de un derecho intertemporal, que indudablemente obra en detrimento del trabajador: días sin despacho por inventario del archivo, días sin despacho para organizar los legajos, los días consumidos en trámites administrativos para designación del tribunal y remisión de los legajos a ese tribunal, el abocamiento del nuevo juez, entre otros, son un manojo de trámites entre administrativos y procesales a los que el legislador le salió al paso dejando fuera de cualquier controversia que no puede operar la extinción de la acción, pues esta norma, a diferencia por ejemplo de la contenida en el artículo 515 del Código de Procedimiento Civil, es una norma pensada para la excepción y, sobre todo, para paliar los efectos de la situación de caos que genera esa excepción.

Al ser ello así, el precedente contenido en la sentencia N° 956/2001, concebido para regular una situación procesal normal -entiéndase no excepcional-, no tiene cabida en la situación excepcional que regula el régimen procesal transitorio de la Ley Orgánica Procesal del Trabajo...".

Ahora bien, si bien es cierto que la notificación es imprescindible para asegurar el derecho a la defensa y al debido proceso de los justiciables, también es cierto que el mismo no podrá exigirse en aquellos casos cuando, en virtud de los retrasos y demás vicisitudes propias del régimen transitorio, que evidentemente obraron en detrimento del trabajador. A partir de esta precisión, resulta claro para la Sala que encontrándose las partes a derecho, estaban habilitadas para interponer los recursos correspondientes, dentro del lapso establecido para ello, si así lo hubiesen considerado pertinente en defensa de sus intereses.

Por lo que la conducta del Juez presunto agraviante, a juicio de esta Sala, no fue violatoria del derecho a la defensa y al debido proceso, toda vez que las partes se encontraban a derecho desde la asignación del expediente al Tribunal Superior, por lo que este tribunal fijó la audiencia oral, de conformidad con lo dispuesto en la norma *supra* citada.

En atención a lo expuesto, se estima que la publicación de la lista en la cartelera del tribunal de la fecha de recibido el expediente y de la oportunidad en la cual habría de celebrarse la audiencia oral, alcanzó el fin perseguido, ya que las partes pudieron informarse e la continuación de la causa y de la fecha de celebración del mencionado acto procesal. Así las cosas, es evidente que en el presente caso, el Juez señalado como agraviante no actuó fuera del ámbito de sus competencias, ni vulneró los derechos a la defensa y al debido proceso de la accionante. Así se decide.

Magistrado Ponente: Evelyn Marrero Ortíz

Caso: Rafael Gustavo Páez Linares vs. Contraloría General de la República.

La Sala declara que no existe violación del derecho a la defensa y debido proceso del recurrente en virtud de la aplicación de la sanción establecida en el artículo 105 de la Ley Orgánica de la Contraloría General de la República y del Sistema Nacional de Control Fiscal, ya que determinada como fue la responsabilidad administrativa del funcionario y encontrándose firme la decisión, lo que correspondía era la aplicación de dicha sanción.

Denuncia el accionante que el acto administrativo impugnado violenta sus derechos constitucionales a la defensa, al debido proceso, a la no confesión contra sí mismo y al principio de presunción de inocencia, pues -a su decir- *"...la sanción que se* [le] *impuso, lo fue sin que la administración contralora estableciera* [su] *participación subjetiva en el hecho que se* [le] *imputa..."*. (Agregado de la Sala).

Con relación a la denuncia de violación del derecho a la defensa y al debido proceso, cabe destacar que los derechos a la defensa y al debido proceso han sido considerados como garantías para el ciudadano encausado o el presunto infractor para hacer oír sus alegatos, así como el derecho de exigir al Estado el cumplimiento de un conjunto de actos o procedimientos destinados a permitirle conocer con precisión los hechos imputados y las disposiciones legales aplicables a los mismos, presentar oportunamente alegatos en su descargo y promover y evacuar las pruebas pertinentes para su mejor defensa.

Así, el artículo 49 de la Constitución de la República Bolivariana de Venezuela, prevé lo siguiente:

*"**Artículo 49**. El debido proceso se aplicará a todas las actuaciones judiciales y administrativas; en consecuencia:*

1. La defensa y la asistencia jurídica son derechos inviolables en todo estado y grado de la investigación y del proceso. Toda persona tiene derecho a ser notificada de los cargos por los cuales se le investiga; de acceder a las pruebas y de disponer del tiempo y de los medios adecuados para ejercer su defensa. Serán nulas las pruebas obtenidas mediante violación del debido proceso.

Toda persona declarada culpable tiene derecho a recurrir del fallo, con las excepciones establecidas en esta Constitución y en la ley".

Como puede apreciarse, la norma antes transcrita consagra el derecho al debido proceso el cual abarca el derecho a la defensa y entraña la necesidad en todo procedimiento administrativo o jurisdiccional, de cumplir diversas exigencias tendientes a mantener al particular en el ejercicio más amplio de los mecanismos y herramientas jurídicas a su alcance, con el fin de defenderse adecuadamente.

Las mencionadas exigencias comportan la necesidad de notificar al interesado del inicio de un procedimiento en su contra; garantizarle la oportunidad de acceso al expediente; permitirle hacerse parte para presentar alegatos en beneficio de sus intereses; estar asistido legalmente en el procedimiento; así como promover, controlar e impugnar elementos probatorios; ser oído (audiencia del interesado) y, finalmente, a obtener una decisión motivada.

Asimismo, el debido proceso comporta el derecho para el interesado a ser informado de los recursos pertinentes para el ejercicio de la defensa y a ofrecerle la oportunidad de ejercerlos debidamente (*vid.* sentencias de esta Sala Nos. 2.425 del 30 de octubre de 2001, 514 del 20 de mayo de 2004, 2.785 del 7 de diciembre de 2006 y 53 del 18 de enero de 2007).

En el presente caso, constata esta Sala que la denuncia formulada por el accionante está fundamentada en el hecho de que el Órgano Contralor le impuso la sanción sin que estableciera su participación en el hecho que se le imputa. Ante tal señalamiento, debe advertir esta Sala, tal y como lo hizo en la oportunidad de pronunciarse acerca de la medida de suspensión de efectos aquí solicitada, que la sanción de suspensión en el ejercicio del cargo impuesta al accionante, se fundamentó en el hecho de haber sido declarada su responsabilidad administrativa, al haber aprobado, en su condición de Legislador del Consejo Legislativo del Estado Portuguesa, el pago de sueldos, gastos de representación y compensaciones por concepto de aguinaldo y bono vacacional a cada uno de los Diputados del referido Consejo.

En tal sentido, determinada como fue la responsabilidad administrativa del recurrente en los hechos antes expuestos y encontrándose firme la referida decisión, lo que correspondía era, en atención a la entidad del ilícito cometido, la aplicación de la sanción de conformidad con lo dispuesto en el artículo 105 de la Ley Orgánica de la Contraloría General de la República y del Sistema Nacional de Control Fiscal, vigente a partir del 1° de enero de 2002, tal como lo hizo la Contralora General de la República (E) en el acto impugnado, pues, el recurrente tuvo la oportunidad de ejercer su defensa, con motivo del procedimiento administrativo que se le siguió a los efectos de declarar su responsabilidad administrativa.

Aunado a lo anterior, cabe destacar que tanto en el acto mediante el cual se declaró la responsabilidad administrativa, como en el que se le impuso la sanción de suspensión del cargo que desempeñaba en el Consejo Legislativo del Estado Portuguesa, al recurrente se le informó acerca de los recursos que podía interponer, todo lo cual lleva a esta Sala a concluir que en el caso de autos no se configura la violación de los derechos denunciados. Así se declara.

Sobre la base de lo anteriormente expuesto, debe esta Sala desechar la denuncia de violación de los derechos constitucionales a la defensa, al debido proceso, a la no confesión contra sí mismo y al principio de presunción de inocencia, y así se decide.

2.   *Los Derechos Sociales y de las Familias*

A.   *Protección de niños, niñas y adolescentes*

a.   *Órganos: Tribunales especializados*

TSJ-SC (114)   **25-2-2011**

Magistrado Ponente: Juan José Mendoza Jover

Caso: Varios vs. Metrobus Lara y Ferremadreas La Victoria C. A.

El conocimiento de los asuntos judiciales donde como sujetos procesales se encuentren niños, niñas y adolescentes serán conoci-dos por los Tribunales previstos en la Ley Orgánica para la Pro-tección de Niños, Niñas y Adolescentes.

Determinada la competencia, pasa la Sala a pronunciarse respecto del fondo del asunto sometido a su conocimiento y, a tal fin, observa:

El conflicto negativo de competencia que corresponde a esta Sala resolver, fue promovido por la Sala de Casación Social de este Máximo Tribunal, la cual declaró lo siguiente:

(…) Atendiendo lo anterior, se pasó a revisar en primer término la competencia de esta Sala para conocer y decidir el recurso de casación interpuesto en el caso de autos, y de la revisión de las actuaciones del presente expediente, observa esta Sala que la demanda intentada trata de una solicitud de indemnización por daños y perjuicios derivados de accidente de tránsito, en el cual la parte actora se encuentra conformada por un litis consorcio activo, con la particularidad que entre el número de actores que lo integra, figuran niños, niñas y/o adolescentes, situación ésta que determina que la causa deba resolverse por ante los Juzgados de Protección del Niño, Niña y Adolescente, y siguiendo el procedimiento conforme a la Ley especial que rige la materia.

Ahora bien, se percata la Sala que el presente caso inició por demanda interpuesta por ante Juzgado Civil ordinario, en este caso, el Juzgado Segundo de Primera Instancia en lo Civil, Mercantil y del Tránsito de la Circunscripción Judicial del Estado Lara. Admitida la demanda y a la espera de citación, el mencionado Juzgado declaró la perención de la instancia, por lo que contra ésta sentencia interlocutoria con fuerza definitiva, se ejerció recurso de apelación, el cual fue sentenciado por el Juzgado Superior Tercero en lo Civil, Mercantil y del Tránsito de la mencionada Circunscripción Judicial.

Así las cosas, la demanda fue conocida en ambas instancias por Tribunales con competencia en materia civil, lo que demuestra a todas luces la incompetencia de esta Sala para conocer del recurso de casación interpuesto en el presente caso, pues, no puede esta Sala de Casación Social declarar la nulidad de la sentencia, al no ser Superior jerárquico de los Juzgados de Instancia que decidieron el presente asunto, lo que sí podría hacer y decidir la Sala de Casación Civil como Superior de los Juzgados que en materia civil conocieron del caso. No obstante ello, dicha Sala de Casación Civil, declinó el conocimiento del presente asunto a esta Sala de Casación Social.

Es decir, si bien esta Sala conoce de asuntos patrimoniales en los que esté involucrado un niño, niña o adolescente, sin embargo, en este caso, la acción intentada por daños y perjuicios la han decidido tanto en primera como en segunda instancia Juzgados con competencia en materia civil, por lo que esta Sala, carece de competencia funcional para conocer del recurso de casación anunciado en el presente asunto contra la sentencia recurrida, por lo que en mérito de las consideraciones recientemente esbozadas, se remitirán las actuaciones a la Sala Constitucional para que resuelva el conflicto aquí surgido entre las dos Salas, todo de conformidad con el del artículo 5, numeral 3 (hoy artículo 25, numeral 13) de la Ley Orgánica del Tribunal Supremo de Justicia. Así se establece (…).

Por su parte, la Sala de Casación Civil de este Tribunal Supremo de Justicia, fundamentó su incompetencia en lo siguiente:

(…) En atención a lo anterior, esta Sala luego de analizar el punto detenidamente, estima conveniente modificar el criterio imperante hasta la fecha, en cuanto al tribunal competente en los casos en que comparezca un niño, niña y/o adolescente, bien sea como demandante o como demandado, acogiendo la doctrina que al respecto estableció la Sala Plena de este Supremo Tribunal. En tal sentido, y tal como fue indicado en la decisión de la Sala Plena cuyo criterio se acoge a través de la presente decisión, a partir de la publicación del referido fallo, todos aquellos casos en que se encuentre discutido el carácter patrimonial, y que además figuren niños, niñas y/o adolescentes, no importando si actúan como demandantes o demandados, corresponderá la competencia a los Tribunales de Protección del Niño y del Adolescente Así se decide.

Sin embargo, en aras de garantizar el legítimo derecho que tienen las partes a la defensa y al libre acceso a los órganos de administración de justicia para ejercer el derecho de petición, consagrado en los artículos 49, numeral 1 y 26 de la Constitución de la República Bolivariana de Venezuela, y en función de materializar el fin último del proceso, constituido por la justicia, de acuerdo al 257 *eiusdem*, y proporcionarle seguridad jurídica a los justiciables, esta Sala estima que el criterio acogido no puede ser aplicado retroactivamente, por lo cual sus efectos son ex nunc, es decir, solo se aplicarán a aquellas demandas admitidas con posterioridad a la publicación del fallo dictado por la Sala Plena distinguido con el N° 44, de fecha 02 de agosto del 2006, publicada el 16 de noviembre del mismo año, bajo el expediente N° 2006-000061, por lo tanto, aquellos casos similares al *sub iudice*, cuya acción fue intentada con anterioridad a la fecha de la decisión citada, deben conocerse de conformidad al criterio anterior(…)

Por lo tanto, esta Sala de Casación Civil, actuando con apego a lo dispuesto en el artículo 26 de la Constitución de la República Bolivariana de Venezuela, así como a la doctrina vigente de este Supremo Tribunal, ya transcrita en el cuerpo de este fallo, con el propósito de garantizar una justicia expedita y evitando dilaciones indebidas o reposiciones inútiles, ordenará de manera expresa, positiva y precisa en el dispositivo del presente fallo, declinar la competencia para el conocimiento de recurso de casación anunciado y formalizado por la representación de la parte actora en el presente juicio, en la Sala de Casación Social de este Tribunal Supremo de Justicia, pues el escrito libelar que dio inicio al presente juicio, fue debidamente admitido por el Tribunal de la causa, en fecha 4 de agosto de 2008, en consecuencia, le es aplicable al caso el criterio doctrinario de la Sala Plena de este Supremo Tribunal que fue acogido por esta Sala de Casación Civil, en fallo anteriormente reproducido dictado en fecha 12 de diciembre de 2007. Así se decide (…).

Correspondería entonces a esta Sala resolver el conflicto de competencia que surgió entre las Salas de Casación Civil y Social de este Tribunal Supremo, pero de la exhaustiva revisión del expediente, esta Sala pudo constatar que se evidencia una situación que afecta el orden público constitucional, y en la cual se encuentra afectado el derecho constitucional de ser juzgado por el juez natural, esto es, por el tribunal competente en los términos consagrados en el numeral 4 del artículo 49 de la Constitución, y al cual se ha referido esta Sala en sentencia N° 144 de 24 de marzo de 2000, caso: *Universidad Pedagógica Experimental Libertador*, ello por las circunstancias que se detallan a continuación:

El proceso donde se originó el referido conflicto de competencia fue instaurado, el 16 de julio de 2008 por la abogada Yolimar Mendoza Mercado, actuando en representación de los ciudadanos antes referidos, a través de una demanda por daños y perjuicios que interpuso la mencionada abogada, contra Metrobus Lara y Ferremederas la Victoria C.A. Dicha causa fue sustanciada y decidida en primera instancia por el Juzgado de Primera Instancia en lo Civil, Mercantil y del Tránsito de la Circunscripción Judicial del Estado Lara y en segunda instancia por el Juzgado Superior Tercero en lo Civil, Mercantil y del Tránsito de esa misma Circunscripción Judicial.

En efecto, el proceso se desarrolló ante órganos jurisdiccionales con competencia en la materia civil, pues el tribunal de alzada resolvió el recurso de apelación intentado por ser el superior del tribunal de la causa, en lo que respecta a la materia civil y una vez recibido el expediente por la Sala de Casación Civil de este Tribunal Supremo de Justicia, ésta señaló que si bien resultaba competente para conocer del recurso de Casación, con ocasión a una demanda por daños y perjuicios derivados de un accidente de tránsito, se constató que la parte actora de la referida demanda se encontraba conformada por niños, niñas y adolecentes y, en este sentido, conforme a lo establecido en sentencia N° 44, de fecha 2 de agosto de 2006, dictada por la Sala Plena de este Máximo Tribunal, declinó la competencia para el conocimiento de recurso de casación en la Sala Social de este Alto Tribunal.

Ahora bien, la referida Sala Social, si bien observó que en la demanda intentada se encontraban involucrados niños, niñas y adolescentes, en su condición de legitimados activos y que en consecuencia de lo anterior, resultarían competentes los Juzgados de Protección de Niños, Niñas Adolescentes, también dejó asentado que la demanda fue conocida en ambas instancias por Tribunales con competencia en materia civil, y por tanto, no era la referida

Sala el Superior Jerárquico para declarar la nulidad de las sentencias dictadas por las otras instancias.

De allí que, en este estado de la causa, esta Sala pudo constatar del libelo de la demanda y del auto de admisión del Juzgado Segundo de Primera Instancia en lo Civil, Mercantil y del Tránsito de la Circunscripción Judicial del Estado Lara, que en la demanda interpuesta por daños y perjuicios, con ocasión a un accidente de tránsito están involucrados los intereses de niños, niñas y adolescentes, en su condición de legitimados activos, lo cual conlleva a que atendiendo a las disposiciones constitucionales y legales en esta materia tan especial, que atiende al interés superior de los mismos, el conocimiento de los asuntos judiciales donde como sujetos procesales se encuentren niños, niñas y adolescentes sean conocidos por los Tribunales previstos en la Ley Orgánica para la Protección de Niños, Niñas y Adolescentes.

Por ello, esta Sala atendiendo a lo dispuesto en los artículos 257 y 335 de la Constitución, como máxima autoridad garante de la supremacía y efectividad de las normas constitucionales, habiendo evidenciado la existencia de una infracción al orden público constitucional y a fin de garantizar los derechos constitucionales al debido proceso, a la tutela judicial efectiva, a ser juzgado por el juez natural y a la celeridad procesal, declara la nulidad de la decisión dictada por el Juzgado Segundo de Primera Instancia en lo Civil, Mercantil y del Tránsito de la Circunscripción Judicial del Estado Lara en fecha 04 de agosto de 2008, en la cual se admitió la demanda antes referida; así como la nulidad de todas las actuaciones posteriores, que dieron lugar al recurso de casación cuyo conocimiento fue objeto del conflicto entre Salas (cfr. sentencia dictada por esta Sala N° 236 de fecha 14 de marzo de 2005, caso: *José Rafael Balza Martínez*).

En efecto esta Sala en sentencia caso *Nancy Yanela Ruiz Tolosa*, estableció en cuanto al orden público lo siguiente:

(…) Ahora bien, una vez determinada la vulneración de los derechos constitucionales denunciados en el presente caso por parte de la sentencia accionada, observa la Sala que el artículo 19 de la Constitución de la República Bolivariana de Venezuela establece que:

"El Estado garantizará a toda persona, conforme al principio de progresividad y sin discriminación alguna, el goce y ejercicio irrenunciable, indivisible e interdependiente de los derechos humanos. Su respeto y garantía son obligatorios para los órganos del Poder Público de conformidad con la Constitución, los tratados sobre derechos humanos suscritos y ratificados por la República y las leyes que los desarrollen."

En atención a esta norma el Tribunal Supremo de Justicia, como órgano del Poder Público y específicamente la Sala Constitucional, como guardián y garante de los derechos humanos de los particulares, está en la obligación de vigilar cualquier hecho, acto u omisión que pueda menoscabar una garantía o derecho constitucional que, a su vez, pueda desembocar en una vulneración incontestable del orden público constitucional (…).

Igualmente, en sentencia esta sala señalo se señaló que:

(…) Este criterio, en el cual se ha establecido que las disposiciones contenidas en la Ley Orgánica para la Protección de Niños, Niñas y Adolescentes afectan el orden público ha sido reiterado por esta Sala a través de diversos fallos ver entre otros sentencias Nos. 879 del 29 de mayo de 2001 (caso: *José Antonio Acosta y otra*); 1064 del 7 de mayo de 2003 (caso: *Rosa América González Perales*); 2107 del 5 de agosto de 2003 (caso: *Luis Eduardo Zuñiga*); 1237 del 23 de julio de 2008 (caso: *Marina Ramos Caballero*) y más recientemente N° 850 del 19 de junio de 2009 (caso: *Violeta Josefina Franco de Van Dertahg*).

En efecto, estima la Sala que en atención de los intereses de los dos niños involucrados en el caso de autos –cuyos nombres se omiten de conformidad con lo establecido en el artículo 65 de la Ley Orgánica para la Protección de Niños, Niñas y Adolescentes-, se encuentra comprendido el orden público (…).

Asimismo, esta Sala debe hacer especial énfasis en el hecho de que la parte demandante en su libelo indicó a Metrobus Lara como una de las empresas demandadas y, en este sentido, es evidente que la misma es una compañía en la cual el Estado ejerce un control decisivo y permanente en cuanto a su dirección y administración, por lo cual resultaba obligatorio notificar a la Procuraduría del Estado Lara, a fin de su intervención en el juicio principal, como lo impone el ordenamiento jurídico.

Por ello, vista esa omisión por parte de los tribunales de primera y segunda instancia que conocieron de la demanda, esta Sala les insta que en lo sucesivo se abstengan de incurrir en esta falta de notificación, e insta al tribunal competente por la materia que conozca en primera instancia del juicio de indemnización por daños y perjuicios a dar cumplimiento con la referida obligación. Así se decide.

Determinado lo anterior, y a razón de que el juicio fue tramitado por un tribunal incompetente que a su vez omitió la notificación a la Procuraduría del Estado Lara, obligación esta necesaria de conformidad con el artículo 95 del Decreto con Fuerza de Ley Orgánica de la Procuraduría General de la República, al ser Metrobus Lara la empresa demandada, esta Sala declara: la nulidad de las actuaciones relativas a la sustanciación de la causa; la nulidad de la decisión dictada por el Juzgado Segundo de Primera Instancia en lo Civil, Mercantil y del Tránsito de la Circunscripción Judicial del Estado Lara así como todas las actuaciones procesales posteriores, y; repone la causa al estado en que un tribunal competente decida en primera instancia acerca de la demanda por daños y perjuicios.

Por lo tanto, se ordena remitir el presente expediente, a la Presidencia de la Sala de Juicio del Tribunal de Protección de Niños, Niñas y Adolescentes de la Circunscripción Judicial del Estado Lara de acuerdo con el artículo 177, parágrafo primero, literal "m" de la Ley Orgánica para la Protección Niños, Niñas y Adolescentes, publicada en *Gaceta Oficial* N° 5859 de fecha 10 de diciembre de 2007, según el cual le corresponde la competencia para conocer de cualquier otro asunto afín de naturaleza contenciosa que deba resolverse judicialmente en el cual los niños, niñas y adolescentes sean legitimados activos o pasivos en el proceso. En este sentido el referido artículo establece lo siguiente:

Artículo 177. Competencia del Tribunal de Protección de Niños, Niñas y Adolescentes.

El Tribunal de Protección de Niños, Niñas y Adolescentes es competente en las siguientes materias:

Parágrafo Primero. Asuntos de familia de naturaleza contenciosa:

m) Cualquier otro afín de naturaleza contenciosa que deba resolverse judicialmente en el cual los niños, niñas y adolescentes sean legitimados activos o pasivos en el proceso.

En razón de la nulidad que afecta los actos procesales practicados a partir de la sentencia de primera instancia, viciada de nulidad absoluta debido a la incompetencia por la materia del tribunal que la dictó, resulta inoficioso pronunciarse sobre el conflicto de competencia originado entre las Salas de Casación Civil y Social de este Máximo Tribunal. Así se decide.

b.   *Derecho de los niños a ser escuchados en juicios que los afecten directa o indirectamente*

TSJ-SC (01)   **27-1-2011**

Magistrado Ponente: Luisa Estella Morales Lamuño

Caso: María Gabriela Briceño vs. Decisión Corte Superior Segunda del Circuito Judicial del Tribunal de Protección de Niños, Niñas y Adolescentes de la Circunscripción Judicial del Área Metropolitana de Caracas y Nacional de Adopción Internacional.

En el presente caso se interpuso acción de amparo constitucional contra la sentencia dictada el "(…) *30 de marzo de 2009, emanada de la Corte Superior Segunda del Circuito Judicial del Tribunal de Protección de Niños, Niñas y Adolescentes de la Circunscripción Judicial del Área Metropolitana de Caracas y Nacional de Adopción Internacional (…) que acuerda la custodia del niño [cuyo nombre se omite de conformidad con lo dispuesto en el artículo 65 de la Ley Orgánica para la Protección del Niño y del Adolescente] (…) a su padre (…)*".

Al respecto, se advierte que una vez realizado el estudio de las actas procesales que conforman el presente expediente, la Sala a fin de emitir una decisión ajustada a derecho, con fundamento en el artículo 17 de la Ley Orgánica de Amparo sobre Derechos y Garantías Constitucionales y de conformidad con los artículos 12 de la Ley Aprobatoria de la Convención de los Derechos del Niño, 8 de la Ley Orgánica para la Protección de Niños, Niñas y Adolescentes, y del artículo 23 de la Constitución de la República Bolivariana de Venezuela, los cuales consagran el derecho que tienen los niños, niñas y adolescentes a ser escuchados en juicios cuando dichos procesos judiciales los afecten directa o indirectamente, esta Sala **ORDENA** la realización imprescindible de una videoconferencia, para facilitar la conexión con el niño de autos, el cual se encuentra actualmente en la ciudad de Vigo-España, ello en procura del derecho de los niños, niñas y adolescentes a ser oídos sobre los asuntos que sean de su interés, la cual debe realizarse en el Consulado de Venezuela en la referida ciudad, a fin de ser oído por la Sala, previo a la celebración de la audiencia constitucional.

3. *Derechos Políticos: Derecho al sufragio*

TSJ-SPA (04)   **22-2-2011**

Magistrado Ponente: Fernando Vegas Torrealba

Caso: Manuel Ernesto Colmenares Mendoza vs. Consejos de Administración y de Vigilancia de CAPREMINFRA.

Precisado lo anterior, debe destacar esta Sala que el ejercicio del derecho al sufragio se materializa con la celebración de procesos electorales ajustados al ordenamiento jurídico, regidos por los principios de transparencia, imparcialidad y confiabilidad, en el marco de los cuales se realicen votaciones libres, universales, directas y secretas.

En el caso concreto de las cajas de ahorro, el artículo 70 de la Constitución de la República Bolivariana de Venezuela contempla que son medios de participación y protagonismo del pueblo en ejercicio de su soberanía en lo social y económico, y conforme a lo previsto en el artículo 34 de la Ley de Cajas de Ahorro, Fondos de Ahorro y Asociaciones de Ahorro Similares, que los miembros de sus Consejos de Administración y de Vigilancia deben ser electos para que ejerzan sus cargos por un período de tres (3) años.

En el presente caso, no resulta un hecho controvertido por las partes que el último proceso electoral para la escogencia de los actuales miembros de los Consejos de Administración y de Vigilancia de CAPREMINFRA se celebró en el año 2005, de manera que su período de mandato se encuentra ampliamente vencido sin que hasta la fecha se hayan celebrado nuevas elecciones, y como justificación de ese hecho los miembros actuales alegan que no habían convocado al proceso eleccionario a la espera de que se concrete la "...*fusión*..." del Cuerpo de Técnico de Vigilancia de Transporte Terrestre y la Policía Nacional, lo cual constituye un hecho de fecha incierta.

En efecto, el representante de los agraviantes afirmó que estuvieron a la espera de la emisión del Decreto Presidencial que concretaría la aludida "...*fusión*...", no obstante, alegó que ese Decreto fue publicado en *Gaceta Oficial* el 15 de junio de 2010 y para la presente fecha, han transcurrido más de seis (6) meses sin que hayan cumplido con la obligación de convocar a elecciones.

De modo que lo anteriormente expuesto es razón suficiente para declarar la violación del derecho al sufragio de los asociados de CAPREMINFRA, razón por lo cual esta Sala, en nombre de la República Bolivariana de Venezuela por autoridad de la ley declara con lugar la solicitud de amparo constitucional interpuesta conjuntamente con solicitud de medida cautelar por el ciudadano Manuel Ernesto Colmenares Mendoza, contra la Junta Directiva de CA-PREMINFRA por omitir "...*convocar a las elecciones de la Comisión Electoral, para que ésta convoque a unas elecciones de nuevas autoridades*", y en consecuencia se ordena lo siguiente:

1.- Al Consejo de Administración de CAPREMINFRA, que en un lapso no mayor de treinta (30) días continuos contados a partir del 1° de abril de 2011, convoque y celebre la Asamblea Extraordinaria donde se escojan los miembros de la Comisión Electoral encargada de dirigir y organizar el proceso electoral para la renovación de las autoridades de CAPRE-MINFRA, y que en ese mismo lapso se ejecute en su totalidad el cronograma electoral, que debe incluir las fases siguientes:

a) Publicación de la convocatoria al proceso electoral, que deberá incluir el cronograma respectivo.

b) Diseño y publicación de un Registro Electoral Preliminar.

c) Lapso de impugnación del Registro Electoral Preliminar.

d) Decisión sobre las impugnaciones del Registro Electoral.

e) Publicación del Registro Electoral Definitivo

f) Lapso de inscripción o postulación de candidatos.

g) Lapso de impugnación de las inscripciones o postulaciones de candidatos.

h) Admisión o rechazo de las postulaciones de candidatos.

i) Lapso de subsanación de postulaciones de candidatos.

j) Propaganda electoral.

k) Votaciones y escrutinios, y,

l) Totalización, adjudicación y proclamación.

2.- A los Consejos de Administración y Vigilancia de CAPREMINFRA, abstenerse de realizar actos de disposición aunque cuenten con la autorización de la Asamblea, de manera que sólo podrá realizar actos de simple administración, hasta tanto cesen en el ejercicio de sus cargos.

Se les advierte a los miembros de los Consejos de Administración y de Vigilancia de CAPREMINFRA, que el incumplimiento a las órdenes emitidas por esta Sala acarreará las sanciones contenidas en la Ley Orgánica de Amparo Sobre Derechos y Garantías Constitucionales y en la Ley Orgánica del Tribunal Supremo de Justicia. Así se decide.

4. *Derechos Ambientales*

TSJ-SC (231)   4-3-2011

Magistrado Ponente: Luisa Estella Morales Lamuño

Caso: Defensora del Pueblo de la Republica Bolivariana de Venezuela vs. Organización Fun Race, C.A.

Toda persona tiene derecho individual y colectivamente a disfrutar de una vida y de un ambiente seguro, sano y ecológica-mente equilibrado, por lo que el desarrollo económico y social y el aprovechamiento de los recursos naturales, deberán realizarse a través de una gestión apropiada del ambiente de manera tal que no comprometa las posibilidades de las generaciones presentes y futuras.

El artículo 130 de la Ley Orgánica del Tribunal Supremo de Justicia reconoce en el marco del Capítulo II, *"De los procesos ante la Sala Constitucional"*, inscrito en el Título XI, denominado *"Disposiciones Transitorias"*, las potestades cautelares generales que ostenta la Sala Constitucional con ocasión a los procesos jurisdiccionales tramitados en su seno. Lo anterior permite traer a colación lo expuesto en la sentencia N° 1.025 del 26 de octubre de 2010, caso: *Constitución del Estado Táchira*, que estableció, respecto de los proveimientos cautelares dictados con fundamento en dicha norma que:

"La norma transcrita, viene a positivizar la doctrina pacífica y reiterada de esta Sala (Vid. Decisión N° 269/2000, caso: ICAP), según la cual, la tutela cautelar constituye un elemento esencial del derecho a la tutela judicial efectiva y, por tanto, un supuesto fundamental del proceso que persigue un fin preventivo de modo explícito y directo. De allí, su carácter instrumental, esto es, que no constituyen un fin en sí mismas, sino que se encuentran preordenadas a una decisión ulterior de carácter definitivo, por lo que en relación al derecho sustancial, fungen de tutela mediata y, por tanto, de salvaguarda al eficaz funcionamiento de la función jurisdiccional.

Significa entonces, que el citado carácter instrumental determina, por una parte, su naturaleza provisional y al mismo tiempo, por su idoneidad o suficiencia para salvaguardar la efectividad de la tutela judicial, pues si se conceden providencias que no garantizan los resultados del proceso, la tutela cautelar se verá frustrada en la medida en que no será útil para la realización de ésta.

Resulta así oportuno referir a Calamandrei (1984. Providencias Cautelares, Editorial Bibliográfica Argentina, Buenos Aires), en el sentido que como efecto del matiz servicial de las medidas cautelares, éstas deben ser homogéneas al petitorio de fondo, ya que alcanzan su mayor eficacia en cuanto más similares sean a las medidas que habrán de adoptarse para la satisfacción de la pretensión definitiva, pues se reitera, constituyen la garantía de la ejecución del fallo definitivo.

Entonces, el fundamento de la medida cautelar no depende de un conocimiento exhaustivo y profundo de la materia controvertida en el proceso principal, sino de un conocimiento periférico o superficial encaminado a obtener un pronunciamiento de mera probabilidad acerca de la existencia del derecho discutido, en el cual, deben ponderarse las circunstancias concomitantes del caso así como los intereses públicos en conflicto, ello en virtud de la presunción de legitimidad de los actos del Poder Público".

En aplicación de las anteriores premisas, considera la Sala, de una revisión preliminar y no definitiva de los elementos probatorios cursantes a los autos, así como de las alegaciones vertidas por los accionantes y de la ponderación de los intereses difusos y colectivos involucrados, que hay elementos que hacen presumir un menoscabo del derecho a un medio ambiente seguro, sano y ecológicamente equilibrado de todas las personas del territorio de la República Bolivariana de Venezuela.

En tal sentido, se advierte que la presente demanda está dirigida a la tutela *"de los derechos humanos, específicamente el derecho al medio ambiente seguro, sano y ecológicamente equilibrado de todas las personas del territorio de la República Bolivariana de Venezuela, frente a las actividades de 'rustiqueo' que se realizan en diversas zonas del territorio nacional. Esta circunstancia, resulta per se suficiente para calificar esta problemática como de trascendencia nacional"*, lo cual es sustentado por un *"informe de opinión técnica sobre la magnitud de la devastación e impacto causado a las áreas en el sector oriental, parque nacional Canaima, por los denominados 'rustiqueros' (...)"* del Ministerio del Poder Popular para el Ambiente (Anexo C, folio 15), conforme al cual la actividad de *"rustiqueo"* genera una serie de *"impactos de gran intensidad a los recursos flora, suelo, fauna, agua y valor escénico (este último con alto impacto negativo) (...). Este deterioro se incrementa cada día más con las prácticas efectuadas por los conductores de vehículos rústicos"*.

Lo anterior, en criterio de la Sala, y sin que ello represente un juicio definitivo sobre el caso, constituye una presunción de buen derecho -*fumus boni iuris*- que obra en beneficio del accionante, así como del *periculum in mora*, en tanto que permitir el desarrollo de una actividad económica que es posiblemente contraria a los intereses de la sociedad en contar con un medio ambiente seguro y sano, por el daño -grave o irreversible- que ésta podría causar o incrementarse, comporta que la tutela cautelar se convierta no en instrumento de desigualdad e injusticia, en la defensa de derechos particulares (como el de propiedad privada) sobre el interés general en la preservación de un ambiente ecológicamente equilibrado, en virtud que los derechos al medio ambiente por sui carácter de orden público trascienden el interés particular (derecho de propiedad), sino en resguardo al menos en grado de precaución de los derechos contenidos en los artículos 127 y 129 de la Constitución de la República Bolivariana de Venezuela, ya que es un derecho y un deber de cada generación proteger y mantener el ambiente en beneficio de sí misma y del mundo futuro, en la medida que toda persona tiene derecho individual y colectivamente a disfrutar de una vida y de un ambiente seguro, sano y ecológicamente equilibrado, por lo que el desarrollo económico y social y el aprovechamiento de los recursos naturales, deberán realizarse a través de una gestión apropiada del ambiente de manera tal que no comprometa las posibilidades de las generaciones presentes y futuras, que debe ser tutelado cautelarmente, en los siguientes términos:

Esta Sala en aras de garantizar la operatividad de los derechos a un ambiente seguro, sano y ecológicamente equilibrado, consagrado en los artículos 127 y 129 de la Constitución de la República Bolivariana de Venezuela y, dado que el equilibrio ecológico y los bienes jurídicos ambientales son considerados por la Constitución de la República Bolivariana de Venezuela, como patrimonio común e irrenunciable de la humanidad -Preámbulo de la Constitución-, decreta las siguientes medidas cautelares:

a.- Se **ORDENA** a la sociedad mercantil ORGANIZACIÓN FUN RACE, C.A., la **SUSPENSIÓN** de la actividad denominada *"FUN RACE"* en cualquiera de sus modalidades programadas o a desarrollarse en parques nacionales, monumentos, zonas de protección especiales, zonas indígenas e inmuebles privados, organizados por asociaciones de hecho o jurídicas.

b.- Se **PROHÍBE** la realización de actividades denominadas "rally" o competencias con vehículos rústicos, motos o cualquier medio de tracción a motor, a desarrollarse en parques nacionales, monumentos, zonas de protección especiales, zonas indígenas, e inmuebles privados, organizados por asociaciones de hecho o jurídicas.

c.- Se **SUSPENDEN** las autorizaciones otorgadas por cualquier ente u órgano de la Administración Pública Nacional, Estadal o Municipal, para la realización de actividades dirigidas a la realización de "rally" o competencias con vehículos rústicos, motos o cualquier otro medio de tracción a motor, en ambientes naturales abiertos, no aptos para estas actividades, tales como parques nacionales, monumentos, zonas indígenas, e inmuebles privados, organizados por asociaciones de hecho o jurídicas.

d.- Se **ORDENA** remitir copia certificada de la presente decisión al Ministerio del Poder Popular para la Defensa, a la Comandancia General del Ejercito Bolivariano y a la Comandancia General de la Guardia Nacional a fin de que garanticen el cumplimiento de las medidas cautelares otorgadas y eviten cualquier alteración del equilibrio ambiental de las referidas zonas mientras dure el juicio principal.

II. EL ORDENAMIENTO ORGÁNICO DEL ESTADO

1. *El Poder Nacional*

A. *El Poder Judicial: Nulidad de los actos procesales en materia penal*

TSJ-SC (221)   **4-3-2011**

Magistrado Ponente: Juan José Mendoza Jover

Caso: Francisco Javier González Urbina vs. Decisión dictada por la Corte de Apelaciones del Circuito Judicial Penal de la Circunscripción Judicial del Estado Bolívar.

La sala Constitucional con carácter vinculante, interpreta el contenido y alcance de la naturaleza jurídica del instituto procesal de la nulidad en materia penal.

Determinada la competencia, pasa la Sala a pronunciarse sobre la admisibilidad de la pretensión de tutela constitucional invocada y, al efecto, observa que, del análisis de la demanda de amparo, se pudo determinar que la misma cumple con los requisitos exigidos en el artículo 18 de la Ley Orgánica de Amparo sobre Derechos y Garantías Constitucionales. Por otra parte, en cuanto a la admisibilidad de la acción *"sub examine"* y a la luz de las causales de inadmisibilidad que establece el artículo 6 de la Ley Orgánica de Amparo sobre Derechos y Garantías Constitucionales, la Sala concluye que, por cuanto no se halla incursa *"prima facie"* en tales causales, la misma es admisible. Así se declara.

No obstante lo anteriormente señalado, y en atención a los principios de celeridad y economía procesal, así como en beneficio de los justiciables, esta Sala pasa a efectuar un estudio previo de los méritos de la acción y al respecto, igualmente observa lo siguiente:

La acción de amparo constitucional tiene su origen en la decisión que dictó la Corte de Apelaciones del Circuito Judicial Penal de la Circunscripción Judicial del Estado Bolívar, el 12 de agosto de 2010, en la cual declaró sin lugar el recurso de apelación ejercido por los defensores de los ciudadanos Francisco Javier González Urbina, Raúl David Serrano Alcalá, Carlos Obdulio Figueroa, Alejandro Palma Villalba, Franklin Zambrano Puentes, Adrián José Aguilera Betancourt y Uvenza Hercilia Blanco Guarisma, contra el auto del Juzgado Primero de Primera Instancia en Funciones de Control del señalado Circuito Judicial Penal, del 19 de mayo de 2010, mediante el cual decretó a los prenombrados ciudadanos la medida de coerción personal de privación judicial preventiva de libertad.

Según refiere la defensa, la señalada Corte de Apelaciones en dicha decisión:

(...) OMITE PRONUNCIAMIENTO EN RELACIÓN A LAS NULIDADES ABSOLUTAS SOLICITADAS (...) la Juez agraviante realiza un breve recuento de las Tres Denuncias de Nulidad realizada por nosotros y se abstiene de pronunciarse en cuanto a declarar las mismas 'con lugar' o 'sin lugar'.(...) deja de tutelar efectivamente los derechos de nuestros defendidos e igualmente las garantías establecidas tanto en el Código Orgánico Procesal Penal como en la Carta Magna, relativas al debido proceso, el derecho a la defensa, la intervención, asistencia y representación.

Como se aprecia, la denuncia de la defensa radica en la supuesta omisión de pronunciamiento por parte de la Corte de Apelaciones del Circuito Judicial Penal de la Circunscripción Judicial del Estado Bolívar, respecto a la declaratoria con o sin lugar de la solicitud de nulidad propuesta conjuntamente con el recurso de apelación.

Ahora bien, en el presente caso, esta Sala pudo constatar que los defensores de los hoy accionantes, en el escrito contentivo del recurso de apelación, como punto previo (*Crf:* folios 613 al 620 del expediente) solicitaron la nulidad de ciertos actos realizados en la fase de investigación, a saber: 1) de la orden de inicio de la investigación, por cuanto, a su decir: (...) *"el fiscal no indicó quienes eran los presuntos investigados, ni las presuntas víctimas, como tampoco indicó el órgano policial investigador y mucho menos las diligencias necesarias y urgentes a practicar"*; 2) de la evidencia de interés criminalístico consistente en un disco compacto (CD), en razón de que, tal y como lo expresaron textualmente:

(...) ante esa fiscalía compareció (...) a los fines de consignar un Disco Compacto (CD) (...) nótese que en la misma no se establece el contendido del CD, ni cumple con los requisitos de legalidad de una prueba (...): Violenta esta prueba la licitud de la prueba, siendo que la misma es incorporada en el proceso contraviniendo preceptos legales y constitucionales (...).

Y; 3) de la audiencia de presentación de sus defendidos como imputados ante el Juzgado Primero de Primera Instancia en Funciones de Control del Circuito Judicial Penal de la Circunscripción Judicial del Estado Bolívar, con fundamento en que, según refieren, el Fiscal del Ministerio Público:

(...) solicitó que sea incorporado la misma sala (*sic*) como elemento de convicción un Video que llevaba en su computadora y lo exhibió autorizado por la juez en funciones de Control (...) dejando en Estado de indefensión a los imputados por cuanto la defensa no tenía control en la (*sic*) computadora del Fiscal del Ministerio Público de los Videos que tiene archivados que deben ser más de uno. Asimismo existe la presunción razonable de que posiblemente el Fiscal (...) haya podido cometer un delito al introducir un documento falso (...) siendo que en el expediente de marras se observa que las pruebas fueron obtenidas ilegalmente e incorporadas con violación a los principios del debido proceso y Violación de la Ley por inobservancia o errónea aplicación de varias normas constitucionales y legales (Negritas de los accionantes).

Asimismo, esta Sala pudo verificar que, en dicho escrito, los prenombrados defen-sores seguidamente señalaron, en el capítulo respectivo (*crf:* folios 623 al 644 del expediente), que recurrían de la decisión dictada por el Juzgado Primero de Primera Instancia en Funciones de Control del Circuito Judicial Penal de la Circunscripción Judicial del Estado Bolívar, en fecha 19 de mayo de 2010, mediante la cual decretó a sus defendidos la medida de privación judicial preventiva de libertad por la comisión de los delitos de homicidio calificado, uso indebido de arma de fuego, abuso de funciones y simulación de hecho punible, fundamentando dicho recurso, entre otros motivos, en lo siguiente:

> (...) El Artículo (*sic*) 49 de la constitución (*sic*) en su numeral 2, reconoce el derecho a la presunción de inocencia como protección de los derechos de los ciudadanos, siendo que esta disposición permite a la presunción de inocencia (*sic*) configurarse como uno de los elementos más singulares del Estado Social de Derecho. Es la principal garantía constitucional y partiendo de que mis defendidos son imputados (...) esto debe de (*sic*) de presumirse con pruebas objetivas (Declaraciones (*sic*) de testigos, Inspecciones (*sic*), etc) y con pruebas subjetivas (CD) traída (*sic*) con un interés personal por la madre del occiso. (...) Igualmente se hizo referencia de la acción del Fiscal (...) de Tratar (*sic*) de incorporar un video de su computadora, sin edición, sin tener las Exigencias (*sic*) legales (...) existe la posibilidad que debe ser considerada por esta Corte que el Fiscal (...) al momento de exhibir un video en su computadora e intentar introducir ese video que no estaba experticiado (*sic*) ni ofrecido como prueba posiblemente derivándose de esta ilegalidad un acto falso.

Como puede observarse, la defensa de los hoy accionantes fundamenta tanto la solicitud de nulidad como el recurso de apelación ejercido, en los mismos motivos: la supuesta ilegalidad de los elementos de convicción que sirvieron al representante del Ministerio Publico, para sustentar la solicitud de la medida de privación judicial preventiva de libertad decretada contra sus defendidos.

Bajo estos supuestos, aprecia esta Sala, de la revisión de la decisión impugnada por vía de amparo, que si bien la Corte de Apelaciones del Circuito Judicial Penal de la Circunscripción Judicial del Estado Bolívar, no hizo mención expresa en cuanto a la improcedencia de la solicitud de nulidad formulada por la defensa, circunstancia que, a su decir, es de donde devienen las violaciones constitucionales denunciadas; no obstante, examinó los argumentos en los cuales se fundamentó dicha solicitud de nulidad, apreciando, conforme a lo expresamente señalado:

> (...) que dentro del proceso penal que nos ocupa, nos encontramos en la Fase Preparatoria, es decir, la etapa inicial del proceso penal, donde el Juez de Control, previa solicitud del Ministerio Público, estimara o no la procedencia de los tres supuestos que establece el artículo 250 del Código Orgánico Procesal Penal.

> Prendado (*sic*) a lo expuesto, en esta fase inicial, se estima si los elementos de convicción ventilados ante el Juzgador, despiertan suspicacia en la persuasión del *a quo* respecto a la posible vinculación del imputado con el caso bajo examen, y la cual bien pudiere ser desvirtuada en posterior fase de juicio oral y público (...). Por ello, la doctrina y la jurisprudencia patria habla de probables elementos de convicción y no certeza, lo cual se le confina (*sic*) al Juez de Juicio en la posible celebración de un debate oral y público, de tal manera que, los indicios apreciados por el *a quo* en el caso de marras, constituyen "Elementos de Convicción", primordialmente en esta fase del proceso (...). Así, en el caso concreto se ha llevado efectó sólo la Audiencia de Presentación de Imputado, donde el acervo probatorio no está del todo definido (...).

De esta manera, al no existir en el caso de estudio la alegada omisión de pronunciamiento de parte de la Corte de Apelaciones que conoció el caso, toda vez que si bien no hizo expresa mención a la declaratoria sin lugar de la nulidad solicitada, no es menos cierto que del análisis de la parte motiva del fallo accionado en amparo, tal como se transcribió *supra*, se desprende que si examinó los argumentos en los cuales se fundamentó dicha solicitud de nulidad, de modo que para esta Sala, resulta inoficioso acordar la reposición de la causa al estado que la Corte de Apelaciones del Circuito Judicial Penal de la Circunscripción Judicial del Estado Bolívar, emita un pronunciamiento expreso en cuanto a la solicitud de nulidad formulada por la defensa, por cuanto dicha reposición infringiría la tutela judicial efectiva y el principio de celeridad procesal, de acuerdo con lo dispuesto en los artículos 26 y 257 de la

Constitución de la República Bolivariana de Venezuela, ya que implicaría la admisión de un amparo ante una situación que resulta, a criterio de esta Máxima Instancia Constitucional, totalmente improcedente, tal y como lo ha establecido esta Sala en casos similares (*Vid.* sentencia Nº 1000 del 26 de octubre de 2010, caso: *"Iván Antonio Simonovis Aranguren y otros"*).

Por otra parte, ni siquiera podría sostenerse que la decisión impugnada por vía de amparo, por ese hecho, adolezca del vicio de inmotivación, por cuanto tal y como lo ha señalado esta Sala, en anteriores oportunidades, entre otras en sentencia Nº 3514 del 11 de noviembre de 2005, caso: *Uniteg, S.A.*, dicho vicio se produce, entre otros, cuando la sentencia carece en absoluto de fundamentos, pues no debe confundirse la escasez o exigüidad de la motivación o la motivación errada con la falta de motivos.

Por otra parte, visto que el punto neurálgico en el presente caso tiene relación con el empleo confuso que a menudo se observa por parte de los sujetos procesales en cuanto a la nulidad de los actos procesales cumplidos en contravención o con inobservancia de las formas y condiciones previstas en la ley, esta Sala, de conformidad con lo establecido en el artículo 335 de la Constitución de la República Bolivariana de Venezuela, considera oportuno establecer, con carácter vinculante, la interpretación sobre el contenido y alcance de la naturaleza jurídica del instituto procesal de la nulidad.

En tal sentido, esta Sala en sentencia Nº 1228 de fecha 16 de junio de 2005, caso: *"Radamés Arturo Graterol Arriechi"*, estableció el criterio que atiende al tema de la nulidad en materia procesal penal, respecto del cual, dado su contenido explicativo, estima oportuno reproducir una parte considerable del mismo, tal y como de seguida se hace:

Ahora bien, estima la Sala propicia la oportunidad a fin de fijar criterio respecto del instituto procesal de la nulidad en el proceso penal.

En tal sentido, acota la Sala, que el proceso se desenvuelve mediante las actuaciones de los distintos sujetos intervinientes en el mismo, en lo que respecta a los particulares, sea como parte o como tercero incidental. Dichas actuaciones deben realizarse bajo el cumplimiento de ciertas formas esenciales para que las mismas sean válidas, no sólo para cumplir con el esquema legal propuesto, sino para que las garantías procesales, de raíz constitucional (debido proceso, derecho de defensa), sean cumplidas.

Así, la constitución del acto para que tenga eficacia y vigencia debe estar integrado por la voluntad, el objeto, la causa y la forma, satisfaciendo los tres primeros aspectos los requisitos intrínsecos y el último los extrínsecos.

De allí que, toda actividad procesal o judicial necesita para su validez llenar una serie de exigencias que le permitan cumplir con los objetivos básicos esperados, esto es, las estrictamente formales y las que se refieren al núcleo de dicha actividad. Sin embargo, independientemente de cuáles sean los variados tipos de requisitos, ciertamente ellos dan la posibilidad de conocer cuándo se está cumpliendo con lo preceptuado por la norma, circunstancia que permite entonces conocer hasta donde se puede hablar de nulidad o validez de los actos procesales.

La teoría de las nulidades constituye uno de los temas de mayor importancia para el mundo procesal, debido a que mediante ella se establece lo relevante en la constitución, desarrollo y formalidad de los actos procesales, ésta última la más trascendente puesto que a través de ella puede garantizarse la efectividad del acto. Así, si se da un acto con vicios en aspectos sustanciales relativos al trámite –única manera de concebir el fundamento del acto- esto es, los correspondientes a la formación de la actividad, entonces nace forzosamente la nulidad.

La importancia para el proceso es que las reglas básicas sobre el cumplimiento de los actos y los actos mismos estén adecuadamente realizados, ya que el principio rector de todos los principios que debe gobernar a la justicia es el efectivo cumplimiento del debido proceso, es decir, que la idea de un juicio justo es tan importante como la propia justicia, razón por la cual las reglas, principios y razones del proceso, a la par de las formas, deben estar lo suficientemente claras y establecidas para que no quede la duda respecto de que se ha materializado un juicio con vicios en la actividad del proceso.

En síntesis, los defectos esenciales o trascendentes de un acto procesal que afectan su eficacia y validez, el cumplimiento de los presupuestos procesales o el error en la conformación que afecta algún interés fundamental de las partes o de la regularidad del juicio en el cumplimiento de normas de cardinal observancia, comportan la nulidad.

En nuestro sistema procesal penal, como en cualquier otro sistema procesal, la nulidad es considerada como una verdadera sanción procesal –la cual puede ser declarada de oficio o a instancia de parte por el juez de la causa- dirigida a privar de efectos jurídicos a todo acto procesal que se celebra en violación del ordenamiento jurídico-procesal penal. Dicha sanción comporta la eliminación de los efectos legales del acto írrito, regresando el proceso a la etapa anterior en la que nació dicho acto.

De allí, que la nulidad, aunque pueda ser solicitada por las partes y para éstas constituya un medio de impugnación, no está concebida por el legislador dentro del Código Orgánico Procesal Penal como un medio recursivo ordinario, toda vez que va dirigida fundamentalmente a sanear los actos procesales cumplidos en contravención con la ley, durante las distintas fases del proceso –artículos 190 al 196 del Código Orgánico Procesal Penal- y, por ello, es que el propio juez que se encuentre conociendo de la causa, debe declararla de oficio.

Mientras que, los recursos tienen por objeto el que se revise una determinada decisión por un órgano superior al que la dictó. Revisar, de por sí, presupone una función que debe realizar un órgano de mayor gradación de aquel que dictó la decisión. Al ser una sentencia, interlocutoria o definitiva, un acto que produce los más importantes efectos jurídicos, debe ser controlada o revisada a través de un mecanismo de control real sobre el fallo –la actividad recursiva-.

La actividad recursiva en el contexto del nuevo proceso penal es limitada, ya que no todas las decisiones pueden ser sometidas al control de la doble instancia y, si bien, el recurso de apelación y el de casación pertenecen a dicha actividad; no obstante, es innegable que estos dos medios de impugnación generan actos procesales que tienen incidencia importante en el proceso, ya que por efecto de su ejercicio podría declararse la nulidad del juicio o de la decisión defectuosa y ello comporta que se realice de nuevo la actividad anulada (Subrayado y negritas de esta Sala).

Conforme la doctrina anteriormente reproducida, esta Sala reitera que la nulidad no constituye un recurso ordinario propiamente dicho, que permita someter un acto cumplido en contravención con la ley al control de la doble instancia, ya que la nulidad constituye un remedio procesal para sanear actos defectuosos por la omisión de ciertas formalidades procesales o para revocarlos cuando dichos actos fueron cumplidos en contravención con la ley. Tan es así lo aquí afirmado que la normativa adjetiva penal venezolana vigente permite que la nulidad pueda ser declarada de oficio por el juez cuando no sea posible el saneamiento del acto viciado, ni se trate de casos de convalidación. De allí que la nulidad se solicita al juez que esté conociendo de la causa para el momento en el cual se produce el acto irrito, salvo que se trate de un acto viciado de nulidad absoluta, en cuyo caso podrá solicitarse en todo estado y grado del proceso (*Vid.* sentencia N° 206 del 05 de noviembre de 2007, caso: *"Edgar Brito Guedes"*). Lo contrario sería desconocer la competencia que legalmente le es atribuida al juez para asegurar la efectiva aplicación de los principios y garantías que informan el proceso penal.

En todo caso, la Sala no desconoce el derecho de las partes de someter a la revisión de la alzada algún acto que se encuentre viciado de nulidad, pero, esto solo es posible una vez que se dicte la decisión que resuelva la declaratoria con o sin lugar de la nulidad que se solicitó, pues contra dicho pronunciamiento es que procede el recurso de apelación conforme lo establecido en el artículo 196 del Código Orgánico Procesal Penal, salvo –se insiste- que se trate del supuesto de una nulidad absoluta, la cual puede ser solicitada ante dicha alzada.

En tal sentido, esta Sala estima oportuno citar la opinión del ilustre jurista Arminio Borjas (1928), quien para la época, en su obra *"Exposición del Código de Enjuiciamiento Criminal Venezolano"*, al tratar el tema de las nulidades en el proceso penal a la letra señaló lo siguiente:

> Importa advertir que no debe confundirse la nulidad considerada como sanción del quebrantamiento o de la omisión de ciertas formalidades procesales, con la revocación o anulación de los fallos por el Juez o Tribunal que conoce de ellos en grado, porque, aunque resultan invalidados por igual el acto irrito y lo dispositivo de la sentencia revocada, casi siempre los motivos de la nulidad son del todo extraños a los errores de hecho o de derecho que motivan la revocación de los fallos, y el remedio o subsanamiento de los vicios de nulidad son `por lo común diferentes de los de la nulidad de alguna actuación en lo criminal, y se los pronuncia o declara por el propio juzgador de la alzada.

A la par, lo anteriormente señalado también se sustenta desde el punto de vista legislativo en el orden estructural del contenido normativo del Código Orgánico Procesal Penal, para el cual el legislador venezolano aplicó la técnica legislativa similar al del instrumento sustantivo penal, relativo a un orden por Libros, Títulos y Capítulos.

De esta manera, en relación a la distinción que debe existir entre las nulidades y los recursos, el Código Orgánico Procesal Penal trata las nulidades en un Título exclusivo del Libro Primero relativo a las Disposiciones Generales, específicamente en el Título VI *"DE LOS ACTOS PROCESALES Y LAS NULIDADES"*, mientras que el tema de los recursos lo prevé tres Libros posteriores, a saber: Libro Cuarto *"DE LOS RECURSOS"*.

Establecido el anterior criterio de manera vinculante, esta Sala Constitucional ordena la publicación en *Gaceta Oficial* del presente fallo, y hacer mención del mismo en el portal de la Página Web de este Supremo Tribunal. Así se declara.

B.   *Poder Ciudadano: Contraloría General de la República. Atribuciones: Sanciones administrativas a los funcionarios de elección popular*

TSJ-SPA (309)   **10-3-2011**

Magistrado Ponente: Evelyn Marrero Ortíz

Caso: Rafael Gustavo Páez Linares vs. Contraloría General de la República.

El Contralor General de la República puede establecer sanciones administrativas a los funcionarios de elección popular, siempre que ello no implique la pérdida definitiva de su investidura; en consecuencia, puede imponer multas, inhabilitar para el ejercicio de funciones públicas por un máximo de quince años y suspender temporalmente del ejercicio del cargo por un período no mayor de veinticuatro (24) meses, de acuerdo a lo dispuesto en el artículo 105 de la Ley Orgánica de la Contraloría General de la República y del Sistema Nacional de Control Fiscal.

.....A los efectos de dilucidar la referida denuncia, considera esta Sala oportuno transcribir el contenido del artículo 72 de la Constitución de la República Bolivariana de Venezuela, el cual dispone lo siguiente:

"Artículo 72. Todos los cargos y magistraturas de elección popular son revocables.

Transcurrida la mitad del período para el cual fue elegido el funcionario o funcionaria, un número no menor del veinte por ciento de los electores o electoras inscritos en la correspondiente circunscripción podrá solicitar la convocatoria de un referendo para revocar su mandato.

Cuando igual o mayor número de electores y electoras que eligieron al funcionario o funcionaria hubieren votado a favor de la revocatoria, siempre que haya concurrido al referendo un número de electores y electoras igual o superior al veinticinco por ciento de los electores y electoras inscritos, se considerará revocado su mandato y se procederá de inmediato a cubrir la falta absoluta conforme a lo dispuesto en esta Constitución y la ley.

La revocatoria del mandato para los cuerpos colegiados se realizará de acuerdo con lo que establezca la ley.

Durante el período para el cual fue elegido el funcionario o funcionaria no podrá hacerse más de una solicitud de revocación de su mandato."

La norma antes transcrita prevé la institución constitucional del referendo revocatorio y en tal sentido, otorga de manera exclusiva a las electoras y los electores inscritos en la correspondiente circunscripción electoral, la iniciativa para solicitar la convocatoria a fin de proceder a revocar el mandato de cualquier cargo de elección popular.

En el presente caso, a través del acto administrativo impugnado, se le impuso al recurrente, ciudadano Rafael Gustavo Páez Linares, la sanción de suspensión del cargo de Legislador Principal del Estado Portuguesa, por un período de seis (6) meses, por haber presuntamente aprobado el pago de ciertos beneficios a los Diputados del Consejo Legislativo del Estado Portuguesa, incluyendo a su persona.

Como se puede apreciar, si bien el accionante desempeñaba un cargo de elección popular, lo cierto es que en el caso concreto, el supuesto planteado en el presente recurso es distinto al contemplado en la norma constitucional, la cual se refiere a la revocatoria de los cargos de elección popular y no a la suspensión del ejercicio.

Aunado a lo anterior, cabe destacar que la Sala Constitucional de este Supremo Tribunal en sentencia N° 1056 del 31 de mayo de 2005, señaló respecto a la facultad que tiene el Contralor General de la República para suspender del ejercicio del cargo a un funcionario de elección popular, lo siguiente:

"(...) no es posible por vía de una sanción administrativa destituir a un funcionario de elección popular, por lo que la inhabilitación para el ejercicio de cargos públicos tiene que ser entendida como inhabilitación para ejercer en el futuro cualquier función pública, sea esta originada por concurso, designación o elección, no obstante, la Contraloría General de la República puede ejercer, en relación a este representante de elección popular, cualquiera de las otras sanciones administrativas que no impliquen la pérdida definitiva de su investidura. En consecuencia, puede imponer multas, la inhabilitación para el ejercicio de funciones públicas por un máximo de quince años y la suspensión temporal del ejercicio del cargo por un período no mayor de veinticuatro (24) meses.

En relación con esta última sanción, esta Sala admite la posibilidad de la suspensión temporal porque ella no implica la pérdida de la investidura (...)

Como quiera, en consecuencia, que la sanción de suspensión del ejercicio del cargo implica, a su vez, la imposibilidad de ejercer los derechos políticos que le corresponden a su investidura, lo cual sólo es posible, de acuerdo a lo dispuesto en el artículo 380 del Código Orgánico Procesal Penal, cuando sean 'cumplidos los trámites necesarios para el enjuiciamiento'; esta Sala considera que aquellos funcionarios de elección popular que se encuentren amparados por la institución del antejuicio de mérito; a saber: el Presidente de la República, los gobernadores de Estado y los integrantes de la Asamblea Nacional, no podrán ser suspendidos en el ejercicio de sus cargos, hasta tanto este Tribunal Supremo de Justicia, en Sala Plena, declare que hay mérito para su enjuiciamiento. Los demás funcionarios de elección popular a nivel estadal o municipal, por no gozar de esta prerrogativa, podrán ser suspendidos con base en el artículo 105 de la Ley Orgánica de la Contraloría General de la República y el Sistema Nacional de Control Fiscal.".

De la decisión parcialmente transcrita, se evidencia que el Contralor General de la República puede establecer sanciones administrativas a los funcionarios de elección popular, siempre que ello no implique la pérdida definitiva de su investidura; en consecuencia, puede imponer multas, inhabilitar para el ejercicio de funciones públicas por un máximo de quince años y suspender temporalmente del ejercicio del cargo por un período no mayor de veinticuatro (24) meses, de acuerdo a lo dispuesto en el artículo 105 de la Ley Orgánica de la Contraloría General de la República y del Sistema Nacional de Control Fiscal.

En aplicación del criterio previamente establecido y visto que en el caso de autos la sanción impuesta al recurrente tiene carácter temporal, es decir, que una vez cumplida la misma éste volvería a ejercer sus funciones por el período para el cual resultó electo, lo cual en modo alguno significa una pérdida de su investidura del cargo de Legislador ni comporta un desequilibrio en el normal desenvolvimiento de las sesiones del Consejo Legislativo, pues por cada uno de los miembros de ese Consejo se elige por votación popular el respectivo suplente; es por lo que esta Sala debe desestimar la denuncia formulada al respecto. Así se declara.

2.   *El Poder Municipal: Distrito Metropolitano de Caracas: Ingresos (situado municipal)*

TSJ-SC (156)   **9-2-2011**

Magistrado Ponente: Levis Ignacio Zerpa

Caso: Distrito Metropolitano de Caracas vs. Municipio Baruta del Estado Bolivariano de Miranda.

El ingreso del Distrito Metropolitano de Caracas referido al 10% de la cuota de participación en el situado que corresponde a cada uno de los Municipios integrados constituyen subvenciones no condicionadas, entendidas estas como un auxilio financiero obligatorio de un ente territorial a otro ente territorial (en este caso horizontal), por mandato expreso de la ley.

La representación judicial del Distrito Metropolitano de Caracas, planteó controversia administrativa surgida entre el prenombrado Distrito y el Municipio Baruta del Estado Bolivariano de Miranda, por el supuesto incumplimiento de este último de las obligaciones contenidas en los numerales 4 y 5 del artículo 22 de la Ley Especial sobre el Régimen del Distrito Metropolitano de Caracas, en concordancia con el artículo 15 de la Ley Orgánica de Descentralización, Delimitación y Transferencia de Competencias del Poder Público, relativos a las transferencias del situado constitucional y del aporte financiero, por los siguientes montos y períodos: 1. Diez por ciento (10%) por concepto del situado constitucional en los meses de marzo a diciembre de 2000, la totalidad de los ejercicios fiscales 2001 al 2003, y desde enero hasta el mes de abril de 2004; y 2. Diez por ciento (10%) de los ingresos propios del Municipio Baruta en los ejercicios fiscales 2001 al 2003.

De esta manera, se indicó que el monto adeudado al Distrito Metropolitano de Caracas asciende a la cantidad total de doce mil ciento veintitrés millones trescientos veintisiete mil novecientos noventa y siete bolívares con sesenta y cinco céntimos (Bs. 12.123.327.997,65), hoy expresados en doce millones ciento veintitrés mil trescientos veintiocho bolívares (Bs. 12.123.328,00), con ocasión de la falta de transferencia de los aportes previstos en los numerales 4 y 5 del artículo 22 de la Ley Especial sobre el Régimen del Distrito Metropolitano de Caracas.

A tal efecto, los numerales 4 y 5, del artículo 22 *eiusdem*, utilizados como base legal de la solicitud interpuesta establecen lo siguiente:

"Artículo 22. Son ingresos del Distrito Metropolitano de Caracas:

(...)

4. El diez por ciento (10%) de la cuota de participación en el situado que corresponde a cada uno de los Municipios integrados en el Distrito Metropolitano de Caracas.

5. El aporte financiero, en cada ejercicio fiscal, de los Municipios integrados en el Distrito Metropolitano de Caracas, en proporción equivalente al diez por ciento (10%) del ingreso propio efectivamente recaudado por cada uno de ellos en el ejercicio fiscal inmediatamente anterior."

Como se desprende de la lectura del artículo parcialmente transcrito, los Municipios que conforman el Distrito Metropolitano de Caracas (que según el artículo 2 de la referida ley son el Municipio Libertador del Distrito Capital, el cual sustituye al Distrito Federal, y de los Municipios Sucre, Baruta, Chacao y El Hatillo del ahora Estado Bolivariano de Miranda) deben aportar la cuota parte que allí se indica como ingresos que van a sostener la Hacienda Pública Metropolitana.

Con relación al numeral 4 del artículo 22 de la citada ley, la Sala Constitucional de este Tribunal Supremo de Justicia estableció en la sentencia N° 1.563 de fecha 13 de diciembre de 2000, la forma en la cual debían ser enterados esos ingresos al Distrito Metropolitano de Caracas, en los términos que de seguidas se exponen:

"Con respecto al criterio de que el diez por ciento (10%) del situado constitucional que corresponde a cada uno de los Municipios pertenecientes al Estado Miranda, que integran el Distrito Metropolitano de Caracas, debe ser deducido directamente de la cuota que corresponde a dicho Estado, y remitido a la Alcaldía Metropolitana, no encuentra la Sala base alguna para dicha interpretación, ya que el situado constitucional se entrega a los Estados, quienes responden legalmente por él. En consecuencia, el ingreso del Distrito Metropolitano de Caracas a que se refiere el numeral 4 del artículo 22 de la Ley que lo rige, del diez por ciento (10%) de la cuota de participación en el situado que corresponde a cada uno de los Municipios integrados, conforme a las leyes que dicte el Cabildo Metropolitano, se recabará finalmente de los municipios.

Por otra parte, no puede retroactivamente funcionar el citado numeral 4 del artículo 22, y por lo tanto, lo recibido y utilizado antes que se instalase formalmente el Distrito Metropolitano, lo que ocurrió a partir de la elección del Alcalde Metropolitano y del Cabildo Metropolitano, no está sujeto a prorrateo alguno, ya que la cuota de participación debe hacerse efectiva cuando se recibió, si para esa fecha existía la obligación de ingresarla al Distrito Metropolitano."

Así pues, aprecia la Sala que si bien los numerales 4 y 5 de la Ley Especial del Distrito Metropolitano de Caracas establecen fuentes de ingresos para esa unidad político territorial de la ciudad de Caracas, también prevén correlativamente una *obligación dineraria* a cargo de los cinco Municipios que integran ese ente menor, a saber: Libertador, Chacao, Baruta, Sucre y El Hatillo.

De allí que esas correlativas obligaciones a cargo de los Municipios dispuestas en la precitada Ley, constituyen subvenciones no condicionadas, entendidas estas como un auxilio financiero obligatorio de un ente territorial a otro ente territorial (en este caso horizontal), por mandato expreso de la ley, como ya lo dejó sentado esta Sala en un caso similar al de autos que resolvió la controversia administrativa suscitada entre el Distrito Metropolitano de Caracas y el Municipio El Hatillo del Estado Bolivariano de Miranda (Ver sentencia N° 00331 del 13 de marzo de 2008).

En tal sentido, observa la Sala que en fecha 02 de noviembre de 2005, la representación judicial del Distrito Metropolitano de Caracas consignó en autos un documento de transacción autenticado ante la Notaría Trigésima del Municipio Libertador del Distrito Capital, mediante el cual el mencionado Distrito Metropolitano de Caracas y el Municipio Baruta del Estado Bolivariano de Miranda pretendieron poner fin a la presente controversia administrativa.

Ahora, si bien a través de la sentencia N° 00396 de fecha 02 de abril de 2008, esta Sala declaró improcedente la referida solicitud de homologación toda vez que la materia objeto de transacción reviste características de orden público al versar sobre obligaciones de rango constitucional y de interés colectivo, puede sin embargo, desprenderse de la lectura de la cláusula primera del acuerdo transaccional, que el Municipio Baruta reconoció que adeuda al Distrito Metropolitano de Caracas la suma de dieciocho mil setecientos cuarenta y tres millones ciento doce mil trescientos treinta y ocho bolívares con cincuenta y seis céntimos (Bs. 18.743.112.338,56), hoy equivalente a dieciocho millones setecientos cuarenta y tres mil ciento doce bolívares con treinta y cuatro céntimos (Bs. 18.743.112,34), discriminados de la siguiente manera: 1. Tres mil seiscientos ochenta y siete millones trescientos setenta y cinco mil seiscientos dieciséis bolívares con sesenta y cuatro céntimos (3.687.375.616,64), hoy expresados en tres millones seiscientos ochenta y siete mil trescientos setenta y cinco bolívares con sesenta y dos céntimos (Bs. 3.687.375,62), por concepto del 10% de la cuota de participación en el situado constitucional correspondiente al Municipio en los meses de agosto a diciembre de 2000 y los años 2001, 2002, 2003, 2004 y 2005; y 2. Quince mil cincuenta y cinco millones setecientos treinta y seis mil setecientos veintiún bolívares con noventa y dos céntimos (Bs. 15.055.736.721,92), hoy equivalente a quince millones cincuenta y cinco mil setecientos treinta y seis bolívares con setenta y dos céntimos (Bs. 15.055.736,72), por concepto de aportes financieros anuales, cuya base de cálculo corresponde al diez por ciento (10%) de los ingresos propios efectivamente recaudados por el Municipio en los meses de agosto a diciembre de 2000 y a los años 2001, 2002, 2003 y 2004.

Advertido lo anterior, llama la atención de la Sala que el Municipio Baruta no sólo reconoció la deuda contraída sino que incluso ofreció cancelar una suma superior a la efectivamente demandada por el Distrito Metropolitano de Caracas, ello por cuanto fueron incorporados dentro de la aludida suma los montos adeudados que se generaron sobrevenidamente desde la fecha de presentación de la controversia administrativa hasta la oportunidad de consignación de la transacción.

Dadas las circunstancias señaladas, entiende esta Sala, como igualmente precisó el Ministerio Público, que no es un hecho controvertido entre las partes la existencia de la deuda ni los montos requeridos, por tanto, se declara resuelta a favor del Distrito Metropolitano de Caracas la controversia administrativa planteada, y en consecuencia se ordena al Municipio Baruta del Estado Bolivariano de Miranda realizar los siguientes aportes:

Por el situado constitucional del año 2000: la cantidad de ciento cuarenta y cuatro millones setecientos cincuenta y seis mil ochocientos veintisiete bolívares con diez céntimos (Bs. 144.756.827,10), hoy expresados en ciento cuarenta mil setecientos cincuenta y seis bolívares con ochenta y tres céntimos (Bs. 144.756,83), correspondientes a los dozavos de septiembre, octubre, noviembre y diciembre del referido año.

Por el situado constitucional del año 2001: la suma de quinientos doce millones seiscientos cincuenta y seis mil novecientos ochenta y tres bolívares con veintiún céntimos (Bs. 512.656.983,21), hoy equivalente a quinientos doce mil seiscientos cincuenta y seis bolívares con noventa y ocho céntimos (Bs. 512.656,98), correspondiente a los dozavos de los doce (12) meses del referido año fiscal.

Por el situado constitucional del año 2002: la suma de quinientos cuarenta millones quinientos noventa y cinco mil seiscientos tres bolívares con veinticuatro céntimos (Bs. 540.595.603,24), hoy expresados en quinientos cuarenta mil quinientos noventa y cinco bolívares con sesenta céntimos (Bs. 540.595,60).

Por el situado constitucional del año 2003: la cantidad de ochocientos treinta y ocho millones treinta y seis mil cincuenta y cuatro bolívares con cincuenta céntimos (Bs. 838.036.054,50), hoy equivalente a ochocientos treinta y ocho mil treinta y seis bolívares con cinco céntimos (Bs. 838.036,05), correspondiente a los dozavos de los doce (12) meses del referido año fiscal.

Por el situado constitucional del año 2004: la cantidad de doscientos sesenta y ocho millones quinientos ochenta mil seiscientos cincuenta y cinco bolívares con noventa y siete céntimos (Bs. 268.580.655,97), hoy expresados en doscientos sesenta y ocho mil quinientos ochenta bolívares con sesenta y seis céntimos (Bs. 268.580,66), correspondiente al diez por ciento (10%) de los dozavos de los meses de enero, febrero, marzo y abril del mencionado año.

Con respecto al diez por ciento (10%) del ingreso propio recaudado por el Municipio Baruta del Estado Bolivariano de Miranda en los ejercicios fiscales correspondientes a los años 2000, 2001, 2002 y 2003, deberá transferir las siguientes cantidades:

Por el año 2000: la cantidad de setecientos treinta y tres millones novecientos cincuenta y nueve mil cuarenta y cuatro bolívares con setenta céntimos (Bs. 733.959.044,70), hoy expresados en setecientos treinta y tres mil novecientos cincuenta y nueve bolívares con cuatro céntimos (Bs. 733.959,04).

Por el año 2001: la cantidad de dos mil ochocientos cuatro millones setecientos treinta y cuatro mil novecientos cincuenta y seis bolívares con treinta y cuatro céntimos (Bs. 2.804.734.956,34), hoy equivalente a dos millones ochocientos cuatro mil setecientos treinta y cuatro bolívares con noventa y seis céntimos (Bs. 2.804.734,96), no enterada dentro del año fiscal siguiente al cierre del ejercicio fiscal del año 2001.

Por el año 2002: la cantidad de dos mil novecientos ocho millones ciento cuarenta y nueve mil cuatrocientos cincuenta y nueve bolívares con sesenta y un céntimos (Bs. 2.908.149.459,61), hoy equivalente a la suma de dos millones novecientos ocho mil ciento cuarenta y nueve bolívares con cuarenta y seis céntimos (Bs. 2.908.149,46), no enterada dentro del año fiscal siguiente al cierre del ejercicio fiscal 2002.

Por el año 2003: la cantidad de tres mil trescientos setenta y un millones ochocientos cincuenta y ocho mil cuatrocientos doce bolívares con noventa y ocho céntimos (Bs. 3.371.858.412,98), hoy expresados en la cantidad de tres millones trescientos setenta y un mil ochocientos cincuenta y ocho bolívares con cuarenta y un céntimos (Bs. 3.371.858,41), no enterada dentro del año fiscal siguiente al cierre del ejercicio fiscal 2003.

El monto total de lo reclamado por aporte derivado de ingresos propios previsto en el numeral 5 del artículo 22 de la Ley Especial sobre el Régimen del Distrito Metropolitano de Caracas, asciende a la cantidad de nueve mil ochocientos dieciocho millones setecientos un mil ochocientos setenta y tres bolívares con sesenta y tres céntimos (Bs. 9.818.701.873,63), hoy equivalente a nueve millones ochocientos dieciocho mil setecientos un bolívares con ochenta y siete céntimos (Bs. 9.818.701,87).

Asimismo, se acuerda que el Municipio Baruta debe pagar el interés legal del tres por ciento (3%) anual previsto en el artículo 1.746 del Código Civil, sobre las cantidades adeudadas al Distrito Metropolitano de Caracas, calculados desde la fecha de vencimiento de cada una de las obligaciones hasta la fecha de publicación de la presente decisión, conforme quedó establecido en la parte motiva de esta sentencia. Así se declara.

Por último, esta Sala no puede dejar de advertir que en la transacción celebrada entre las partes, el Distrito Metropolitano de Caracas reconoció que adeuda al Municipio Baruta una suma de dos mil novecientos sesenta y seis millones cuatrocientos veinticuatro mil novecientos sesenta y cinco bolívares con ochenta y siete céntimos (Bs. 2.966.424.965,87), hoy expresados en la cantidad de dos millones novecientos sesenta mil cuatrocientos veinticuatro bolívares con noventa y siete céntimos (Bs. 2.966.424,97), correspondiente al pago de la prestación de servicios del Cuerpo de Bomberos que sufragó el Municipio demandado desde la fecha de creación del Distrito Metropolitano hasta el mes de agosto de 2002, siendo ello de la competencia exclusiva del Distrito, por lo que atención a lo establecido en el numeral 6 del artículo 19 de la Ley Especial sobre el Régimen del Distrito Metropolitano de Caracas, insta a la mencionada unidad político territorial a honrar los compromisos adquiridos para dar así fiel cumplimiento a las obligaciones legal y constitucionalmente consagradas.

III. EL ORDENAMIENTO ECONÓMICO DEL ESTADO

1. *Derechos Económicos*

A. *El derecho a la calidad de bienes y servicios*

CSCA (4)   24-1-2011

Juez Ponente: Alexis José Crespo Daza

Caso: Mercantil, C.A., Banco Universal vs. Instituto para la Defensa y Educación del Consumidor y del Usuario (hoy INDEPABIS).

En nuestro ordenamiento jurídico, la tutela de los intereses legítimos de consumidores y usuarios resulta un auténtico principio general del derecho de rango constitucional, derivado del propio concepto de Estado Social y Democrático y Derecho que propugna la Constitución, la cual –de acuerdo a su valor normativo- sujeta a todas las personas y a los órganos que ejercen el poder público.

...A tal efecto, observa que el objeto del presente recurso contencioso administrativo de nulidad interpuesto por los abogados Rafael Badell Madrid, Álvaro Badell Madrid y Nicolás Badell Benítez, actuando con el carácter de apoderados judiciales de MERCANTIL, C.A.,

BANCO UNIVERSAL, inscrita en el Registro Mercantil Primero de la Circunscripción Judicial del Distrito Capital y Estado Miranda en fecha 5 de noviembre de 2007, bajo el N° 9, Tomo 175-A Pro, lo constituye la Resolución s/n emanada de la Presidencia del INSTITUTO PARA LA DEFENSA Y EDUCACIÓN DEL CONSUMIDOR Y DEL USUARIO, de fecha 20 de abril de 2007, mediante la cual se declaró sin lugar el recurso de reconsideración interpuesto contra la decisión de fecha 16 de octubre de 2006, que impuso a su representada una multa por la cantidad de trescientas unidades tributarias (300 UT), por la presunta infracción de los artículos 18 y 92 de la Ley de Protección al Consumidor y al Usuario. Visto lo anterior, esta Corte estima necesario realizar algunas consideraciones acerca del derecho del consumo y la tutela del consumidor, tal como lo hizo en casos similar al de autos, mediante sentencia N° 2008-1560 de fecha 12 de agosto de 2008, (Caso: *Banco Exterior, C.A. Banco Universal contra el Instituto Autónomo para la Defensa y Educación del Consumidor y del Usuario (INDECU)*, en el cual se precisó lo siguiente: La tutela al consumidor y al usuario en nuestro Derecho. La Constitución de 1999 incorporó varias disposiciones que establecen el marco fundamental de los derechos de los consumidores, siguiendo la tendencia de otros países que no sólo han dictado regulaciones legales y reglamentarias sobre la protección de los consumidores, sino que le han dado rango constitucional. En este sentido, el artículo 117 de la Constitución de la República Bolivariana de Venezuela, centra la protección de los consumidores en sus derechos a disponer de bienes y servicios de calidad, información adecuada y no engañosa, a la libertad de elección y a un trato digno y equitativo. Adicionalmente, exige que se establezcan los mecanismos para garantizar esos derechos y el resarcimiento de los daños ocasionados. De esta forma, el sentimiento social de protección de los consumidores y usuarios se tradujo en la sensibilización del Constituyente venezolano, al incorporar su tutela al rango de derechos de rango constitucionales. En efecto, la importancia conferida a este tema hizo que nuestra Constitución elevara, se reitera, la tutela del consumidor al rango constitucional. Así, el artículo 117 de la Constitución establece que: "Todas las personas tendrán derecho a disponer de bienes y servicios de calidad, así como a una información adecuada y no engañosa sobre el contenido y características de los productos y servicios que consumen; a la libertad de elección y a un trato equitativo y digno. La Ley establecerá los mecanismos necesarios para garantizar estos derechos, las normas de control de calidad y cantidad de bienes y servicios, los procedimientos de defensa del público consumidor, el resarcimiento de los daños ocasionados y las sanciones correspondientes por la violación de estos derechos".

Como se observa, el artículo 117 de la Constitución de la República Bolivariana de Venezuela, otorga a toda persona el derecho a disponer de servicios de calidad y de recibir de éstos un trato equitativo y digno, norma que al no diferenciar se aplica a toda clase de servicios, incluidos los bancarios. En otro sentido, impone igualmente la Constitución, la obligación en cabeza del legislador de establecer los mecanismos necesarios que garantizarán esos derechos, así como la defensa del público consumidor y el resarcimiento de los daños ocasionados; pero la ausencia de una ley no impide a aquél lesionado en su situación jurídica en que se encontraba con relación a un servicio, defenderla, o pedir que se le restablezca, si no recibe de éste un trato equitativo y digno, o un servicio, que debido a las prácticas abusivas, se hace nugatorio o deja de ser de calidad. De esta forma, se consagra entonces en el ordenamiento constitucional un derecho a la protección del consumidor y del usuario cuyo desarrollo implica, de acuerdo con las directrices que se desprende del artículo 117 Constitucional, a) asegurar que los bienes y servicios producidos u ofrecidos por los agentes económicos sean puestos a disposición de los consumidores y usuarios con información adecuada y no engañosa sobre su contenido y características; b) garantizar efectivamente la libertad de elección y que se permita a consumidores y usuarios conocer acerca de los precios, la calidad, las ofertas y, en general, la diversidad de bienes y servicios que tienen a sus disposición en el mercado; y, c) prevenir asimetrías de información relevante acerca de las características y condiciones bajo las cuales adquieren bienes y servicios y asegurar que exista una equivalencia entre lo que pagan y lo que reciben; en definitiva, un trato equitativo y digno. Es significativo que se hayan incluido como principios fundamentales el derecho a disponer de bienes y servicios y el derecho a la libertad de elección. Para el constituyente venezolano, una de las formas de proteger a los consumidores, es proveerles de alternativas de elección. Los oferentes en competencia, buscan captar las preferencias de los consumidores, quienes pueden optar entre las distintas ofertas que presentan los proveedores. Así las cosas, se observa entonces que el propio Texto Constitucional induce a la existencia de un régimen jurídico de Derecho Público que ordene y limite las relaciones privadas entre proveedores y los consumidores o usuarios. Desprendiéndose de su artículo 117 el reconocimiento del derecho de los consumidores y usuarios de "disponer de bienes y servicios de calidad", lo que entronca con la garantía de la libre competencia, preceptuada en el artículo 113, siendo la ley –según dispone la norma constitucional- la que precise el régimen de protección del "público consumidor", el "resarcimiento de los daños ocasionados" y las "sanciones correspondientes por la violación de esos derechos". Ahora bien, en criterio de esta Corte aunque en la Constitución no se hubiesen consagrado expresamente los derechos a que se refiere el artículo 117, especificados con anterioridad, la obligación de tutelar los intereses legítimos de los consumidores y usuarios se podría deducir de los postulados del "Estado democrático y social de Derecho y de Justicia". Así, observamos que, a partir del artículo 2 de la Constitución, la Sala Constitucional del Tribunal Supremo de Justicia, en Sentencia Número 85, de fecha 24 de enero de 2002, ha expresado lo siguiente: "(…) sobre el concepto de Estado Social de Derecho, la Sala considera que él persigue la armonía entre las clases, evitando que la clase dominante, por tener el poder económico, político o cultural, abuse y subyugue a otras clases o grupos sociales, impidiéndoles el desarrollo y sometiéndolas a la pobreza y a la ignorancia; a la categoría de explotados naturales y sin posibilidad de redimir su situación. (…) el Estado Social debe tutelar a personas o grupos que en relación con otros se encuentran en estado de debilidad o minusvalía jurídica, a pesar del principio del Estado de Derecho Liberal de la igualdad ante la ley, el cual en la práctica no resuelve nada, ya que situaciones desiguales no pueden tratarse con soluciones iguales. El Estado Social para lograr el equilibrio interviene no solo en el factor trabajo y seguridad social, protegiendo a los asalariados ajenos al poder económico o político, sino que también tutela la salud, la vivienda, la educación y las relaciones económicas (…). El Estado Social va a reforzar la protección jurídico-constitucional de personas o grupos que se encuentren ante otras fuerzas sociales o económicas en una posición jurídico-económica o social de debilidad, y va a aminorar la protección de los fuertes. El Estado está obligado a proteger a los débiles, a tutelar sus intereses amparados por la Constitución, sobre todo a través de los Tribunales; y frente a los fuertes, tiene el deber de vigilar que su libertad no sea una carga para todos (…)" (Negrillas de esta Corte). (Caso: *Asociación Civil Deudores Hipotecarios de Vivienda Principal Vs. Superintendencia de Bancos y Otras Instituciones Financieras*).

A la luz de la doctrina expuesta, considera esta Corte que, en nuestro ordenamiento jurídico, la tutela de los intereses legítimos de consumidores y usuarios resulta un auténtico principio general del derecho de rango constitucional, derivado del propio concepto de Estado Social y Democrático y Derecho que propugna la Constitución, la cual –de acuerdo a su valor normativo- sujeta a todas las personas y a los órganos que ejercen el poder público (artículo 7). Como afirma la doctrina más calificada, los principios generales del derecho "expresan los valores materiales básicos de un ordenamiento jurídico; son aquellos sobre los cuales se constituyen como tal, las convicciones ético-jurídicas fundamentales de una comunidad" (García de Enterría). Según Federico De Castro y Bravo, son "las ideas fundamentales e informadoras de la organización jurídica de la nación". Asimismo, la doctrina del Tribunal

Supremo Español, en el orden contencioso-administrativo, ha expresado que los principios generales del Derecho resultan la "atmósfera en la que se desarrolla la vida jurídica, el oxígeno que respiran las normas" (STS de 30 de abril de 1988). Puede concluirse, a partir de aquí, que los principios generales del Derecho son principios, en primer lugar, por su carácter básico. Generales, en cuanto trascienden de un precepto concreto y organizan y dan sentido a muchos. Y del Derecho, puesto que no se trata de meros criterios morales. En definitiva, considera esta Corte que a los principios generales del Derecho, incluido el de tutela de los intereses legítimos de los consumidores y usuarios, se le pueden reconocer –entre otras- las siguientes funciones básicas: a) Servir como fuente supletoria de la ley o la costumbre. En efecto, a los principios generales del Derecho se les reconoce, en primer lugar, una función integradora de las lagunas existentes. b) Servir como elementos de interpretación e informadores de las normas jurídicas. Los principios generales del Derecho no sólo están para suplir posibles vacíos normativos. Por encima de ello, estos principios cumplen una función informadora de todo el ordenamiento jurídico, y en este dato reside su auténtico valor, lo que obliga a interpretar las normas de acuerdo con ellos. Los principios generales del Derecho, incluidos o no en el derecho positivo, tienen valor normativo o aplicativo, y no meramente programático, e informan en su totalidad al ordenamiento jurídico, el cual debe ser interpretado de acuerdo con los mismos. c) Servir como directivas a los órganos encargados de elaborar las normas. Una tercera función básica que se le reconoce a los principios es la fundamentadora o directiva, que condiciona la elaboración de las normas jurídicas. d) Servir como regla de "justiciabilidad", con fundamento en la cual se puede recurrir de cualquier norma o acto jurídico que desconozca el valor insertado en dicho principio. Los principios generales del Derecho operan como garantía de los derechos constitucionales, lo que significa que su desconocimiento por los poderes públicos puede suponer un menoscabo de tales derechos; y, en consecuencia, pueden ser objeto de control, cuando tal lesión constitucional se produzca. (Castillo Blanco, F., "La protección de confianza legítima en el Derecho Administrativo", Editorial Marcial Pons, Madrid, 1998, p. 43). (Véase decisión de esta Corte de fecha N° 2009-341 de fecha 10 de marzo de 2009, y reiterada en fecha 13 de julio de 2010, mediante sentencia N° 2010-906). Fundamento legal. Mediante *Gaceta Oficial de la República Bolivariana de Venezuela* N° 37.930 de fecha 4 de mayo de 2004, se publicó la Ley de Protección al Consumidor y Usuario (aplicable *rationae temporis* al caso que nos ocupa), la cual establecía en su articulado que dicho instrumento tendría por objeto: "la defensa, protección y salvaguarda de los derechos e intereses de los consumidores y usuarios, su organización, educación, información y orientación así como establecer los ilícitos administrativo y penales y los procedimientos para el resarcimiento de los daños sufridos por causa de los proveedores de bienes y servicios y para la aplicación de las sanciones a quienes violenten los derechos de los consumidores y usuarios". Por su parte, el artículo 4 del mencionado cuerpo normativo consideraba consumidores a "Toda persona natural que adquiera, utilice o disfrute bienes de cualquier naturaleza como destinatario final", y por usuario "Toda persona natural o jurídica, que utilice o disfrute servicios de cualquier naturaleza como destinatario final." Siendo que las personas naturales o jurídicas que, sin ser destinatarios finales, adquieran, almacenen, usen o consuman bienes y servicios con el fin de integrarlos en los procesos de producción, transformación y comercialización, no tendrían el carácter de consumidores y usuarios. De igual manera, el citado artículo considera proveedores a "Toda persona natural o jurídica, de carácter público o privado, que desarrolle actividades de producción, importación, distribución o comercialización de bienes o de prestación de servicios a consumidores y usuarios."Asimismo, el artículo 6 de dicha Ley consagraba los derechos de los consumidores y usuarios entre los cuales se encontraban, el derecho a la "información suficiente, oportuna, clara y veraz sobre los diferentes bienes y servicios puestos a su disposición en el mercado, con especificaciones de precios, cantidad, peso, características, calidad, riesgos y demás datos de interés inherentes a su naturaleza, composición y contraindicaciones que les permita elegir de conformidad con sus necesidades y obtener un aprovechamiento satisfactorio y seguro"; así como el derecho a obtener la "indemnización efectiva o la reparación de los daños y perjuicios atribuibles a responsabilidades de los proveedores". La inclusión de los servicios bancarios dentro del ámbito de aplicación de la mencionada Ley, se deduce de la obligación que expresamente imponía el artículo 18 de dicho texto legal, al consagrar que "Las personas natural o jurídicas que se dediquen a la comercialización de bienes y a la prestación de servicios públicos, como las instituciones bancarias y otros instituciones financieras, las empresas de seguro y reaseguros, las empresas operadoras de las tarjetas de crédito, cuyas actividades están reguladas por leyes especiales, así como las empresas que presten servicios de interés colectivo de venta y abastecimiento de energía eléctrica, servicio telefónico, aseo urbano, servicio de agua, servicio de venta de gasolina y derivados de hidrocarburos y los demás servicios de interés colectivo, están obligadas a cumplir todas las condiciones para prestarlo en forma continua, regular y eficiente". Realizadas las anteriores precisiones sobre la protección del consumidor y del usuario que se desprende de las propias exigencias del Texto Constitucional, debe esta Corte de seguidas atender a las pretensiones planteadas en el caso de autos por la parte recurrente, para lo cual observa lo siguiente: (…).

B.   *Responsabilidad de las entidades financieras por sustracciones de dinero de los clientes*

CSCA (4)   **24-1-2011**

Juez Ponente: Alexis José Crespo Daza

Caso: Mercantil, C.A., Banco Universal vs. Instituto para la Defensa y Educación del Consumidor y del Usuario (hoy INDEPABIS).

Ante la reclamación del cliente debe el banco asumir la responsabilidad que derive del riesgo profesional y de la negligencia propia en implementar los mecanismos técnicos y de seguridad para impedir sustracciones de las cantidades de dinero depositadas por el cliente. Para eximirse de responsabilidad, el banco debe estar en condiciones de probar la culpa o el dolo del titular, tomando en consideración que en tales casos la institución financiera asumirá la carga de la prueba, a los fines de demostrar que ha existido por parte del titular de la correspondiente cuenta bancaria una evidente negligencia en el resguardo de la tarjeta de débito; o, en su caso, una posible actitud dolosa de su parte.

Denunciaron los apoderados judiciales de la parte actora, que el acto administrativo impugnado se encuentra viciado de falso supuesto de hecho, toda vez que afirmó, que independientemente, de que el "Contrato Único de Servicios", esté publicado en la página web de la entidad financiera recurrente, resulta imprescindible, la firma del mismo por parte de los clientes, de lo que se reflejaría la aceptación de las condiciones allí contenidas. Asimismo, alegó que la Administración incurrió en una falsa valoración de las pruebas consignadas para determinar de forma errónea que su representada incurrió en un ilícito administrativo, por un supuesto incumplimiento contractual, no valorando la existencia de un contrato entre Mercantil C.A., Banco Universal, y el denunciante, el cual estaba aprobado por la Superintendencia de Bancos y Otras Instituciones Financieras, en el cual se establecían deberes para cada parte, dentro de los cuales aparecen, el deber del cliente de informar en caso de extravía o hurto de tarjetas que pueda ocasionar retiros indebidos de la cuenta bancaria. Sobre el falso supuesto de hecho, es de señalar que en reiteradas oportunidades se ha establecido que dicho vicio se verifica cuando la Administración al dictar un acto, fundamenta su decisión en hechos, acontecimientos o situaciones que no ocurrieron o que se verificaron de modo distinto a aquél que apreció el órgano administrativo.

Al respecto, es de señalar que independientemente de que exista el "Contrato Único de Servicios", y que el mismo haya sido firmado por el denunciante dicha circunstancia no exime en modo alguno a Mercantil C.A., Banco Universal, a responder por los ahorros de sus clientes. Al respecto, resulta menester efectuar una transcripción de un extracto de la Cláusula Primera del Contrato Único de Servicios, referida a la tarjeta de débito, en la cual se señala:

"Tarjeta: es un documento de acreditación de EL CLIENTE como usuario legítimo de una cuenta, que pueda ser elaborado en plástico o en cualquier otro material idóneo, magnífico o de cualquier otra tecnología, que tiene carácter personal e intransferible y que a los fines de ese documento se puede denominar indistintamente de acuerdo a la operación regulada. Llave mercantil, Tarjeta de Crédito o de cualquier otra forma establecida y regulada por EL BANCO, que mediante solicitud formal, se entrega o se pone a disposición de EL CLIENTE, tomando en cuenta sus especiales condiciones personales y el servicio que se quiere prestar. EL CLIENTE no puede cederla ni permitir que la utilicen terceros en el ejercicio de los derechos o en cumplimiento de las obligaciones inherentes al uso de ella. EL CLIENTE debe por lo tanto conservar LA TARJETA y usarla en la forma debida, la función de LA TARJETA, entre otras, es servir de mecanismos de acceso a los terminales y demás dispositivos electrónicos que permiten efectuar las operaciones y transacciones descritas en el presente documento y todas aquellas que hayan sido autorizadas mediante el cumplimiento de los requisitos de fondo y forma que el banco exige". (Negrillas del original).

Atendiendo a la cláusula transcrita debe precisarse que, conforme a lo estipulado por las partes, el cliente -en este caso el ciudadano Arístides José Acuña Velásquez- eximió de responsabilidad a la Entidad Financiera recurrente cuando terceras personas hagan uso de los servicios que ofrece el Banco, a través de la Tarjeta de Débito. Aplicando lo anterior al caso bajo análisis, debe concluirse que la eventual responsabilidad que pueda recaer sobre el cliente dependerá de que las operaciones no reconocidas hayan sido realizadas por un tercero con su consentimiento, lo que, precisamente, es la defensa esgrimida por el Mercantil, C.A., Banco Universal, ante los reclamos realizados por la usuaria. Sin embargo, la entidad financiera recurrente no demostró que la tarjeta de débito había sido utilizada por un tercero, es decir, que las operaciones hubiesen sido realizadas por una persona diferente al ciudadano Arístides José Acuña Velásquez, caso en el cual, Mercantil C.A., Banco Universal, se hubiese eximido de la responsabilidad con el denunciante y de la multa impuesta por la autoridad administrativa, lo cual no demostró en el procedimiento administrativo -como tampoco en el judicial-. Por tal motivo, no considera esta Corte que el Instituto para la Defensa y Educación del Consumidor y del Usuario efectuó una valoración errada de la pruebas y menos aun falseó los hechos. Además de lo anterior, debe agregarse que Mercantil C.A., Banco Universal como Institución Bancaria, debe dirigir sus actuaciones en pro de garantizar, de manera efectiva, la labor de custodia de bienes que sus clientes ponen a su cargo al momento de celebrar -como en el caso bajo análisis- un contrato de cuenta bancaria y, por ende, de todos los servicios adicionales que dicho contrato implica -por ejemplo, los cajeros automáticos, los puntos de venta y el servicio telefónico-, así como los mecanismos de seguridad más idóneos para proteger los bienes de sus clientes. A mayor abundamiento, conviene traer a colación la decisión de fecha Nº 2009-341 de fecha 10 de marzo de 2009, y reiterada en fecha 13 de julio de 2010, mediante sentencia Nº 2010-906, en la cual analizando los casos de sustracciones del dinero de los usuarios de las entidades de crédito mediante operaciones realizadas por terceros, se analizó que:

"(…) ante la deficiencia en la implementación de oportunas medidas de seguridad, debe la institución financiera asumir las consecuencias que puedan derivarse de manera inmediata de los riesgos naturales que entraña tanto la actividad bancaria en sí misma, como los peligros que pueden suponer la utilización de los medios para la disposición del dinero colocados al alcance del cliente, por ser justamente los bancos quienes ejercen de manera profesional dicha actividad, es decir, por ser quienes –se insiste en ello- de manera reiterada, pública y masiva, se benefician con los resultados de la misma y quienes, además, han ideado los servicios adicionales que ofrecen para la movilización y uso del dinero que les ha sido confiado, tales como: cajeros automáticos, puntos de venta, consultas y transferencias telefónicas, antes aludidos.

Por otra parte, se podría establecer una calificación subjetiva enderezada a precisar en qué condiciones pudo el banco apreciar un probable uso fraudulento por parte de terceras personas de la tarjeta de débito y en qué medida el titular de la cuenta contribuyó por su culpa a dicho uso. En otras palabras, la conducta de las partes frente a las circunstancias de hecho en que se produjo la utilización de la correspondiente tarjeta de débito o sus antecedentes, es determinante para evaluar la eventual responsabilidad. Bajo este parámetro, entonces, por aplicación de principios generales de responsabilidad, el establecimiento de culpa a cargo de una de las partes puede llevar a responsabilidad integral de la misma o la eventual presencia de culpas compartidas puede traducirse en una repartición de la responsabilidad que, a su turno, conduce a una repartición proporcional de los perjuicios pecuniarios sufridos. En todo caso el principio general, aún dentro de esta teoría, sigue siendo que el banco es responsable por haber permitido la sustracción del dinero de la cuenta del cliente mediante la utilización fraudulenta de la tarjeta de débito, sin haber implementado medidas de seguridad oportunas a los fines de impedir que tal hecho sucediera. Por consiguiente, corresponde al banco probar que hubo dolo o culpa del titular de la cuenta bancaria en el resguardo de la tarjeta de débito y que, como consecuencia de ello, se habría verificado el retiro del dinero o la realización de la transacción electrónica por medio de determinado punto de venta. Ahora bien, siendo prevalente la postura de la entidad financiera por su posibilidad de acceso a datos y documentos con mayor facilidad probatoria, no resulta de recibo la exigencia de una prueba completa por el titular de la tarjeta bancaria sobre la verificación de un fraude específico o sustracción indebida y posterior utilización de la tarjeta de débito por terceras personas, por cuanto esto resulta contrario a la equidad y vulnera el justo equilibrio de las prestaciones, no existiendo proporción y equidad en la ejecución del contrato. Así, debe considerarse que la posibilidad del uso por terceros de la tarjeta de débito no siempre representa una actitud voluntaria o querida por el titular de la misma, pues puede ocurrir que los medios por los cuales puede valerse un tercero para el uso de la misma pueden depender de artimañas, engaños, ardid o fraude; frente a cuyos hechos el usuario no podría verse imposibilitado de contar con efectivas garantías técnicas puesta a disposición por parte de la Institución Financiera con el propósito de proteger el dinero que se ha entregado para su guardo. De tal manera que la aplicación de las cláusulas contractuales antes referidas, supondría en la práctica el traslado al titular de la tarjeta de todo el riesgo por el uso indebido. Por lo que, considera esta Corte que en estos casos la teoría del riesgo profesional inherente al tráfico bancario es de aplicación, por lo que el banco emisor de la tarjeta debe responder de los fallos del sistema y de la intervención fraudulenta, salvo dolo o culpa del titular. Visto de otra manera: ante la reclamación del cliente debe el banco asumir la responsabilidad que derive del riesgo profesional y de la negligencia propia en implementar los mecanismos técnicos y de seguridad para impedir sustracciones de las cantidades de dinero depositadas por el cliente.

No obstante lo anterior, para eximirse de responsabilidad, el banco debe estar en condiciones de probar la culpa o el dolo del titular, tomando en consideración que en tales casos la institución financiera asumirá la carga de la prueba, a los fines de demostrar que ha existido por parte del titular de la correspondiente cuenta bancaria una evidente negligencia en el resguardo de la tarjeta de débito; o, en su caso, una posible actitud dolosa de su parte; casos en los cuales no podría obligarse a la institución financiera a asumir la obligación de reparar los daños ocasionados.

De esta manera, cuando se trate, como en el caso de autos, de retiros de dinero o de operaciones realizadas por medio de los denominados puntos de venta, a través de las tarjetas de débito facilitadas por las entidades financieras a los usuarios, y las cuales son denunciadas como transacciones indebidas, corresponde a los bancos la carga de demostrar que los mismos se realizaron de la manera correcta por el titular de la cuenta bancaria a quien le ha sido asignada la tarjeta, a los fines de exonerarse de su responsabilidad. En tales casos, igualmente debe admitirse la responsabilidad del banco en las operaciones realizadas en los denominados puntos de venta, sin perjuicio que, con posterioridad, la institución financiera pueda demostrar que dicha operación se debió a la actitud dolosa o negligente de los encargados (comerciantes) de manipular dichos instrumentos, casos en los cuales podrá exigir de estos su responsabilidad y el debido reembolso de las cantidades previamente devueltas al titular de la cuenta." (Destacado de esta Corte). Por lo tanto, en atención a la decisión parcialmente transcrita se concluye que no podría existir una exención de responsabilidad del banco por considerarse que el titular de la cuenta corriente no ha cumplido con su obligación de resguardar efectivamente las tarjetas de débitos y las chequeras que le han sido otorgadas, pues si ésta pretendiera ser la argumentación de la institución financiera para librarse de responsabilidad, en tales casos se colocaría de su lado la carga de prueba, debiendo por ello demostrar que, en efecto, el cliente ha sido negligente en la custodia de los mencionados instrumentos bancarios. Por todo lo expuesto, esta Corte desecha la denuncia de falso supuesto de hecho alegada por la parte recurrente. Así se decide.

2.   *Expropiación: Ocupación Previa (avalúo)*

TSJ-SPA (367)   **24-3-2011**

Magistrado Ponente: Levis Ignacio Zerpa

Caso: Estado Monagas vs. Foundation Layman y Fundación Agro Educativa Alborada.

El avalúo que se realiza para decretar la ocupación previa cumple el efecto de una suerte de garantía ante los eventuales perjuicios que el expropiante pueda ocasionar al expropiado, desprendiéndose de ello el carácter inimpugnable, no contencioso en la formulación y con intrascendencia en los errores, omisiones y falsedades en él contenidas, no pudiendo erigirse en argumento capaz de incidir en el resto del procedimiento expropiatorio; en tanto que, dentro de este último, se han diseñado especiales etapas para advertir y corregir sus posibles deficiencias.

......La realización del avalúo del bien a expropiar como requisito para la declaratoria de ocupación previa se regula en los artículos 56 y 19 de la Ley de Expropiación por Causa de Utilidad Pública o Social en los términos siguientes:

"Artículo 56. Cuando la obra sea de utilidad pública, de conformidad con lo establecido en el artículo 14 de esta Ley y la autoridad a quien competa su ejecución la califique de urgente realización, deberá hacer valorar el bien por una Comisión de Avalúos designada, conforme a lo dispuesto en el artículo 19 ejusdem a los fines de la ocupación previa, la cual será acordada por el tribunal a quien corresponda conocer del juicio de expropiación, después

de introducida la demanda respectiva y siempre que el expropiante consigne la cantidad en que hubiere sido justipreciado el bien. El resultado de esa valoración no será impugnable por ninguna de las partes, y sólo servirá para que el tribunal de la causa decrete la ocupación previa del bien y se garantice el pago al expropiado ".

"Artículo 19. La Comisión de Avalúos a que se refiere esta Ley estará constituida por tres (3) peritos, designados; uno por el ente expropiante, uno por el propietario y uno nombrado de común acuerdo por las partes. Cuando una de ellas no concurriese o no pudiere avenirse en el nombramiento del tercer miembro, el Juez de Primera Instancia en lo Civil, de la jurisdicción respectiva, hará el nombramiento del que le corresponde a la parte, y del tercer miembro, o de éste solamente, según el caso".

.......Previo a analizar las anteriores denuncias, se considera pertinente destacar lo expuesto en decisiones anteriores de esta Sala, en el sentido de que este tipo de avalúo cumple el efecto de una suerte de garantía ante los eventuales perjuicios que el expropiante pueda ocasionar al expropiado, desprendiéndose de ello el carácter inimpugnable, no contencioso en la formulación y con intrascendencia en los errores, omisiones y falsedades en él contenidas, no pudiendo erigirse en argumento capaz de incidir en el resto del procedimiento expropiatorio; en tanto que, dentro de este último, se han diseñado especiales etapas para advertir y corregir sus posibles deficiencias.

De lo expuesto se colige, que los argumentos esgrimidos por la parte apelante dirigidos a cuestionar el contenido del avalúo del inmueble objeto de la medida expropiatoria, no pueden ser valorados por esta Sala, en tanto que el propio artículo 56 prevé el carácter inimpugnable del aludido avalúo.

No obstante, advierte la Sala que las delaciones de la parte recurrente no se circunscriben al contenido del avalúo, sino que también se denuncia el incumplimiento de lo preceptuado en los referidos artículos 56 y 19 en cuanto a la conformación de la Comisión de Avalúos.

Al respecto, advierte la Sala que en las copias fotostáticas remitidas a este órgano jurisdiccional, consta copia del informe de avalúo realizado en abril de 2010 por la Ingeniero Yamilet López, en el que se indica que:

"Se procedió a realizar el Avalúo de un inmueble el cual está comprendido por unas bienhechurías de un terreno ubicado en El Sector Las Delicias, Parroquia San Francisco, Municipio Acosta, Estado Monagas. El presente informe técnico se realizó con la finalidad de estimar el valor de las bienhechurías existentes en un terreno, a los efectos de su posible compra para la construcción de una Escuela por parte de la Gobernación del Estado Monagas". (Sic)

No se evidencia del anterior documento, que el mismo haya sido emitido por la Comisión de Avalúos que prescribe la Ley en los artículos antes mencionados, pues de las copias que cursan en autos, sólo se desprende la participación en su elaboración de la mencionada Ingeniero Yamilet López, sin que se haga ninguna mención a la conformación de la respectiva Comisión, por lo que considera la Sala que, en el presente caso, se incumplió con formalidades necesarias para la correcta constitución de la Comisión de Avalúos que de acuerdo a la Ley debe realizar la valoración del bien a expropiar.

Ahora bien, en este estado la Sala considera pertinente acotar que el resto de los requisitos previstos en la Ley para el decreto de ocupación previa, constan suficientemente en el expediente, así: 1) Consta la declaratoria de urgencia de la obra contenida en el Decreto N° G-768/2010 emitido por el Gobernador del Estado Monagas el 15 de junio de 2010; 2) En el presente caso por tratarse la obra a ejecutar de una institución educativa, "Construcción de la Escuela Básica Las Delicias", no es necesaria, de acuerdo a lo previsto, en el artículo 14 de la

Ley de Expropiación por Causa de Utilidad Pública o Social, la declaratoria de utilidad pública por parte del Consejo Legislativo; 3) Se introdujo ante el tribunal competente la correspondiente demanda de expropiación; 4) El ente expropiante consignó con la solicitud de ocupación previa, la cantidad dineraria en que había sido justipreciado el inmueble; 6) Los propietarios se encuentran notificados del procedimiento expropiatorio y 7) Según consta en el expediente se realizó la inspección judicial sobre el bien, a objeto de dejar constancia de las circunstancias que han de ser tomadas en cuenta para la determinación del justiprecio definitivo.

Así las cosas, visto que, conforme se desprende del expediente, la apelación del decreto de ocupación fue oída en un solo efecto, por lo que es posible que la ocupación ya se haya verificado, esta Sala, considerando que el resto de los requisitos para la procedencia de dicha medida se encuentran satisfechos, y las razones de urgencia y utilidad pública que motivaron la adopción de la misma, estima que el requerimiento faltante debe ser subsanado sin alterarse la situación existente, por lo que declara parcialmente con lugar la apelación realizada por la representación de las fundaciones FOUNDATION LAYMAN y FUNDACIÓN AGRO EDUCATIVA ALBORADA, del decreto de ocupación previa dictado en fecha 5 de octubre de 2010 por el Juzgado Segundo de Primera Instancia en lo Civil y Mercantil de la Circunscripción Judicial del Estado Monagas, en el juicio de expropiación incoado por el Estado Monagas. Así se declara.

Como consecuencia de lo anterior, faltando únicamente la correcta realización del avalúo respectivo, la Sala ordena se verifiquen los trámites atinentes al mismo y, de ser el caso, se ajuste y consigne la cantidad correspondiente al justiprecio acordado en el nuevo avalúo.

A tal fin, el *a quo* deberá realizar las actuaciones conducentes a la conformación de la Comisión de Avalúos a que se refiere el artículo 19 de la Ley de Expropiación por Causa de Utilidad Pública y Social, con el objeto de dar cumplimiento al requisito señalado en el artículo 56 *eiusdem*.

Para ello se concede un lapso de diez (10) días continuos, contados a partir de la fecha del recibo del presente expediente. Nombrada la Comisión, ésta deberá realizar el avalúo y presentar el informe respectivo dentro de un lapso también preclusivo de 15 días continuos a partir del nombramiento, y el Juzgado deberá de inmediato, previa consignación del cheque respectivo, de ser el caso, ratificar el decreto de ocupación previa.

3.   *Actividad Comercial: Anotaciones y publicaciones en el Registro de Comercio*

TSJ-SPA (32)   **13-1-2011**

Magistrado Ponente: Evelyn Marrero Ortíz

Caso: Agropecuaria Flora "AGROFLORA", C.A. vs. Servicio Nacional Integrado de Administración Tributaria (SENIAT).

De acuerdo al Código de Comercio, es ineludible dejar la debida constancia en el respectivo Registro de Comercio de todas aquellas actuaciones que signifiquen cambios o alteraciones *que interesen a terceros* en los documentos constitutivos-estatutarios de las diversas formas societarias, así como la publicación de dichas reformas, pues será a partir de ésta que los terceros estarán en conocimiento de las modificaciones que puedan haber ocurrido en las sociedades de que se trate, vale decir, de su conformación societaria o accionaria y, por ende, de quiénes están en capacidad de obligar a dicha compañía.

Por tal motivo, la Sala señala que las inscripciones en el libro de accionistas demuestran la titularidad de las acciones entre el accionista y la propia sociedad, pero no así frente a terceros.

......A los fines de dilucidar lo atinente al valor probatorio de las referidas probanzas, juzga necesario esta Sala, transcribir los dispositivos contenidos en el Código de Comercio, referidos unos a las obligaciones de los comerciantes respecto de los documentos que deben registrarse y publicarse (artículos 19, ordinal 9° y 25), y otros relacionados a la forma de los contratos de sociedad (artículos 212, 215, 217 y 221), que a la letra señalan:

"Artículo 19.- Los Documentos que deben anotarse en el Registro de Comercio, según el artículo 17, son los siguientes:

(...)

9° Un extracto de las escrituras en que se forma, se prorroga, se hace alteración que interese a tercero o se disuelve una sociedad y las en que se nombren liquidadores.

Artículo 25.- Los documentos expresados en los números 1°, 2°, 3°, 7°, 8°, 9°, 10, 11,12 y 13 del artículo 19, no producen efecto sino después de registrados y fijados.

Sin embargo, la falta de oportuno registro y fijación no podrán oponerla a terceros de buena fe los interesados en los documentos a que se refieren esos números. ".

"Artículo 212.- Se registrará en el Tribunal de Comercio de la jurisdicción y se publicará en un periódico que se edite en la jurisdicción del mismo Tribunal, un extracto del contrato de compañía en nombre colectivo o en comandita simple. Si en la jurisdicción del Tribunal no se publicare periódico, la publicación se hará por carteles fijados en los lugares más públicos del domicilio social. La publicación se comprobará con un ejemplar del periódico o con uno de los carteles desfijados, certificado por el Secretario del Tribunal de Comercio. (...)".

"Artículo 215.- (...)

Dentro de los quince días siguientes al otorgamiento del documento constitutivo de la compañía anónima, de la compañía en comandita por acciones o de la compañía de responsabilidad limitada, el administrador o administradores nombrados presentarán dicho documento, al Juez de Comercio de la jurisdicción donde la Compañía ha de tener su asiento o al Registrador Mercantil de la misma; y un ejemplar de los estatutos, según el caso. El funcionario respectivo, previa comprobación de que en la formación de la compañía se cumplieron los requisitos de ley, ordenará el registro y publicación del documento constitutivo y mandará archivar los estatutos. ".

"Artículo 217.- Todos los convenios o resoluciones que tengan por objeto la continuación de la compañía después de expirado su término; la reforma del contrato en las cláusulas que deban registrarse y publicarse, que reduzcan o amplíen el término de su duración, que excluyan algunos de sus miembros, que admitan otros o cambien la razón social, la fusión de una compañía con otra, y la disolución de la compañía aunque sea con arreglo al contrato estarán sujetos al registro y publicación establecidos en los artículos precedentes. ".

"Artículo 221.- Las modificaciones en la escritura constitutiva y en los estatutos de las compañías, cualquiera que sea su especie, no producirán efectos mientras no se hayan registrado y publicado, conforme a las disposiciones de la presente Sección." (Destacado y subrayado de la Sala).

De la referida normativa se desprende que la intención del legislador fue, entre otras, la de hacer ineludible el dejar la debida constancia en el respectivo Registro de Comercio, de todas aquellas actuaciones que signifiquen cambios o alteraciones *que interesen a terceros* en los documentos constitutivos-estatutarios de las diversas formas societarias reguladas por el

Código de Comercio, así como la publicación de dichas reformas, pues será a partir de ésta que los terceros estarán en conocimiento de las modificaciones que puedan haber ocurrido en las sociedades de que se trate, vale decir, de su conformación societaria o accionaria y, por ende, de quiénes están en capacidad de obligar a dicha compañía. (*Vid.* Sentencia N° 00383 del 25 de marzo de 2009, caso: *AGROFLORA*).

En el caso de la prueba promovida por la contribuyente, relativa al traspaso de las acciones para el 20 de noviembre de 1991, a fin de mostrar quiénes eran sus accionistas para esa fecha, debe esta Alzada observar que tales inscripciones demuestran la titularidad de las acciones entre el accionista y la propia sociedad, pero no así frente a terceros; por tanto, dicho documento no resulta oponible ante el Fisco Nacional para comprobar el traspaso de acciones asentado, mientras no se haya efectuado su registro y publicación, conforme a los términos de las aludidas normas. En razón de ello, resulta forzoso para esta Sala desestimar el pretendido valor probatorio de las inscripciones asentadas en el referido libro de accionistas, promovido por la contribuyente. Así se declara.

En cuanto a la prueba relativa a la copia del Acta de Asamblea de Accionistas de fecha 20 de noviembre de 1991, certificada por el Tribunal Superior Séptimo de lo Contencioso Tributario, de conformidad con el artículo 112 del Código de Procedimiento Civil, la Sala observa lo siguiente:

Según dicha acta se resolvió *"Rescatar del capital social de la compañía las acciones tipo A, las cuales son propiedad de THE LANCASHIRE GENERAL INVESTMENT COMPANY LIMITED. Dicho rescate se llevará a cabo mediante la desincorporación de dichas acciones del capital social de la compañía, y el pago del valor nominal de las mismas a su titular THE LANCASHIRE GENERAL INVESTMENT COMPANY LIMITED. Como consecuencia del rescate de dichas acciones, el capital de la compañía se reduce de la cantidad de CIENTO SETENTA Y DOS MILLONES DE BOLÍVARES (Bs. 172.000.000,00) a la cantidad de OCHENTA Y SEIS MILLONES DE BOLÍVARES (Bs. 86.000.000,00), mediante el rescate de las OCHO MIL SEISCIENTAS (8.600) acciones Tipo A"*. (Subrayado de la Sala).

Del referido instrumento pudo apreciarse un sello estampado del cual se evidencia que fue presentado ante el Registro Mercantil Primero de la Circunscripción Judicial del Estado Carabobo; sin embargo, de las actas procesales no consta que se haya cumplido con el requisito atinente a su publicación, como lo establece y exige la normativa citada *supra*, pues se trata de una resolución que reforma el contrato social de la constitución de la referida sociedad mercantil, en una cláusula que debe registrarse y publicarse, de conformidad con los postulados previstos en los dispositivos antes transcritos. Ello así, a fin de que dichos acuerdos produjeran sus efectos.

Luego entonces, tal como está redactada el acta fechada el 20 de noviembre de 1991, se aprecia evidente que el rescate de las aludidas acciones originó una reducción del capital social de la compañía, situación que además, trajo como consecuencia una modificación en la escritura constitutiva y en los estatutos de dicha empresa, razón por la cual la misma estaba sujeta también al requisito de publicidad para que pudiera producir efectos ante terceros, de conformidad con la señalada normativa. Así se declara.

En consecuencia, debe considerarse que la prenombrada empresa *The Lancashire General Investment Company Limited,* para el 31 de diciembre de 1991 sí era accionista de la sociedad mercantil "AGROFLORA". Así se declara.

Sobre la base de las consideraciones anteriormente señaladas, juzga esta Alzada que para la fecha de disponibilidad de los dividendos, esto es el 31 de diciembre de 1991, la compañía *The Lancashire General Investment Company Limited* domiciliada en Londres, Inglaterra, era una de las accionistas de la contribuyente Agropecuaria Flora, C.A., con lo cual, conforme lo afirmara la representante judicial del Fisco Nacional, ésta se encontraba obligada a efectuar la retención sobre los dividendos considerados disponibles para el 31 de diciembre de 1991, ya que el citado Decreto N° 1.506 contempló dentro de los supuestos de pago de dividendos a aquellos beneficiarios no domiciliados ni residentes en el país, en consecuencia, esta Sala estima acertados los alegatos planteados por la representación fiscal, referente a la procedencia de la retención de impuesto sobre dividendos disponibles al 31 de diciembre de 1991 y el incumplimiento de la obligación de retener los mismos, por parte del Agente de Retención, motivo por el cual los impuestos determinados en virtud de ello, así como la multa impuesta son también procedentes. Razón por la que se revoca de la sentencia apelada lo relativo a este punto. Así se declara.

IV. LA ACTIVIDAD ADMINISTRATIVA

1. *Procedimiento Administrativo*

A. *Decisión: Inobservancia de los lapsos para decidir*

TSJ-SPA (182)   **10-2-2011**

Magistrado Ponente: Levis Ignacio Zerpa

Caso: Nuris Margarita Peñalver vs. Contraloría General de la República

La inobservancia por la Administración de los lapsos para decidir los asuntos sometidos a su consideración, no está prevista en nuestro ordenamiento jurídico como una causal autónoma de nulidad de los actos administrativos. Ello así, es necesario a tal fin que concurran otras circunstancias de las que pueda inferirse una grave afectación al derecho a la defensa de las partes.

….2.1.- Alegó la parte accionante que según lo dispuesto en el artículo 53 del Reglamento de la Ley Orgánica de la Contraloría General de la República se delimita el tiempo de sustanciación del procedimiento de averiguaciones administrativas, acotando que en el caso de su representada se paralizó el expediente por tres (3) años siete (7) meses y catorce (14) días. Concluyó además que al haber sobrepasado la investigación el tiempo fijado en dicha norma, el funcionario que dictó el acto ya no tenía potestad para hacerlo.

Ello así, denunció esa representación judicial que a su representada le fue vulnerado su derecho a la defensa y al debido proceso, en virtud de que se "violentó" el orden, secuencia y unidad del expediente administrativo, destacando que la sustanciación del mismo duro más de cinco (5) años, sin que se hubiese dictado un acto que justificase tal dilación. Agregó que se vulneró también principio de inocencia de su mandante, pues en el acto de apertura de la investigación no fue tratada como indiciada no se le indicaron de manera clara los hechos imputados.

En primer lugar, advierte la Sala que la norma a la cual se refiere la actora es la contenida en el Reglamento de la Ley Orgánica de la Contraloría General de la República publicado en la *Gaceta Oficial de la República de Venezuela* N° 5.128 Extraordinario del 30 de diciembre de 1996.

El referido artículo 53 establece lo siguiente:

*"**Artículo 53.** La sustanciación de las averiguaciones administrativas tendrá una duración de seis (6) meses, contados a partir de la fecha del respectivo auto de apertura, este término será prorrogable por un período máximo de seis (6) meses, siempre que exista causa grave, sobre la cual el funcionario competente hará declaración expresa en el auto de prórroga."*

Observa la Sala que en el caso de autos, efectivamente, el procedimiento administrativo se desarrolló en un lapso superior al previsto en la norma transcrita, pues se inició en fecha 21 de diciembre de 2001 y culminó el 06 de agosto de 2007, con el acto dictado por el Director de Determinación de Responsabilidades de la Dirección General de Procedimientos Especiales de la Contraloría General de la República, actuando por delegación del Contralor General de la República, mediante el cual se declaró la responsabilidad administrativa de la recurrente en su condición de Secretaria Sectorial de Hacienda, Administración y Finanzas de la Gobernación del Estado Aragua, y se le impuso multa por la cantidad de un millón doscientos cuarenta y tres mil doscientos bolívares con 00/100 (Bs. 1.243.200,00), ahora expresados en la cantidad de un mil doscientos cuarenta y tres bolívares con 20/100 (Bs. 1.243,20).

Sin embargo, la inobservancia por la Administración de los lapsos para decidir los asuntos sometidos a su consideración, no está prevista en nuestro ordenamiento jurídico como una causal autónoma de nulidad de los actos administrativos. Ello así, es necesario a tal fin que concurran otras circunstancias de las que pueda inferirse una grave afectación al derecho a la defensa de las partes.

En este sentido, en decisión N° 01808 publicada el 8 de noviembre de 2007, esta Sala estableció:

"...la no sujeción estricta de la Administración a los plazos que conforme a la ley tiene para realizar determinada actuación, no constituye por sí sola, en principio, un vicio que afecte directamente la validez del acto administrativo y por tanto no genera su nulidad, a no ser que se esté, verbigracia, ante un supuesto de prescripción.

El retardo de la Administración en producir decisiones lo que puede acarrear es la responsabilidad del funcionario llamado a resolver el asunto en cuestión, pues en ese caso ciertamente se vulnera el contenido del artículo 41 de la Ley Orgánica de Procedimientos Administrativos, por cuya virtud las autoridades y funcionarios competentes deben observar los términos y plazos legalmente establecidos, para el despacho de los asuntos sometidos a su consideración.

Esta responsabilidad, tanto de los funcionarios como de las demás personas que presten servicios en la Administración Pública, se encuentra expresamente consagrada en los artículos 3 y 100 eiusdem (Vid. Sentencia N° 63 de esta Sala, dictada el 6 de febrero de 2001, caso Aserca Airlines, C.A. contra Ministro de Infraestructura)".

De esta manera, aun cuando en el caso bajo estudio el órgano de control fiscal sustanció y decidió el procedimiento administrativo en un lapso mayor al establecido en el artículo 53 del Reglamento de la Ley Orgánica de la Contraloría General de la República, de autos no se desprenden elementos que demuestren el menoscabo del derecho constitucional a la defensa de la parte recurrente.

2.   *Recursos Administrativos: Lapsos (término de distancia)*

TSJ-SPA (182)   **10-2-2011**

Magistrado Ponente: Levis Ignacio Zerpa

Caso: Nuris Margarita Peñalver vs. Contraloría General de la República.

La Sala Político Administrativa consideró en el caso de autos que el término de la distancia concedido por la Administración recurrida fue computado debidamente, esto es, por días consecutivos, contados antes del lapso de quince (15) días hábiles, puesto que dicho lapso se otorga a los fines de que el Administrado se traslade al sitio donde debe realizar su actuación.

....En primer lugar, observa la Sala que en el escrito de reforma del libelo la parte actora solicitó la nulidad de la Resolución s/n de fecha 05 de diciembre de 2007, mediante la cual se inadmitió el recurso de reconsideración interpuesto por extemporáneo, y por ende se declaró la firmeza del acto que declaró la responsabilidad administrativa de la actora.

Corresponde así revisar si en efecto el recurso de reconsideración interpuesto resultaba admisible, basándose en los elementos cursantes en autos, en tal sentido, se observa:

a.- Cursa a los folios 181 y 182 del expediente administrativo Oficio N° 08-01-1414 de fecha 04 de octubre de 2007, mediante el cual la Dirección General de Procedimientos Especiales de la Contraloría General de la República notificó a la ciudadana Nuris Margarita Peñalver Fajardo la decisión de fecha 06 de agosto de 2007, por la que declaró su responsabilidad administrativa y le impuso multa. En el referido acto se informó que *"de conformidad con el artículo 107 de la Ley Orgánica de la Contraloría General de la República y del Sistema Nacional de Control Fiscal, podrá interponer contra dicha decisión el correspondiente Recurso de Reconsideración ante quien suscribe, en un lapso de quince (15) días hábiles más dos (02) días continuos que se le conceden por el término de distancia, contados a partir de la fecha de su notificación"*.

El referido acto aparece firmado como recibido por la actora en fecha 18 de octubre de 2007.

b.- Cursa al folio 212 del expediente administrativo, escrito por el que la actora interpuso recurso de reconsideración contra el acto de fecha 06 de agosto de 2007.

El referido escrito, según se evidencia del sello húmedo del órgano contralor fue consignado ante la Dirección General de Procedimientos Especiales de la Contraloría General de la República el 12 de noviembre de 2007.

c.- Cursa del folio 240 al folio 249, acto de fecha 05 de diciembre de 2007, dictado por la Dirección General de Procedimientos Especiales de la Contraloría General de la República, mediante el cual inadmitió el recurso de reconsideración antes señalado, por considerarlo extemporáneo.

Ahora bien, en el Oficio N° 08-01-1414 de fecha 04 de octubre de 2007 mediante el cual se notificó a la accionante se indicó: *"de conformidad con el artículo 107 de la Ley Orgánica de la Contraloría General de la República y del Sistema Nacional de Control Fiscal, podrá interponer contra dicha decisión el correspondiente Recurso de Reconsideración ante quien suscribe, en un lapso de quince (15) días hábiles más dos (02) días continuos que se le conceden por el término de distancia, contados a partir de la fecha de su notificación."*

De otra parte, en el acto de fecha 05 de diciembre de 2007 la Administración computó el lapso para ejercer el correspondiente recurso de reconsideración de la siguiente manera: *"desde el día siguiente al 18 de octubre de 2007, han transcurrido los días 19 y 20 de octubre correspondientes a los dos (2) días continuos concedidos como término de la distancia, más los días 22, 23, 24, 25, 26, 29, 30, 31 del mes de octubre y 1, 2, 5, 6, 7, 8 y 9 del mes de noviembre que corresponden a los quince (15) días hábiles previstos en el citado artículo 107 de la ley Orgánica de la Contraloría General de la República y del Sistema Nacional de Control Fiscal".*

De conformidad con en el artículo 94 de la Ley Orgánica de Procedimientos Administrativos *"El recurso de reconsideración procederá contra todo acto administrativo de carácter particular y deberá ser interpuesto dentro de los quince (15) días siguientes a la notificación del acto que se impugna, por ante el funcionario que lo dictó. (…)".*

El artículo 42 *eiusdem* a su vez, dispone que: *"Los términos o plazos se contarán siempre a partir del día siguiente de aquel en que tenga lugar la notificación o publicación. En los términos o plazos que vengan establecidos por días, se computarán exclusivamente los días hábiles, salvo disposición en contrario. Se entenderá por días hábiles, a los efectos de esta Ley, los días laborables de acuerdo con el calendario de la Administración Pública."*

La Sala Constitucional de este Máximo Tribunal, en sentencia N° 2.228 del 20 de septiembre de 2002, citada por esta Sala en decisiones N° 1.246 y 90, publicadas el 15 de octubre de 2008 y el 22 de enero de 2009, respectivamente, dispuso:

*"En nuestro ordenamiento jurídico, la Ley Orgánica de Procedimientos Administrativos establece los lapsos para la interposición y decisión y condiciones de los recursos administrativos en general, cuales son, exceptuando el recurso de revisión y queja: i) **el recurso de reconsideración, que aparece en el artículo 94, el cual debe interponerse en un lapso de quince (15) días hábiles de la Administración (ex artículo 42)** ante la misma autoridad que dictó el acto administrativo cuya revisión se pretende y que debe ser decidido en un lapso de quince (15) días hábiles de la Administración siguientes a su recibo y; ii) el recurso jerárquico que aparece en el artículo 95, que debe interponerse en un lapso de quince (15) días hábiles de la Administración siguientes a la notificación de la decisión del recurso de reconsideración o, una vez producido el silencio rechazo, ante el superior jerárquico, el cual dispone de noventa (90) días hábiles de la Administración para decidir (ex artículo 91) (...)".* (Resaltado de este fallo).

Se colige de la normativa y criterio citados, que el lapso de quince (15) días que prevé la ley para ejercer un recurso de reconsideración debe computarse por días hábiles de la Administración, tal como fue indicado en el oficio de notificación *supra* referido. Del mismo modo, debe advertirse que es criterio de esta Sala, y así lo estableció la Sala Plena de la extinta Corte Suprema de Justicia mediante acuerdo de fecha 17 de marzo de 1987, que en virtud de la finalidad por la cual han sido consagrados en nuestro sistema procesal los términos de distancia, *"deberán ser fijados en días **calendarios consecutivos** y no en días de despacho"*, debiendo comprenderse en estos los días hábiles. (Resaltado del fallo citado). (*Vid.* sentencia N° 82 del 19 de enero de 2006, ratificada el 27 de septiembre de 2007 mediante decisión N° 1.609, ambas de esta Sala Político Administrativa).

Se aprecia de lo expuesto, que el término de la distancia concedido por la Administración recurrida también fue computado debidamente, esto es, por días consecutivos, contados **antes** del lapso de quince (15) días hábiles, puesto que dicho lapso se otorga a los fines de que el Administrado se traslade al sitio donde debe realizar su actuación.

Señalado lo anterior, es de observar que realizado el cómputo de los mencionados lapsos a partir del día siguiente al jueves 18 de octubre de 2007 (fecha en que se verificó la notificación del acto de fecha 06 de agosto de 2007), comprendían los siguientes: viernes 19 y sábado 20 (correspondientes a los dos (02) días continuos del término de la distancia) y lunes 22, martes 23, miércoles 24, jueves 25, viernes 26, lunes 29, martes 30, miércoles 31 de octubre y jueves 01, viernes 02, lunes 05 de octubre, martes 06, miércoles 07, jueves 08 y viernes 09 de noviembre (correspondientes a los quince (15) días hábiles).

En consecuencia, realizándose el cómputo de esa manera podría concluirse que resulta ajustado a derecho el acto por medio del cual la Administración declaró inadmisible por extemporáneo el recurso de reconsideración intentado el 12 de noviembre de 2007.

Sin embargo, advierte la Sala tal como ya lo decidió en un caso análogo al de autos (Ver sentencia 00013 de fecha 12 de enero de 2011), que de computarse los dos (02) días continuos de término de la distancia al final del último día del lapso que nos ocupa, la situación sería distinta, esto es, realizado el cómputo de los mencionados lapsos comenzando por los quince (15) días hábiles: a partir del día siguiente al jueves 18 de octubre de 2007 (fecha en que se verificó la notificación del acto de fecha 06 de agosto de 2007), comprendían los siguientes: viernes 19, lunes 22, martes 23, miércoles 24, jueves 25, viernes 26, lunes 29, martes 30, miércoles 31 de octubre y jueves 01, viernes 02, lunes 05 de octubre, martes 06, miércoles 07, jueves 08, más dos (02) días continuos de término de la distancia correspondientes al viernes 09 y sábado 10. En vista de que el lapso vencería en un día no laborable se entiende que el recurso podría presentarse en el día hábil siguiente, esto es, el lunes 12 de noviembre de 2007.

Expuesto lo anterior, visto que el cómputo del lapso para incoar el recurso de reconsideración en el presente caso varía de acuerdo a si se computan los días otorgados como término de la distancia al principio o a final del lapso, considera la Sala acertado en resguardo del derecho a la defensa de la parte actora, realizar el cómputo de la manera que más favorezca a la administrada, ello en virtud de que ha podido incurrir en error debido a que en el oficio de notificación se indicó que contaba con *"un lapso de quince (15) días hábiles más dos (02) días continuos que se le conceden por el término de distancia"*.

Con base en lo expuesto, establece la Sala que al haber incoado la ciudadana Nuris Margarita Peñalver Fajardo el recurso de reconsideración el 12 de noviembre de 2007, el mismo resulta tempestivo. Así se decide.

En consecuencia, se anula el acto de fecha 05 de diciembre de 2007, por el cual el Director de Determinación de Responsabilidades de la Dirección General de Procedimientos Especiales de la Contraloría General de la República, actuando por delegación del Contralor General de la República, declaró extemporáneo el recurso de reconsideración ejercido. Así se decide.

3.   *Contratos Administrativos*

TSJ-SPA (119)   **27-1-2011**

Magistrado Ponente: Trina Omaira Zurita

Caso: Constructora Vicmari, C.A. vs. Ministro del Poder Popular para la Infraestructura.

Las facultades exorbitantes para dar por terminada la relación contractual (que se manifiestan en un privilegio de la Administración frente a los particulares), aparecen limitadas por el principio de legalidad, pues no obstante que el contratante tiene la potestad de rescindir, para tal fin debe esgrimir razones que, de acuerdo a las normas que rigen el negocio jurídico celebrado, justifican la medida (*vid.*, sentencia N° 00422 del 19 de mayo de 2010), sin menoscabo que deban ser indemnizados, de ser el caso, los perjuicios que dicha rescisión conlleve (*vid.*, en este sentido, sentencia N° 00486 de fecha 27 de marzo de 2003).

Adicionalmente, en el contexto del asunto debatido, resulta necesario señalar lo siguiente:

Tal como lo ha fijado la jurisprudencia sobre el tema, en los denominados *contratos administrativos* se encuentran presentes reglas propias y distintas a las del derecho común, según las cuales se autoriza a la Administración a rescindirlos unilateralmente. Dichas estipulaciones, conocidas como *cláusulas exorbitantes* pueden resultar de la previsión de una disposición legal, cuya falta de inclusión en el texto del contrato no excluye su aplicación (*vid.*, entre otras decisiones, sentencia dictada en fecha 14 de junio de 1983, por la Sala Político-Administrativa de la extinta Corte Suprema de Justicia, caso: *Acción Comercial*, ratificada por esta Sala en sentencias N° 00820 y 01533 de fechas 31 de mayo de 2007 y 28 de octubre de 2009, en ese orden).

En este sentido, los principios de autonomía de la voluntad e igualdad jurídica de las partes quedan subordinados en el contrato administrativo y es el interés público el que prevalece sobre los privados o particulares. Por lo tanto, la Administración queda investida de una posición de privilegio o superioridad así como de prerrogativas, propias de las cláusulas exorbitantes y que se extienden a la interpretación, modificación y resolución del contrato. (*Vid.*, sentencia N° 01533, referida *supra*. En igual sentido, sentencia N° 00422 del 19 de mayo de 2010, caso: *C.A. Inversiones KA vs. Ministerio del Poder Popular para la Defensa*).

Por estas cláusulas la Administración queda habilitada, en efecto, a ejercer sobre su co-contratante un control de alcance excepcional, pues en virtud de tal privilegio puede, a la vez, "(…) *decidir ejecutoriamente sobre: la perfección del contrato y su validez, la interpretación del contrato, la realización de las prestaciones debidas por el contratista (modo, tiempo, forma), la calificación de situaciones de incumplimiento, la imposición de sanciones contractuales en ese caso, la efectividad de éstas, la prórroga del contrato, la concurrencia de motivos objetivos de extinción del contrato, la recepción y aceptación de las prestaciones contractuales, las eventuales responsabilidades del contratista durante el plazo de garantía, la liquidación del contrato, la apropiación o la devolución final de la fianza*" (*vid.* , sentencia N° 01002 de fecha 5 de agosto de 2004).

De manera que la Administración puede, entre otras cosas, terminar la relación contractual cuando considere que el co-contratante ha incumplido alguna de las cláusulas convenidas.

Ahora bien, la *rescisión* está prevista en las Condiciones Generales de Contratación para la Ejecución de Obras contenidas en el Decreto 1.417 del 31 de julio de 1996, publicado en la *Gaceta Oficial de la República de Venezuela* N° 5.096 Extraordinario de fecha 16 de septiembre de ese mismo año, aplicables al caso de autos por razón del tiempo. En ese orden, disponen los artículos 116 y 117 de dicho cuerpo normativo, lo que sigue:

"Artículo 116: El Ente Contratante podrá rescindir unilateralmente el contrato en cualquier momento, cuando el Contratista:

a) Ejecute los trabajos en desacuerdo con el contrato, o los efectúe en tal forma que no le sea posible concluir la obra en el término señalado.

b) Acuerde la disolución o liquidación de su empresa, solicite se le declare judicialmente en estado de atraso o de quiebra, o cuando alguna de esas circunstancias haya sido declarada judicialmente.

c) Ceda o traspase el contrato, sin la previa autorización del Ente Contratante, dada por escrito.

d) No comience los trabajos en el plazo establecido en el Documento Principal o en el de la prórroga, si la hubiere.

e)   *Interrumpa los trabajos por más de cinco (5) días hábiles sin causa justificada.*

f)   *Cometa errores u omisiones de carácter grave en la ejecución de los trabajos.*

g)   *Haya sido objeto de sanciones por parte de las autoridades del Ministerio del Trabajo, del Instituto Venezolano de los Seguros Sociales o del Instituto Nacional de Cooperación Educativa, por incumplimiento de las leyes y reglamentos que rigen las materias que les competen.*

h)   *Esté ejecutando los trabajos en contravención a las disposiciones de la Ley del Ejercicio de la Ingeniería, la Arquitectura y Profesiones Afines.*

i)   *Haya obtenido el contrato mediante tráfico de influencias, sobornos, suministro de datos falsos, concusión, comisiones o regalos o haber empleado tales medios para obtener beneficios con ocasión del contrato, siempre que esto se compruebe mediante la averiguación administrativa o judicial que al efecto se practique.*

j)   *No mantenga al frente de la obra a un Ingeniero Residente de acuerdo a lo establecido en el artículo 21 de este Decreto.*

k)   Cometa cualquier otra falta o incumplimiento de las obligaciones establecidas en el contrato, a juicio del Ente Contratante ".

"Artículo 117: Cuando el Ente Contratante decida rescindir unilateralmente el contrato por haber incurrido el Contratista en alguna o algunas de las causales antes indicadas, lo notificará por escrito a éste, los garantes y cesionarios si los hubiere (...) ". (Negrillas de esta Sala).

Cabe añadir que tales disposiciones normativas fueron previstas en similares términos, en los artículos 127 y 128 del Decreto N° 5.929 con Rango, Valor y Fuerza de Ley de Contrataciones Públicas, publicado en la *Gaceta Oficial de la República Bolivariana de Venezuela* N° 5.877 Extraordinario del 14 de marzo de 2008, reformado el 24 de abril de 2009 publicado en la *Gaceta Oficial de la República Bolivariana de Venezuela* N° 39.165, así como en la vigente Ley de Reforma Parcial de la Ley de Contrataciones Públicas, publicada en la *Gaceta Oficial* N° 39.503 de fecha 6 de septiembre de 2010, los cuales reconocen la potestad que tiene la Administración de rescindir el contrato cuando considere que el contratista se encuentra incurso en alguna de las precitadas causales, debiendo solamente motivar suficientemente el acto y notificar a la empresa contratista para garantizar su derecho a la defensa (*vid.* , sentencias Nros. 01811 del 10 de diciembre de 2009 y 00422 del 19 de mayo de 2010).

Delineado lo anterior, corresponde a esta Máxima Instancia Contencioso Administrativa comprobar, en principio, si ocurrieron las circunstancias fácticas señaladas en el acto recurrido, para luego determinar si la Administración realizó una adecuada apreciación de los hechos al subsumirlos en las normas que le sirvieron de fundamento para rescindir el contrato objeto de análisis, aspectos que guardan relación con la tácita denuncia formulada por la recurrente en cuanto a que el acto cuestionado incurre en falso supuesto de hecho (…). A tal efecto, observa:

1.- El acto administrativo originario contenido en la Resolución DM/N° 131 de fecha 4 de junio de 2008 dictada por el entonces Ministro del Poder Popular para la Infraestructura, mediante el cual resolvió:

"DM/N° 131 Caracas, 04 JUN 2008

198° y 149°

RESOLUCIÓN

*Mediante Punto de Cuenta N° 0342 de fecha 29 de octubre de 2007, la Dirección General de Equipamiento Urbano solicitó la autorización para iniciar el procedimiento administrativo para la rescisión del Contrato N° **DEU-2001-0871**, correspondiente a la Obra: **REPARACIÓN Y MEJORAS SEDE MINFRA, NÚCLEO***

CÚA, ESTADO MIRANDA, *celebrado con la empresa* **CONSTRUCTORA VIC-MARI, C.A.** *Visto el referido Punto de Cuenta, este Despacho Ministerial observa:*

I

ANTECEDENTES

En fecha 31 de diciembre de 2001, se suscribió el contrato **N° DEU-2001-0871** (…) *con la empresa* **CONSTRUCTORA VICMARI, C.A.** *para la ejecución de la obra:* **REPARACIÓN Y MEJORAS SEDE MINFRA, NÚCLEO CÚA, ESTADO MIRANDA**, *cuyo plazo de ejecución fue de ocho (08) meses contados a partir de los quince (15) días siguientes a la firma del contrato.*

Según el aludido contrato y de conformidad con lo establecido en el artículo 53 del Decreto N° 1.417 de fecha 31 de julio de 1996, publicado en la Gaceta Oficial de la República de Venezuela N° 5.096 Extraordinario de fecha 16 de septiembre de 1996, contentivo de las Condiciones Generales de Contratación para la Ejecución de Obras, se estableció un Anticipo Contractual por la cantidad de **SESENTA MI-LLONES DE BOLÍVARES SIN CÉNTIMOS (Bs. 60.000.000,00)**, *equivalentes a* **SESENTA MIL BOLÍVARES FUERTES SIN CÉNTIMOS (Bs. F. 60.000,00)**.

II

CONSIDERACIONES PARA RESOLVER

Informe Justificativo Corte de Cuenta (…) *suscrito por la Ingeniero del Centro Regional de Coordinación Miranda, el cual realiza las descripciones siguientes:*

'(…) Los trabajos se iniciaron ejecutando las siguientes partidas:

§ *Acondicionamiento del área de construcción*

§ *Construcción de pared perimetral en bloques de concreto obra limpia por ambas caras.*

§ *Construcción de portón y puerta de acceso.*

§ *Infraestructura, estructura y albañilería de caseta de vigilancia.*

La Empresa realizó los trabajos con buen ritmo de ejecución y óptima calidad, sin embargo, no se pudo concluir la obra iniciada por el fenecimiento de los recursos asignados. Por lo expuesto anteriormente la inspección considera conveniente proceder con un CORTE DE CUENTA DE MUTUO ACUERDO para realizar el cierre administrativo de contrato'.

Auto de Inicio de Procedimiento de Rescisión de Contrato de fecha 29 de octubre de 2007 (…), *suscrito por el Director General de Equipamiento Urbano.*

Oficio DGEU-DC-DTC-N° 1377 s/fecha (…), *suscito por el Director General de Equipamiento Urbano, dirigido al representante legal de la empresa* **CONSTRUC-TORA VICMARI, C.A.**, *a través del cual se le notifica que mediante Punto de Cuenta N° 0342 de fecha 29 de octubre de 2007, el ciudadano Ministro autorizó iniciar el procedimiento administrativo, conforme al artículo 48 de la Ley Orgánica de Procedimientos Administrativos.*

Auto de Inicio del Lapso Probatorio de fecha 20 de noviembre de 2007 (…) *suscrito por el Director General de Equipamiento Urbano.*

En esta oportunidad compareció el Presidente de la empresa **CONSTRUCTORA VICMARI, C.A.** y consignó escrito (…) relacionado con el procedimiento de rescisión del contrato, acompañado de los siguientes anexos: a) Copias de Valuaciones relacionadas, b) Cuadro financiero demostrativo, c) Aprobación de Obras extras y aumentos de obras y d) Solicitud de Prórrogas.

Auto de Cierre del Lapso Probatorio de fecha 04 de diciembre de 2007 (…), suscrito por el Director General de Equipamiento Urbano.

Informe Legal de fecha 08 de febrero de 2008 (…), emanado del Departamento Legal de la División de Tramitación de Contratos adscrita a la Dirección General de Equipamiento Urbano, en el cual expresa:

LOS HECHOS

Omissis

'(…) Con relación al incumplimiento de la ejecución de la obra en el lapso establecido, la empresa alegó que no ejecutó el resto de la obra dado a que durante la ejecución de la misma se realizaron un número de ocho valuaciones periódicamente, por el monto de CINCUENTA Y UN MILLONES SESENTA Y SEIS MIL CIENTO NOVENTA Y SIETE BOLÍVARES CON TREINTA Y OCHO CÉNTIMOS (Bs. 51.066.197,38) las cuales en ningún momento fueron pagadas y que la Ingeniero Inspector de la obra les informó que hasta tanto no les cancelara dichas valuaciones no continuaran con las obras; luego de analizada tal prueba se pudo verificar que la empresa solo presenta un número de seis valuaciones, las cuales no amortizan el monto total del anticipo contractual, por lo que queda firme lo señalado en el punto de cuenta de inicio de rescisión de contrato'.

Con relación al incumplimiento por parte de la empresa de amortizar el anticipo contractual, ésta no presenta pruebas que desvirtúen tal alegato.

Omissis

Valuaciones:

Valuación N° 1: Bs. 2.054.014,95

Valuación N° 2: Bs.   269.533,54

Valuación N° 3: Bs. 2.692.517,75

Valuación N° 4: Bs. 4.109.617,06

Valuación N° 5: Bs. 2.335.701,14

Valuación N° 6: Bs. 2.335.701,14

Anticipo Contractual por Amortizar:

Bs. 41.669.017,52

RECOMENDACIONES

'(…) sugiere salvo mejor criterio, que es procedente la Rescisión del contrato por haber incurrido la referida empresa en el artículo 116 de las Condiciones Generales de Contratación para la ejecución de obras literales 'a' y 'k'; que se remitan los expedientes (…)'.

*Vistas las actuaciones anteriores, este Despacho Ministerial mediante Punto de Cuenta N° 0342 de fecha 29 de octubre de 2007, aprobó el inicio del Procedimiento Administrativo para la Rescisión Unilateral del Contrato N° **DEU-2001-0871**, celebrado con la empresa **CONSTRUCTORA VICMARI, C.A.** para la ejecución de la obra: **REPARACIÓN Y MEJORAS SEDE MINFRA, NÚCLEO CÚA, ESTADO MIRANDA**, de conformidad con lo dispuesto en el artículo 116 literales 'a' y 'k' del Decreto N° 1.417 de fecha 31 de julio de 1996 (…), contentivo de las Condiciones Generales de Contratación para la Ejecución de Obras, vigente a la fecha de inicio del Procedimiento Administrativo de Rescisión de Contrato, el citado artículo establece lo siguiente:*

(…omissis…)

Con fundamento en las razones de hecho y de derecho expuestas, en ejercicio de las atribuciones conferidas en el artículo 76, numerales 18 y 19 de la Ley Orgánica de la Administración Pública y de conformidad con lo dispuesto en el artículo 116 literales 'a' y 'k' del [mencionado] Decreto (…), y el artículo 127 numerales 1 y 8 del Decreto con Rango, Valor y Fuerza de Ley de Contrataciones Públicas de fecha 11 de marzo de 2008, publicado en la Gaceta Oficial de la República Bolivariana de Venezuela N° 5.877 Extraordinario de fecha 14 de marzo de 2008, legislación aplicable actualmente para la Rescisión del Contrato in comento, este Despacho Ministerial.

RESUELVE

PRIMERO: *Rescindir Unilateralmente en todas y cada una de sus partes, el Contrato N° **DEU-2001-0871**, de fecha 31 de diciembre de 2001 correspondiente a la obra: **REPARACIÓN Y MEJORAS SEDE MINFRA, NÚCLEO CÚA, ESTADO MIRANDA**, celebrado entre la sociedad mercantil **CONSTRUCTORA VICMARI, C.A.** y este Ministerio, por la cantidad de **DOSCIENTOS MILLONES DE BOLÍVARES SIN CÉNTIMOS (Bs. 200.000.000,00)**, equivalentes a **DOSCIENTOS MIL BOLÍVARES FUERTES SIN CÉNTIMOS (Bs. F. 200.000,00)**.*

(…Omissis…)

CUARTO: *Ordenar a la Unidad de Auditoría Interna de este Ministerio que practique el Corte de Cuenta respectivo, a fin de determinar los saldos correspondientes.*

QUINTO: *Por la materia que trata la presente Resolución, proceden las indemnizaciones contempladas en el artículo 118 del Decreto N° 1.417 de fecha 31 de julio de 1996, contentivo de las Condiciones Generales de Contratación para la Ejecución de Obras.*

SEXTO: *Remitir el expediente contentivo del procedimiento administrativo al Servicio Nacional de Contrataciones de conformidad con el artículo 131 del Decreto con Rango, Valor y Fuerza de Ley de Contrataciones Públicas". (Sic).* (Mayúsculas y negrillas del original).

2.- Consta en el expediente administrativo, copia certificada del *"DOCUMENTO PRINCIPAL DEL CONTRATO PARA LA EJECUCIÓN DE OBRA"* signado con las letras y números DEU-2001-0871, celebrado entre el entonces Ministerio de Infraestructura y la sociedad mercantil Constructora Vicmari, C.A. en fecha 31 de diciembre de 2001, al cual se le otorga pleno valor probatorio toda vez que no fue impugnado y, además, porque se aprecia que en su formación concurrieron las partes manifestando su voluntad de vincularse para producir determinados efectos jurídicos, esto es, recíprocas obligaciones y derechos con el objeto de ejecutar la obra relativa a la *"Reparación y Mejoras de Minfra, Núcleo Cúa, Estado Miranda"*.

La obra en referencia se ejecutaría, según se desprende del convenio aludido, por la cantidad de Doscientos Millones de Bolívares sin Céntimos (Bs. 200.000.000,00), expresados hoy en la suma de Doscientos Mil Bolívares (Bs. 200.000,00), por lo que el ente contratante debía pagar un anticipo equivalente al treinta por ciento (30%) del monto total contratado, esto es Sesenta Millones de Bolívares (Bs. 60.000.000,00), equivalentes en la actualidad a Sesenta Mil Bolívares (Bs. 60.000,00), una vez certificada la fianza de anticipo respectiva.

El saldo restante del monto total adeudado debía pagarse conforme a las valuaciones de obras ejecutadas, en las cuales se deduciría un porcentaje de cada valuación para amortizar progresivamente el monto del anticipo.

Asimismo, se previó para el trabajo convenido, un lapso de ocho (8) meses calendario, contado a partir de la firma del Acta de Inicio.

3.- Está acreditada en autos, copia certificada del Acta de Inicio de fecha 14 de enero de 2002 suscrita por los representantes de la parte recurrente y el Ministerio de Infraestructura en la obra, de cuyo texto puede leerse: "(…) *a los fines previsto en el Artículo 17 de las Condiciones Generales de Contratación contenidas en el decreto 1.417, publicado en la Gaceta Oficial N° 5.096 extraordinario de fecha 16 de septiembre de 1996, certifican: que en la fecha indicada, han sido iniciados los trabajos de construcción correspondiente"* (*sic*), la cual será valorada atendiendo a lo previsto en los artículos 1.363 del Código Civil y 429 del Código de Procedimiento Civil, ello en razón al criterio expresado por este Órgano Jurisdiccional en anteriores oportunidades, en el sentido siguiente:

> *"(…) [los] instrumentos como las actas, en sus distintas variantes (de inicio, terminación, recepción provisional, recepción definitiva e, incluso, de paralización), así como las valuaciones, requieren para su formación, del concurso de voluntad de ambas partes a través de sus representantes en la obra (ingeniero residente e ingeniero inspector, para obrar en nombre de la contratista y el ente contratante, respectivamente).*
>
> *De esta manera, no se trata de actos administrativos mediante los cuales se verifique la actuación del ente público; se trata de documentos que requieren para su formación, la concurrencia de dos voluntades, la de la contratista y la del contratante. Así, no obstante la naturaleza evidentemente pública del organismo accionado, los instrumentos como los enunciados supra, producidos todos en virtud de un contrato celebrado con un particular, son netamente consensuales, y por ende,* **debe otorgárseles, en principio, el carácter de documentos privados tenidos como reconocidos, pues no fueron impugnados por la parte demandada en la oportunidad pertinente**". (Negrillas de la Sala). *Vid.*, Sentencias Nros. 01748, 01260 y 01207 de fechas 11 de julio de 2006, 12 de julio de 2007 y 8 de octubre de 2008, respectivamente).

4.- La representación del Ministerio Público destacó en su escrito de opinión fiscal, que "(…) únicamente constan dos (2) prórrogas otorgadas al Contratista, por la Dirección del Centro Regional de Coordinación del Estado Miranda, la primera prórroga en fecha 4-09-2002, por Ciento Ocho (108) días, y la segunda en fecha 23-12-2002, por un lapso de Noventa (90) días (…)".

No obstante, la Sala, del estudio de las actas que conforman el expediente administrativo, aprecia que el ente contratante otorgó tres (3) prórrogas para la ejecución de los trabajos:

i) La primera prórroga tramitada por la contratista en fecha 26 de agosto de 2002, la cual fue aprobada el 4 de septiembre de 2002 "*...por un lapso de ciento ocho (108) días hasta el 31-12-02...*", según se desprende del Informe de Justificación de Prórroga suscrito por la Ingeniero Inspector de la obra; así como de la Solicitud de Prórroga firmada y sellada por la Ingeniero Inspector, el Jefe de División de Equipamiento Urbano y la Directora del Centro Regional de Coordinación Estado Miranda, funcionarios adscritos al entonces Ministerio de Infraestructura, y el Punto de Cuenta emitido por la mencionada Directora el día 4 de septiembre de 2002. Tales probanzas cursan a los folios 175, 172 y 170, respectivamente, del cuerpo "D" de los anexos que conforman los antecedentes administrativos del presente caso. (Negrillas de la cita).

ii) La segunda prórroga aprobada el 23 de diciembre de 2002 "*...por un lapso de noventa (90) días hasta el 31-03-2003...*", conforme se constata del Informe de Justificación de Prórroga suscrito por la Ingeniero Inspector de la obra, de la Solicitud de Prórroga firmada y sellada por la Ingeniero Inspector, el Jefe de División de Equipamiento Urbano y la Directora del Centro Regional de Coordinación Estado Miranda, y el Punto de Cuenta emitido por la mencionada Directora en fecha 23 de diciembre de 2002. Tales probanzas cursan a los folios 162, 161 y 164, respectivamente, del cuerpo "D" de los anexos. (Negrillas de la cita).

iii) Finalmente, se tramitó una tercera "*prórroga de terminación*" aprobada en fecha 24 de marzo de 2003"*...por un lapso de Noventa (90) días hasta el 29-06-2003...*", según se aprecia del Informe de Justificación de Prórroga suscrito por la Ingeniero Inspector de la obra, de la Solicitud de Prórroga firmada y sellada por la Ingeniero Inspector, el Jefe de División de Equipamiento Urbano y la Directora del Centro Regional de Coordinación Estado Miranda, y el Punto de Cuenta emitido por la mencionada Directora el 24 de marzo de 2003. Tales probanzas constan a los folios 61, 63 y 59, respectivamente, del cuerpo "D" de los anexos.

A los documentos antes descritos, esta Sala les otorga eficacia probatoria a tenor de lo previsto en el artículo 429 del Código de Procedimiento Civil, por tratarse de documentos administrativos (asimilables a los documentos privados reconocidos o tenidos legalmente por reconocidos).

Visto así, dado que ni en el expediente administrativo ni entre las documentales consignadas por la recurrente en la oportunidad de promover pruebas, hay constancia del trámite o la aprobación de otra prórroga para la ejecución de la obra contratada, puede presumirse que la contratista no podía prolongar la ejecución de los trabajos acordados más allá del lapso de gracia concedido hasta el 29 de junio de 2003. Así se establece.

Ahora bien, sin menoscabo de lo advertido *supra*, la sociedad mercantil Constructora Vicmari, C.A. trae a colación algunos aspectos de importancia para el cumplimiento de lo convenido, como son los retardos en el trámite de las valuaciones de obra, los pagos pendientes, así como la supuesta paralización de la obra. Respecto a tales hechos, señaló que "(...) *fue el ente contratante* [quien] *provocó la paralización de la Obra por **Fenecimiento de los Recursos Aprobados** (...)*", precisando que "(...) *hasta la fecha la obra no ha sido culminada debido a que* [el] *06 de enero de 2003 se paralizaron los trabajos para la ejecución de la Obra MINFRA NÚCLEO ESTADO MIRANDA, tal como se demuestra en folios 091, 092, 144 al 152, e igualmente la falta de pago de las Valuaciones*".

Al efecto, esta Sala observa al folio 71 del cuerpo "D" de los anexos que conforman los antecedentes administrativos, Informe de Justificación de Acta de Paralización firmado por la Ingeniero Inspector de la obra, adscrita al Centro Regional de Coordinación del Estado Miranda, Núcleo Cúa del Ministerio de Infraestructura, de cuyo texto se desprende lo siguiente:

"(...) A tal efecto, esta inspección considera procedente la referida solicitud ya que los proveedores de materiales de construcción se encuentran paralizados, y esto afecta la adquisición y traslado de los mismos".

El documento administrativo parcialmente transcrito, debe asimilarse en lo que respecta a su valor probatorio, a los instrumentos privados reconocidos o tenidos legalmente por reconocidos, en los términos establecidos en el artículo 1.363 del Código Civil, y considerarse que hace fe del hecho material de la declaración en él contenida, hasta prueba en contrario. Así, al no haber sido impugnado por ninguna de las partes en el presente juicio, la Sala le otorga eficacia probatoria a tenor de lo previsto en el artículo 429 del Código de Procedimiento Civil.

Asimismo, cursa al folio 70 del referido cuerpo de anexos, un Acta de Paralización levantada el 6 de enero de 2003, en la que se lee lo que sigue:

"ACTA DE PARALIZACIÓN

(...omissis...)

OBJETO: REPARACIÓN Y MEJORAS SEDE MINFRA NUCLEO CUA, ESTADO MIRANDA
CAUSALES DE PARALIZACIÓN: FALTA DE INSUMOS DE CONSTRUCCIÓN PARA LA CONTINUACIÓN DE LOS TRABAJOS A REALIZARSE EN LA REFERIDA OBRA

QUIENES SUSCRIBEN, REPRESENTANTES DE 'EL MINISTERIO' Y DE 'EL CONTRATISTA', CERTIFICAN QUE EN ESTA FECHA HA SIDO PARALIZADO LOS TRABAJOS CORRESPONDIENTES AL CONTRATO PARA LA EJECUCIÓN DE LA OBRA INDICADA ANTERIORMENTE POR LOS CAUSALES SEÑALADOS (...)". (*Sic*). (Mayúsculas y negrillas del original).

Al respecto, conviene referirse a lo dispuesto en el artículo 45 de las Condiciones Generales de Contratación para la Ejecución de Obras, conforme al cual:

"Artículo 45: Son atribuciones y obligaciones del Ingeniero Inspector:

(...omissis...)

ñ) Elaborar, firmar y tramitar conforme al procedimiento establecido en estas Condiciones las actas de paralización y reinicio de los trabajos y las que deban levantarse en los supuestos de prórroga, conjuntamente con el Ingeniero Residente y el Contratista.

(...omissis...)".

De la lectura del dispositivo antes citado, se desprende que el acta de paralización de la obra debe constar en un documento firmado por el Ingeniero Residente, el Contratista y el Ingeniero Inspector y que este último tiene la obligación legal de elaborar, firmar y tramitar las actas de paralización y reinicio de la obra así como las que deban levantarse en los supuestos de prórroga.

Por tanto, se debe concluir que en la obra y ante la contratista, el Ingeniero Inspector es quien representa al ente contratante, por lo que sus decisiones han de ser tenidas como emanadas de éste (*vid.*, en este sentido, sentencia N° 00129 del 31 de enero de 2007, caso: *Proyectos, Electricidad y Construcciones, Proyelco, C.A. vs. Centro Simón Bolívar, C.A.*), y de ese modo, lo prevé el artículo 41 *eiusdem*:

"El representante del Ente Contratante en la Obra será el ingeniero Inspector, en ejercicio legal, que se designe al efecto (...)".

Así, como quiera que el Acta levantada por las partes para dejar sentado que habían acordado la medida *in commento*, presenta la concurrencia de las firmas necesarias y no ofrece lugar a dudas sobre su contenido, considera la Sala que dicho documento deberá tenerse como fidedigno en la presente causa y, en consecuencia, se tendrá por cierto el hecho del cual se dejó constancia en él. Así se establece.

Ahora bien, no obstante lo advertido, esta Sala no puede dejar de apreciar o valorar el hecho de que el Ingeniero Inspector asumiera la paralización de la obra sin el aval del órgano al cual representaba, para lo que debe atender al contenido del artículo 46 *ibídem*, el cual prevé:

"Artículo 46: El Ingeniero Inspector solicitará a la dependencia del Ente Contratante a la cual corresponda, que se ordene la paralización total de la ejecución de la obra (...)".

Cabe destacar en el sentido expresado, que las Condiciones Generales de Contratación para la Ejecución de Obras no determina el procedimiento que debe seguirse en los supuestos de paralización, tal como ocurre en el caso de autos, sin embargo de la norma parcialmente transcrita, se colige que luego de elaboradas y firmadas las correspondientes actas de paralización por el Ingeniero (a) Inspector (a) debe gestionarse la respectiva orden u autorización por parte del ente contratante, sin lo cual, en criterio de esta Sala el acto de paralización de la obra carecerá de validez a los efectos futuros.

En ese orden de ideas, debe señalarse que consta en el expediente administrativo *memorándum* emanado del Centro Regional de Coordinación del Estado Miranda bajo el N° 0155, de cuyo texto se desprende lo siguiente:

"(...omissis...)

PARA: *DIRECCIÓN GENERAL DE EQUIPAMIENTO URBANO*

DE: *CENTRO REGIONAL DE COORDINACIÓN DEL ESTADO MIRANDA*

ASUNTO: REMISIÓN ACTA DE PARALIZACIÓN

FECHA: *SAN ANTONIO DE LOS ALTOS, 06 DE FEBRERO DE 2003*

*El presente, tiene por objeto remitir **Original y Diez (10) copias del Acta de Paralización**, correspondientes al Contrato N° **DEU-2001-0871**, de la Obra: **REPARACIÓN Y MEJORAS SEDE MINFRA, NÚCLEO CÚA-ESTADO MIRANDA**, celebrado con la Empresa: **CONSTRUCTORA VICMARI, C.A.**, previamente revisada y conformada por este Centro Regional de Coordinación (...)". (Sic). (Mayúsculas y negrillas del original).*

Asimismo, se encuentra acreditado en autos memorando N° 0521 de fecha 22 de mayo de 2003, a través del cual el Director General de Equipamiento Urbano del Ministerio de Infraestructura le notificó al referido Centro Regional de Coordinación que *"(...) en atención a su memorando N° 0155 de fecha 06-02-2003, mediante el cual remite a [esa] Dirección los recaudos correspondientes al Acta de Paralización del Contrato N° **DEU-2001-0871** (...) que la tramitación de la mencionada Acta de Paralización no [era] procedente".* (Negrillas de la cita).

Dichos documentos administrativos deben asimilarse, en lo que respecta a su valor probatorio, a los instrumentos privados reconocidos o tenidos legalmente por reconocidos, en los términos establecidos en el artículo 1.363 del Código Civil, y considerarse que hacen fe del hecho material de la declaración en ellos contenida, hasta prueba en contrario, conforme al criterio jurisprudencial de esta Sala sobre la materia (*vid.*, sentencia N° 00007 del 13 de enero de 2010). Visto que los referidos instrumentos no fueron impugnados por la recurrente se les da valor probatorio en el caso de autos.

Del mismo modo, se observan comunicaciones de fechas 14 y 28 de marzo de 2003 dirigidas por el Presidente de la sociedad mercantil Constructora Vicmari, C.A. al "*MINISTE-RIO DE INFRAESTRUCTURA. At. Dirección General de Coordinación del Estado Miranda*" y al "*Director Estatal. Centro Regional de Coordinación del Distrito Miranda (MIN-FRA)*" (*cfr.* folios 64 y 136), solicitándoles una tercera prórroga para la terminación del contrato en los términos descritos *supra*.

Tales comunicaciones constituyen documentos privados emanados de la propia parte, los cuales constan entre las actas que conforman los antecedentes administrativos y sobre los cuales no pesa impugnación alguna, por lo que serán valoradas atendiendo a lo previsto en el artículo 1.371 del Código Civil, según el cual:

> "*Pueden hacerse valer en juicio como prueba o principio de prueba por escrito, las cartas misivas dirigidas por una de las partes a la otra, siempre que en ellas se trate de la existencia de una obligación o de su extinción, así como de cualquier otro hecho jurídico relacionado con los puntos que se controviertan.*
>
> *El autor de la carta puede exigir la presentación de ésta a la persona a quien fue destinada o ésta producirla en juicio para los efectos mencionados*".

De esta manera, de acuerdo a la norma transcrita, las misivas en cuestión han de tener eficacia probatoria en este juicio en tanto en la misma se trate de la existencia de una obligación o su extinción, así como cualquier otra circunstancia relacionada con el asunto debatido. (*Vid.* TSJ/SPA. Sentencias Nros. 00422 y 00652 de fechas 19 de mayo y 7 de julio de 2010, respectivamente).

Lo anterior lleva a esta Sala Político-Administrativa a precisar que si bien el Ingeniero Inspector quien funge como representante en la obra del ente contratante, puede consentir junto con el Ingeniero Residente y el contratista, y a tal efecto suscribir con ellos el acta de paralización de la obra; no obstante, sus efectos jurídico-prácticos concebidos a futuro se encuentran supeditados a la consecuente, necesaria y expresa autorización que debe provenir del ente contratante.

Vistas así las actas que anteceden, en el caso *sub iudice* la Sala debe concluir que la paralización en la ejecución de la obra a la que alude la parte recurrente nunca fue autorizada por el ente contratante, esto es, el Ministerio de Infraestructura. De manera que dicha paralización si bien llegó -en principio- a materializarse en virtud del acta levantada a tal fin en fecha 6 de enero de 2003, sin embargo no cumplió con los parámetros de validez exigidos por el artículo 46 de las comentadas Condiciones Generales de Contratación para la Ejecución de Obras, y así pudo constatarse que lo tuvo en cuenta la propia actora, cuando fue ésta, durante la indebida paralización de la obra, quien solicitó a la Administración recurrida -y así fue otorgada- una tercera prórroga de terminación de la obra hasta el día 29 de junio de 2003. Así se establece.

Tampoco puede justificar la recurrente la paralización de la obra convenida en la –supuesta- "(…) *falta de pago de las Valuaciones*", toda vez que no consta en autos que hubiese actuando con arreglo a lo dispuesto en el artículo 60 de las Condiciones Generales de Contratación para la Ejecución de Obras, norma según la cual:

"*Cuando el ente contratante tenga un atraso en los pagos de valuaciones por más de sesenta (60) días calendario por cantidades superiores al diez por ciento (10%) del monto total del contrato más el porcentaje que represente el saldo amortizado del Anticipo, el Contratista tendrá derecho a paralizar la ejecución de la obra hasta tanto se realice el pago y en este caso se considerará otorgada una prórroga automática por tiempo igual al de la paralización de la obra.*

En todo caso, para ejercer este derecho, el Contratista deberá notificar al Ente Contratante su decisión de paralizar la obra por lo menos con siete (7) días calendario de anticipación.

No habrá lugar a la indemnización, ni a la prórroga y suspensión de la obra que tratan los artículos que anteceden, cuando el Contratista no haya dado cumplimiento cabal y efectivo a todas las obligaciones del contrato y del presente Decreto". (Negrillas de la Sala).

De lo anterior se desprende, que una vez generado un atraso en los pagos de las valuaciones por más de sesenta (60) días calendario, ya sea individualmente consideradas, ya se hayan acumulado varias de ellas, *contado este lapso a partir de la fecha de su presentación por parte de la contratista al Ingeniero Inspector, y siempre que no hubieren sido rechazadas por éste o por la oficina administradora del ente contratante* (artículo 58 del Decreto 1.417), el contratista queda facultado para paralizar la ejecución de la obra hasta el momento en que se lleve a cabo el pago. Exige, sin embargo, el artículo 60, a los efectos de instrumentar esta medida, que las cantidades a que se refieren las valuaciones presentadas y no rechazadas por el Ingeniero Inspector o por la oficina administradora del ente contratante, *cuyos pagos sean objeto del retardo, deben ser superiores a la suma de las cantidades equivalentes al 10% del precio de la obra contratada y al porcentaje que de ese monto contratado represente el saldo no amortizado del anticipo* y, además, que *el contratista notifique al ente contratante su decisión de paralizar la obra por lo menos con siete (7) días calendario de anticipación.*

Visto así, este Órgano Jurisdiccional concluye que los supuestos descritos por la norma en referencia no se cumplen en el presente caso, quedando claro que la paralización de la obra se produjo sin que mediara notificación, esto es, que la recurrente paralizó la obra de manera inconsulta, problema al cual se agrega el vencimiento de las prórrogas acordadas sin que haya dado cumplimiento cabal a las labores que se contrataron. Así se establece.

Finalmente, arguyó la parte recurrente que el acto administrativo recurrido "*(...) [le] ha causado daño irreparable (...) al establecer la suspensión (...) ante el Registro Nacional de Contratistas, no pudiendo contratar la misma con ningún ente público*".

Al respecto, el artículo 120 de las -suficientemente- analizadas Condiciones Generales de Contratación para la Ejecución de Obras, dispone lo que sigue:

"*Artículo 120: El Ente Contratante deberá notificar al Registro Nacional de Contratistas, los incumplimientos en que incurriere el Contratista y que causaren daño al Patrimonio Público, a los fines de que sean aplicadas las sanciones legales establecidas en la Ley de Licitaciones y su Reglamento*".

En ese orden de ideas, el artículo 116 de la Ley de Licitaciones publicada en la *Gaceta Oficial* de la República Bolivariana de Venezuela N° 5.556 Extraordinario del 13 de noviembre de 2001 y luego el artículo 131 del Decreto con Rango, Valor y Fuerza de Ley de Contrataciones Públicas, hoy artículo 139 de la Ley de Contrataciones Públicas del 6 de septiembre de 2010, establecen:

"Sanciones a los particulares

*Sin perjuicio de la responsabilidad civil, administrativa y penal que corresponda, cuando se compruebe mediante la evaluación y desempeño de los contratistas, en el ejercicio administrativo y operativo relacionado con la contratación, que incumplan con las obligaciones contractuales, **el órgano o ente contratante deberá sustanciar el expediente respectivo para remitirlo al Servicio Nacional de Contrataciones a los fines de la suspensión en el Registro Nacional de Contratistas (...)** "*. (Negrillas de la Sala).

Partiendo de las normas parcialmente transcritas, cabe destacar que lo ordenado por la Resolución DM/N° 131 del 4 de junio de 2008, en cuanto *"Remitir el expediente contentivo del procedimiento administrativo al Servicio Nacional de Contrataciones...",* es consecuencia de la obligación que tiene la Administración de notificar al Registro Nacional de Contratistas para que tome las medidas correspondientes en los casos como el de autos, lo cual no puede traducirse o interpretarse como la producción de un daño que se le causa a la contratista que, en todo caso, ha incumplido con las obligaciones contractuales inicialmente contraídas. Así se establece.

Del análisis anterior, se concluye que la Administración tuvo motivos fundados para proceder a la rescisión del contrato DEU-2001-0871 de fecha 31 de diciembre de 2001. En efecto, puede constatarse que el acto rescisorio contenido en la Resolución DM/N° 131 del 4 de junio de 2008, el cual fue ratificado en el acto que causó estado, abunda en razones entre las cuales destaca la paralización de la obra una vez vencidas las prórrogas acordadas, la cual, a juicio de la Sala, resulta suficiente para sustentar la decisión adoptada.

No obstante, es preciso advertir que aun cuando no mediaran motivos expresos para tal decisión, el artículo 112 de las Condiciones Generales de Contratación para la Ejecución de Obras, facultaba al ente contratante a dar por terminada la relación jurídica nacida del contrato de obra celebrado. Concretamente, este dispositivo establece:

"El Ente Contratante podrá desistir en cualquier momento de la construcción de la obra contratada, aun cuando ésta hubiese sido comenzada y aunque no haya mediado falta del Contratista. En cualquier caso, su decisión deberá ser notificada por escrito.

Si los trabajos hubiesen sido comenzados por el Contratista, éste deberá paralizarlos y no iniciará ningún otro desde el momento en que reciba la notificación a que se refiere este artículo, a menos que el Ente Contratante lo autorice para concluir alguna parte de la obra ya iniciada".

Estas facultades exorbitantes para dar por terminada la relación contractual (que se manifiestan en un privilegio de la Administración frente a los particulares), aparecen limitadas por el principio de legalidad, pues no obstante que el contratante tiene la potestad de rescindir, para tal fin debe esgrimir razones que, de acuerdo a las normas que rigen el negocio jurídico celebrado, justifican la medida (*vid.*, sentencia N° 00422 del 19 de mayo de 2010), sin menoscabo que deban ser indemnizados, de ser el caso, los perjuicios que dicha rescisión conlleve (*vid.*, en este sentido, sentencia N° 00486 de fecha 27 de marzo de 2003).

Por consiguiente, se entiende ajustado a derecho el acto administrativo mediante el cual el ente contratante decidió rescindir el contrato de obra DEU-2001-0871 y, en consecuencia, apegado a la legalidad el proveimiento dictado por el Ministro del Poder Popular para la Infraestructura, que declaró sin lugar el recurso de reconsideración ejercido contra la Resolución DM/N° 131 del 4 de junio de 2008, contentiva de dicha decisión. Así se declara.

Desestimados como han sido los alegatos expuestos por la apoderada judicial de la sociedad mercantil Constructora Vicmari, C.A., esta Sala debe declarar sin lugar el recurso contencioso administrativo de nulidad ejercido. Así se establece.

V. LA JURISDICCIÓN CONTENCIOSO ADMINISTRATIVA

1. *Órganos*

   A.   *Juzgados Superiores de lo Contencioso Administrativo: Causas interpuestas por funcionarios públicos adscritos a los órganos de seguridad del Estado*

   TSJ-SPA (167)   **9-2-2011**

   Magistrado Ponente: Trina Omaira Zurita

   Caso: Alvis Jesús Hernández López vs. Ministro del Poder Popular para Relaciones Interiores y Justicia.

   A partir de la entrada en vigencia de la Ley Orgánica de la Jurisdicción Contencioso Administrativa el 16 de junio de 2010, el régimen competencial aplicable para determinar el tribunal que conocerá de las causas interpuestas por los funcionarios públicos adscritos de los órganos de seguridad de Estado, en virtud de la relación de empleo público, se determina por la materia; por lo tanto, corresponde su conocimiento a los Juzgados Superiores Estadales de la Jurisdicción Contencioso Administrativa (todavía denominados Juzgados Superiores de lo Contencioso Adminis-trativo), en aplicación de los principios de orden constitucional relativos al juez natural y al criterio de especialidad de acuerdo a la materia de que se trate, previstos en los artículos 26 y 49 numeral 4 de la Constitución de la República Bolivariana de Venezuela.

Siendo la competencia materia de orden público, que puede ser revisada en cualquier estado y grado de la causa, se pasa de seguidas a realizar las siguientes consideraciones:

La abogada Sandra Elizabeth MUJICA TORRES, actuando como apoderada judicial del ciudadano **ALVIS JESÚS HERNÁNDEZ LÓPEZ**, interpuso el 13 de octubre de 2010 recurso de nulidad conjuntamente con amparo cautelar, contra la Resolución N° 76 de fecha 16 de marzo de 2010, dictada por el ciudadano **MINISTRO DEL PODER POPULAR PARA RELACIONES INTERIORES Y JUSTICIA**, que declaró *"...INADMISIBLE POR EXTEMPORÁNEO el Recurso Jerárquico interpuesto (...) contra la Decisión signada bajo el N° 21-2009 de fecha 21 de Septiembre de 2009, emanada del Consejo Disciplinario de la Región Central del Cuerpo de Investigaciones Científicas, Penales y Criminalísticas, en la cual se decidió su DESTITUCIÓN"*.

Se advierte que en sentencia número 00291 del 09 de febrero de 2006, este órgano jurisdiccional sostuvo que las reclamaciones interpuestas por funcionarios adscritos a los cuerpos de seguridad y defensa con motivo de retiro o suspensión por aplicación de medidas disciplinarias, debían ventilarse excepcionalmente, ante esta Sala.

Con posterioridad esta Sala delimitó el régimen de competencias de la jurisdicción contencioso administrativa en materia de recursos de nulidad o acciones que se interpongan en virtud de una relación de empleo público. En efecto, en sentencias números 01871, 1910 y 0031 del 26 de julio de 2006, 27 de julio de 2006 y 21 de enero de 2009 (respectivamente) estableció que la competencia para conocer y decidir las acciones interpuestas por miembros de la Fuerza Armada Nacional, los funcionarios pertenecientes a los cuerpos de seguridad del Estado, el personal aeronáutico perteneciente al Cuerpo de Navegación Aérea y los funcionarios adscritos al Cuerpo Técnico de Vigilancia del Transporte Terrestre, corresponde a los

Juzgados Superiores de lo Contencioso Administrativo Regionales, por ser la materia debatida de naturaleza funcionarial, en virtud de que la Ley del Estatuto de la Función Pública no excluía expresamente de su aplicación a los miembros de la Fuerza Armada Nacional.

Tal razonamiento obedeció a la aplicación del criterio material para la determinación de la competencia, para garantizar los derechos de acceso a la justicia y al juez natural previstos en la Constitución de la República Bolivariana de Venezuela.

Sin embargo, la Sala estableció excepcionalmente que este órgano jurisdiccional conocería de las acciones o recursos interpuestos en el caso de retiro, permanencia, estabilidad o conceptos derivados de empleo público del personal con grado de oficiales y suboficiales profesionales de carrera de la Fuerza Armada Nacional.

Actualmente, el análisis de la competencia hay que hacerlo a la luz de las disposiciones de la Ley Orgánica de la Jurisdicción Contencioso Administrativa (publicada en la *Gaceta Oficial de la República Bolivariana de Venezuela* N° 39.447 de fecha 16 de junio de 2010), en cuyos numerales 5 y 23 del artículo 23 establece lo siguiente:

Artículo 23: "La Sala Político-Administrativa del Tribunal Supremo de Justicia es competente para conocer de:

(…)

5. *Las demandas de nulidad contra los actos administrativos de efectos generales y particulares dictados por el Presidente o Presidenta de la República, el Vicepresidente Ejecutivo o Vicepresidenta Ejecutiva de la República, los Ministros o Ministras, así como por las máximas autoridades de los demás organismos de rango constitucional, si su competencia no está atribuida a otro tribunal.*

(…)

23. *Conocer y decidir las pretensiones, acciones o recursos interpuestos, en el caso de retiro, permanencia, estabilidad o conceptos derivados de empleo público del personal con grado de oficiales de la Fuerza Armada Nacional Bolivariana…".*

Se advierte además, que el numeral 6 del artículo 25 *eiusdem* prevé:

Artículo 25: "*Los Juzgados Superiores Estadales de la Jurisdicción Contencioso Administrativa son competentes para conocer de:*

(…)

6. *Las demandas de nulidad contra los actos administrativos de efectos particulares concernientes a la función pública, conforme a lo dispuesto en la ley…".*

Por otra parte la Ley del Estatuto de la Función Pública estipula en su artículo 93 lo siguiente:

Artículo 93: "*Corresponderá a los tribunales competentes en materia contencioso administrativo funcionarial, conocer y decidir todas las controversias que se susciten con motivo de la aplicación de esta Ley, en particular las siguientes:*

1. *Las reclamaciones que formulen los funcionarios o funcionarias públicos o aspirantes a ingresar en la función pública cuando consideren lesionados sus derechos por actos o hechos de los órganos o entes de la Administración Pública…".*

Del análisis concatenado de las normas citadas parcialmente, se colige que a partir de la entrada en vigencia de la Ley Orgánica de la Jurisdicción Contencioso Administrativa el 16 de junio de 2010, el régimen competencial aplicable para determinar el tribunal que conocerá de las causas interpuestas por los funcionarios públicos adscritos de los órganos de seguridad de Estado, en virtud de la relación de empleo público, se determina por la materia; por lo tanto, corresponde su conocimiento a los Juzgados Superiores Estadales de la Jurisdicción Contencioso Administrativa (todavía denominados Juzgados Superiores de lo Contencioso Administrativo), en aplicación de los principios de orden constitucional relativos al juez natural y al criterio de especialidad de acuerdo a la materia de que se trate, previstos en los artículos 26 y 49 numeral 4 de la Constitución de la República Bolivariana de Venezuela.

Por tanto, quedan reservadas para el conocimiento de esta Sala sólo las pretensions, acciones o recursos interpuestos, en el caso de retiro, permanencia, estabilidad o conceptos derivados de empleo público del personal con grado de oficiales de la Fuerza Armada Nacional. Del acto impugnado se evidencia que el ciudadano ALVIS JESÚS HERNÁNDEZ LÓPEZ fue destituido del cargo de Detective adscrito a la Sub Delegación San Carlos del Estado Cojedes del Cuerpo de Investigaciones Científicas Penales y Criminalísticas, lo cual no encuadra en la excepción *supra* mencionada, establecida en el numeral 23 del artículo 23 de la Ley Orgánica de la Jurisdicción Contencioso Administrativa.

En consecuencia, por cuanto el recurrente estaba adscrito a la Sub Delegación San Carlos del Estado Cojedes del Cuerpo de Investigaciones Científicas Penales y Criminalísticas, esta Sala -en aplicación del principio constitucional de acceso a los órganos de administración de justicia y con fundamento en lo previsto en el numeral 6 del artículo 25 de la Ley Orgánica de la Jurisdicción Contencioso Administrativa- declara que la competencia para conocer el presente asunto corresponde al Juzgado Superior Contencioso Administrativo de la Región Centro Norte. Así se determina.

En virtud de lo anterior se ordena remitir el expediente al referido Juzgado para que tramite, sustancie y decida la presente acción. Así se declara.

B.   *Tribunales Laborales: Exclusión del conocimiento de acciones relacionadas con providencias administrativas dictadas por Inspectorías del Trabajo*

TSJ-SC (311)   **18-3-2011**

Magistrado Ponente: Gladys María Gutiérrez Alvarado

Caso: Grecia Carolina Ramos Robinson vs. Instituto Universitario Politécnico Antonio José de Sucre.

Con independencia de la oportunidad en que hubiere sido incoada una demanda de cualquier naturaleza que tenga por objeto el incumplimiento de una providencia administrativa dictada por una Inspectoría del Trabajo, la competencia corresponde a los tribunales laborales.

El Juzgado Segundo de Primera Instancia de Juicio del Trabajo de la Circunscripción Judicial del Estado Bolívar, extensión Puerto Ordaz, mediante auto del 31 de octubre de 2010, se declaró incompetente para el juzgamiento de la pretensión de amparo constitucional de autos y declinó la competencia en el Juzgado Superior Contencioso Administrativo del Segundo Circuito de la Circunscripción Judicial del Estado Bolívar en los siguientes términos:

A los fines de determinar la competencia de este Juzgado Segundo de Primera Instancia de Juicio del Trabajo de la Circunscripción Judicial del Estado Bolívar, antes de examinar la admisibilidad de la solicitud de la acción de Amparo Constitucional, pasa a transcribir la disposición contenida en el artículo 7 de la Ley Orgánica de Amparo Sobre Derechos y Garantías Constitucionales, el cual preceptúa:/(…)

De la disposición normativa precedentemente citada se colige, que son competentes para conocer en Primera Instancia de la acción de amparo, los Tribunales en materia afín con la naturaleza del derecho violados o amenazados de violación, es decir debe existir por un lado el derecho cuya violación o amenaza de violación se denuncia y por el otro la materia del conocimiento del Tribunal, ya que la competencia corresponderá a aquellos Jueces que tengan atribuida la facultad ordinaria para conocer sobre la violación del derecho fundamental del cual se alega.

En sintonía con lo anterior, la afinidad no se limita a constatar que los derechos y garantías constitucionales presuntamente violadas encuadran en la competencia material asignada al Tribunal de la causa, sino también la situación fáctica que se plantea en el amparo dentro de la competencia asignada al Juez.

En el caso sub examine, tratase la pretensión en amparo, de ejecución del acto dictado por la administración, específicamente de la providencia administrativa decretada por la Inspectoría del Trabajo, N° 2009-000558, de fecha 12 de noviembre de 2009, lo cual en atención al criterio que ha mantenido hasta hoy, la Sala Constitucional del Tribunal Supremo de Justicia; y que entre otras se invoca, Sentencia de reciente data, la N° 1189, de fecha 05 de Marzo del 2010, bajo la Ponencia del Magistrado MARCOS TULIO DUGARTE PADRON, cual entre otras cosas expone:/(…)

Este Tribunal concluye que no es competente para conocer y decidir la presente acción de amparo constitucional, al no tratarse de materia relacionada de las establecidas en las disposición contenida en el artículo 29 de la Ley Orgánica Procesal del Trabajo; y estando referida la presente pretensión sobre el supuesto incumplimiento de una providencia administrativa dictada por la Inspectoría del Trabajo Alfredo Maneiro de Puerto Ordaz, Estado Bolívar, debe necesariamente declararse incompetente, y declinar el conocimiento de la misma, a quien considera este Juzgador, es el competente; esto es, el Tribunal Superior Contencioso Administrativo del Segundo Circuito de la Circunscripción Judicial del Estado Bolívar, a quien se ordena remitir la totalidad de las presentes actuaciones. Y así se decide.-

Por su parte, el Juzgado Superior Contencioso Administrativo del Segundo Circuito de la Circunscripción Judicial del Estado Bolívar, mediante auto de 19 de noviembre de 2010, se pronunció, igualmente, incompetente, planteó el conflicto negativo de competencia y ordenó la remisión del expediente a esta Sala Constitucional, con base en lo siguiente:

> Observa este Juzgado que a la presente demanda se le dio entrada el catorce (14) de septiembre de 2010, es decir, ingresó bajo la vigencia plena de la Ley Orgánica de la Jurisdicción Contencioso Administrativa, publicada en *Gaceta Oficial* N° 39.447 del 16 de junio de 2010, en cuyo artículo 25.3 dispone que los Juzgados Superiores de lo Contencioso Administrativo son competentes para conocer de las demandas de nulidad contra los actos administrativos de efectos generales o particulares, dictados por las autoridades estadales o municipales de su jurisdicción, **con excepción de las acciones de nulidad ejercidas contra decisiones administrativas dictadas por la Administración del trabajo en materia de inamovilidad, con ocasión de una relación laboral regulada por la Ley Orgánica del Trabajo.**

La eliminación de la competencia de los Juzgados Superiores de lo Contencioso Administrativo del conocimiento de las acciones de nulidad contra decisiones dictadas por la Administración del Trabajo con ocasión de los procedimientos laborales derivados de inamovilidad laboral, fue expresamente advertida en la Exposición de Motivos de la Ley, la cual señaló:

"**También como novedad, se extrae del conocimiento de la jurisdicción administrativa, lo referente a las acciones de nulidad ejercidas contra las decisiones dictadas por la Administración del Trabajo en materia de inamovilidad, con ocasión de una relación laboral regulada por la Ley Orgánica del Trabajo**".

En conclusión siendo la competencia por la materia de carácter expresa y en razón que las Salas del Tribunal Supremo de Justicia con anterioridad a la promulgación de la Ley Orgánica de la Jurisdicción Contencioso Administrativa, atribuían competencia a los Juzgados Superiores Contencioso Administrativo para el conocimiento tanto de las acciones de nulidad contra decisiones dictadas por las Inspectorías del Trabajo derivadas de inamovilidad laboral y por la materia afín a esta competencia de las acciones de amparo incoadas para su ejecución, en razón de no existir una norma expresa que la excluyera, no obstante, al haberse promulgada la Ley Orgánica de la Jurisdicción Contencioso Administrativa, exceptuando expresamente de la competencia de los Juzgados Contencioso Administrativo el conocimiento de las mismas, debe este Juzgado determinar si el procedimiento laboral seguido por la Inspectoría del Trabajo en el caso subjudice se trata de un procedimiento de inamovilidad laboral regulada por la Ley Orgánica del Trabajo.

En este sentido cursa copia certificada de la solicitud presentada el veinticinco (25) de septiembre de 2009, por la ciudadana GRECIA CAROLINA RAMOS ROBINSON ante la INSPECTORÍA DEL TRABAJO "ALFREDO MANEIRO" DE PUERTO ORDAZ, ESTADO BOLÍVAR, alegando que desde el tres (03) de junio de 2009, comenzó a trabajar en el INSTITUTO UNIVERSITARIO POLITÉCNICO ANTONIO JOSÉ DE SUCRE, que fue despedida a pesar de encontrarse amparada de la inamovilidad laboral establecida en el Decreto Presidencial N° 6.603 de fecha 02 de enero de 2009, publicado en *Gaceta Oficial* N° 39.090.

Sustanciado el procedimiento de conformidad con las normas que regulan el procedimiento de inamovilidad laboral, prevista en el artículo 454 y siguientes de la Ley Orgánica del Trabajo, en fecha doce (12) de noviembre de 2009, la INSPECTORÍA DEL TRABAJO "ALFREDO MANEIRO" DE PUERTO ORDAZ, ESTADO BOLÍVAR, dictó decisión N° 2009-558, declarando lo siguiente:

"DE LA INAMOVILIDAD ESTABLECIDA EN EL DECRETO PRESIDENCIAL N° 6.603.- Fue desconocida en el interrogatorio, no obstante, quedó demostrada con las documentales insertas a los folios 22 y 25 al 28, en consecuencia se señala que para la fecha del despido denunciado: a) la solicitante no ejercía cargo de dirección o de confianza; b) tenía más de tres (3) meses al servicio del patrono; c) no era una trabajadora temporera, eventual u ocasional; d) no era una funcionaria del sector público; y e) devengaba un salario básico mensual inferior a tres (3) salarios mínimos mensuales, lo cual hace que se encuentre amparada por la inamovilidad, al no estar dentro de los supuesto de excepción que el mismo Decreto Presidencial establece. Así se declara. /(...)

En consecuencia al haber quedado reconocida la relación laboral, la inamovilidad que ampara a la trabajadora, y que se efectuó el despido sin que estuviese autorizado para ello mediante proceso de calificación de faltas, esta INSPECTORÍA DEL TRABAJO "ALFREDO MANEIRO", en Puerto Ordaz, Estado Bolívar, en uso de las atribuciones que le confiere la Ley, declara: CON LUGAR la solicitud ..., y ordena a la Sociedad Mercantil INSTITUTO UNIVERSITARIO DE TECNOLOGÍA ANTONIO JOSÉ DE SUCRE, el inmediato Reenganche de la trabajadora RAMOS GRECIA, venezolana, mayor de edad y titular de la Cédula de Identidad N° 15.469.864, y Pago de Salarios Caídos debidos desde la fecha del despido (15-09-2009) hasta la definitiva reincorporación a su puesto de trabajo, y a cuyo monto deberá sumársele todo aquello que le corresponda por estipulaciones legales o contractuales. Así expresamente se Decide".

Consecuencia de lo citado, al tratarse de una decisión dictada por la Administración del Trabajo en materia de inamovilidad laboral, de cuyo conocimiento se encuentra exceptuado de conocer este Juzgado en virtud del precepto legal, y al no tener competencia por la materia afín al amparo, resulta necesario declararse incompetente para el conocimiento de la demanda de amparo incoada por la ciudadana GRECIA CAROLINA RAMOS ROBINSON contra el INSTITUTO UNIVERSITARIO POLITÉCNICO ANTONIO JOSÉ DE SUCRE por su presunta negativa de acatar la Providencia Nº 2009-558, dictada el doce (12) de noviembre de 2009 por la INSPECTORÍA DEL TRABAJO "ALFREDO MANEIRO" DE PUERTO ORDAZ, ESTADO BOLÍVAR, mediante la cual declaró con lugar el reenganche y pago de salarios caídos de la referida trabajadora, en virtud de la exclusión de competencia establecida en el artículo 25.3 de la Ley Orgánica de la Jurisdicción Contencioso Administrativa. Así se establece./(…)

En vista del conflicto negativo de competencia surgido, se observa que la Sala Constitucional mediante sentencia Nº 774, dictada el 21 de julio de 2010, decidió que en aplicación de los artículos 266.7 de la Constitución de la República Bolivariana de Venezuela, 5.51 de la Ley Orgánica del Tribunal Supremo de Justicia (actual artículo 31.4) y 12 de la Ley Orgánica de Amparo sobre Derechos y Garantías Constitucionales, le corresponde conocer de los conflictos negativos de competencia en materia de amparo constitucional, en los que se ha ejercido la demanda correspondiente en forma autónoma y no existe un Tribunal Superior común a aquellos que hubiesen declarado su incompetencia, (…)/(…)

Aplicando las referidas disposiciones jurídicas y el precedente jurisprudencial citado al caso de autos, este Juzgado Superior solicita de oficio la regulación de la competencia a la Sala Constitucional del Tribunal Supremo de Justicia, ante la inexistencia de un Tribunal Superior común al Juzgado Segundo de Primera Instancia de Juicio del Trabajo de la Circunscripción Judicial del Estado Bolívar, Extensión Territorial Puerto Ordaz, órgano jurisdiccional que declino la competencia en este Juzgado Superior de lo Contencioso Administrativo del Segundo Circuito del Estado Bolívar, que a su vez se ha declarado incompetente por las razones precedentemente expuestas. Así se decide.

V

MOTIVACIÓN PARA LA DECISIÓN

Corresponde a esta Sala la composición del conflicto negativo de competencia que surgió entre el Juzgado Segundo de Primera Instancia de Juicio del Trabajo de la Circunscripción Judicial del Estado Bolívar, extensión Puerto Ordaz y el Juzgado Superior Contencioso Administrativo del Segundo Circuito de la Circunscripción Judicial del Estado Bolívar y, por tanto, la determinación del juzgado competente para el juzgamiento de la demanda de protección constitucional que incoó la ciudadana Grecia Ramos contra el Instituto Universitario Politécnico Antonio José de Sucre, a que se hizo referencia *supra*.

Esta Sala Constitucional, en sentencia Nº 1318/2001, de 2 de agosto (caso: *Nicolás José Alcalá Ruiz*), estableció, con carácter vinculante para las otras Salas del Tribunal Supremo de Justicia y demás tribunales de la República, que eran los tribunales competentes en la materia contencioso-administrativa los competentes para la decisión de los juicios de nulidad contra los actos administrativos que emanen de las Inspectorías del Trabajo, así como para la resolución de los conflictos que surjan con motivo de la ejecución de las referidas providencias que han quedado firmes en sede administrativa y, además, para el conocimiento de las demandas de amparo constitucional que se incoaran contra ellas.

Sin embargo, recientemente, en sentencia Nº 955, de 23 de septiembre de 2010, caso: *Bernardo Jesús Santeliz Torres y otros*, luego de la entrada en vigencia de la Ley Orgánica de la Jurisdicción Contencioso-Administrativa, esta Sala cambió la doctrina anterior en relación con la competencia para el juzgamiento de las demandas, de cualquier naturaleza, que se interpongan contra los actos administrativos que dicten las Inspectorías del Trabajo, con base en las siguientes consideraciones:

…aun cuando las Inspectorías del Trabajo sean órganos administrativos dependientes - aunque desconcentrados- de la Administración Pública Nacional, sus decisiones se producen en el contexto de una relación laboral, regida por la Ley Orgánica del Trabajo, razón por la cual debe atenerse al contenido de la relación, más que a la naturaleza del órgano que la dicta, para determinar que el juez natural en este caso no es el contencioso administrativo, sino el laboral. Una relación jurídica denominada relación de trabajo, expresada y manifestada por la fuerza de trabajo desplegada por los trabajadores, que exige un juez natural y especial, para proteger la propia persona de los trabajadores. En fin, la parte humana y social de la relación.

En efecto, los órganos jurisdiccionales especializados en los conceptos debatidos en las distintas pretensiones que se planteen en relación con los actos administrativos dictados por los Inspectores del Trabajo (derecho al trabajo y a la estabilidad en el trabajo), sea que se trate, entre otras, de la pretensión de nulidad a través del recurso contencioso administrativo, sean las pretensiones relativas a la inejecución de dichos actos como consecuencia de la inactividad de la Administración autora o bien del sujeto obligado -el patrono o el trabajador- para su ejecución o, por último, sea que se trate de pretensiones de amparo constitucional con fundamento en lesiones que sean causadas por el contenido o por la ausencia de ejecución de dichos actos administrativos; son los tribunales del trabajo. Así se declara.

Por todo lo anterior, esta Sala Constitucional, actuando como máximo intérprete de la Constitución de la República Bolivariana de Venezuela, estima que el conocimiento de las acciones intentadas en ocasión de providencias administrativas dictadas por las Inspectorías del Trabajo, debe atribuirse como una excepción a la norma general contenida en el artículo 259 constitucional, a los tribunales del trabajo. Así se declara.

Con fundamento en las consideraciones que se expusieron, y en ejercicio de la facultad de máximo intérprete del Texto Constitucional, esta Sala deja asentado el siguiente criterio, con carácter vinculante para las otras Salas del Tribunal Supremo de Justicia y demás tribunales de la República:

1) La jurisdicción competente para el conocimiento de las distintas pretensiones que se planteen en relación con los actos administrativos dictados por los Inspectores del Trabajo, es la jurisdicción laboral.

2) De los tribunales que conforman esta jurisdicción, el conocimiento de las pretensiones antes especificadas corresponde, en primera instancia, a los Tribunales de Primera Instancia del Trabajo y en segunda instancia, a los Tribunales Superiores del Trabajo.

Preceptúa el artículo 3 del Código de Procedimiento Civil que la jurisdicción y la competencia se determinan conforme a la situación de hecho existente para el momento de la presentación de la demanda y no tienen efecto respecto a ellas los cambios posteriores de dicha situación, salvo que la ley disponga otra cosa.

Sobre la base de la norma del Código Adjetivo que se citó, esta Sala, en oportunidades anteriores, ha determinado el tribunal competente en casos concretos en atención al que lo fuera de conformidad con la ley -o con la interpretación auténtica que de ésta hubiere hecho esta juzgadora- para el momento de la interposición de la demanda.

Sin embargo, la Sala ha abandonado el criterio anterior y ha determinado que, con independencia de la oportunidad en que hubiere sido incoada una demanda de cualquier naturaleza que tenga por objeto, como la de autos, el incumplimiento de una providencia administrativa dictada por una Inspectoría del Trabajo, la competencia corresponde a los tribunales laborales.

Así, en su sentencia N° 108 de 25-02-11, caso *Libia Torres,* esta Sala declaró que *"es la jurisdicción laboral la competente para conocer de las acciones de amparo ejercidas contra acciones u omisiones de las Inspectorías del Trabajo, y <u>siendo este criterio vinculante para todos los conflictos de competencia en esta materia, incluso los que hayan surgido antes de este fallo</u>"* (Subrayado añadido).

En efecto, como se explicó en el fallo N° 955, de 23 de septiembre de 2010, caso: *Bernardo Jesús Santeliz Torres y otros,* que se citó *supra,* debe atenderse al contenido de la relación más que a la naturaleza del órgano que la dicta, para determinar que el juez natural para la decisión de este tipo de pretensiones es el laboral, que es el especializado en proteger la persona de los trabajadores y, en particular, *"la parte humana y social de la relación".*

En este sentido, una vez que se determinó que el laboral es el juez natural, resulta en interés y beneficio de las partes que las causas a las que se ha hecho referencia sean decididas por éste con independencia de los criterios atinentes a la competencia que se hayan podido sostener con anterioridad y, por tanto, de la fecha de la interposición de las demandas, de modo que esta circunstancia fáctica, que le es ajena, no les impida el acceso al juez que está más calificado para la cabal composición de la controversia; ventaja que se acentúa en materia de amparo constitucional, caracterizada como está por la urgencia, que exige la mayor celeridad posible, celeridad que el juez más especializado está en mayor capacidad de ofrecer (*Vid.* s.S.C. N° 108 de 25-02-11).

No obstante, en respeto a los principios de estabilidad de los procesos, economía y celeridad procesal que imponen los artículos 26 y 257 constitucionales, aquellas causas en que la competencia ya haya sido asumida o regulada de conformidad con el principio *perpetuatio fori* y el criterio atributivo de competencia que esta Sala recientemente abandonó –como se explicó *supra* -por o a favor de los tribunales de lo contencioso-administrativos, continuarán su curso hasta su culminación. Así se decide.

Por las razones que fueron expuestas, compete el conocimiento de la pretensión de protección constitucional que incoó la ciudadana Grecia Ramos contra el Instituto Universitario Politécnico Antonio José de Sucre, al Juzgado Segundo de Primera Instancia de Juicio del Trabajo de la Circunscripción Judicial del Estado Bolívar extensión territorial Puerto Ordaz; en consecuencia, se ordena la remisión inmediata del expediente al juzgado distribuidor para que se proceda a la resolución de la demanda de amparo constitucional de autos, y así se declara.

2.   *El Contencioso Administrativo contra la Abstención o Carencia de la Administración*

A.   *Falta de respuesta del Presidente de la República*

TSJ-SPA (393)   **31-3-2011**

Magistrado Ponente: Emiro García Rosas

Caso: Programa Venezolano de Educación acción en Derechos Humanos (PROVEA) vs. Presidente de la República Bolivariana de Venezuela.

Las múltiples atribuciones asignadas al ciudadano Presidente de la República y la envergadura de éstas, impide que a dicho funcionario público se le de un tratamiento igual al de cualquier otro funcionario que no de respuesta –dentro de los lapsos establecidos- a las peticiones que se le realicen.

Corresponde a la Sala pronunciarse sobre el recurso por abstención o carencia incoado por la Asociación Civil Programa Venezolano de Educación Acción en Derechos Humanos (PROVEA) contra el Presidente de la República Bolivariana de Venezuela.

Con relación a los recursos por abstención o carencia esta Sala ha precisado lo siguiente:

> *"(...) el criterio de esta Sala es admitir que se tramiten mediante los recursos por abstención o carencia, tanto las acciones que se fundamenten en la omisión de la Administración respecto a una obligación prevista de manera específica en una norma legal, como las que lo hagan con base en la omisión de actuaciones que le son jurídicamente exigibles, aun cuando no estén previstas en la ley. (...)"* (Sentencia Nº 01214 de fecha 30 de noviembre de 2010).

En el presente caso la actora adujo que en fecha 13 de agosto de 2008 envió una comunicación al Presidente de la República, en la que solicitó información sobre varios aspectos que ahí se detallan (relacionados con los cambios de Ministros en el despacho de Vivienda y Hábitat); que hasta la fecha de presentación de este recurso por abstención o carencia no ha obtenido respuesta alguna sobre los particulares solicitados; que le ha sido vulnerado su derecho de petición y oportuna respuesta previsto en el artículo 51 de la Constitución de 1999, y que el Presidente de la República tenía la obligación de responder lo solicitado, conforme a lo previsto en los artículos 21 (numeral 1), 141, 143, 236 (numeral 1) *eiusdem* y 9 de la Ley Orgánica de la Administración Pública.

De todo lo expuesto se colige que la denuncia de la actora se reduce a la violación al derecho de petición por la presunta falta de respuesta por parte del Presidente de la República a lo requerido en la comunicación de fecha 13 de agosto de 2008.

Al respecto se observa que el derecho de petición está contemplado en la Constitución de 1999 como sigue:

> *"**Artículo 51.- Toda persona tiene el derecho de representar o dirigir peticiones ante cualquier autoridad, funcionario público o funcionaria pública sobre los asuntos que sean de la competencia de éstos, y a obtener oportuna y adecuada respuesta.** Quienes violen este derecho serán sancionados conforme a la ley, pudiendo ser destituidos del cargo respectivo."* (Resaltado de la Sala).

Respecto al precitado derecho la Sala Constitucional ha establecido lo siguiente:

> *"(...) se observa que el derecho presuntamente violado es el derecho de petición y de obtener oportuna respuesta, respecto al cual, esta Sala, en sentencia del 4 de abril de 2001 (Caso: Sociedad Mercantil Estación de Servicios Los Pinos S.R.L.), señaló lo siguiente:*

> *'Tal como lo exige el artículo 51 de la Constitución, toda persona tiene derecho a obtener una respuesta 'oportuna' y 'adecuada'. **Ahora bien, en cuanto a que la respuesta sea "oportuna", esto se refiere a una condición de tiempo, es decir que la respuesta se produzca en el momento apropiado, evitando así que se haga inútil el fin de dicha respuesta.***

> *En cuanto a que la respuesta deba ser 'adecuada', esto se refiere a la correlación o adecuación de esa respuesta con la solicitud planteada. Que la respuesta sea adecuada en modo alguno se refiere a que ésta deba ser afirmativa o exenta de errores; **lo que quiere decir la norma es que la respuesta debe tener relación directa con la solicitud planteada.** En este sentido, lo que intenta proteger la Constitución a través del artículo 51, **es que la autoridad o funcionario responsable responda oportunamente y que dicha respuesta se refiera específicamente al planteamiento realizado por el solicitante'.***

> *Asimismo, también en sentencia del 30 de octubre de 2001 (Caso: Teresa de Jesús Valera Marín y Cruz Elvira Marín vs. Ministro del Interior y Justicia), esta Sala Constitucional señaló lo siguiente:*

*'La disposición transcrita, por una parte, consagra el derecho de petición, cuyo objeto es permitir a los particulares acceder a los órganos de la Administración Pública a los fines de ventilar los asuntos de su interés en sede gubernativa. Asimismo, el artículo aludido, contempla el derecho que inviste a estos particulares de obtener la respuesta pertinente en un término prudencial. Sin embargo, **el mismo texto constitucional aclara que el derecho de petición debe guardar relación entre la solicitud planteada y las competencias que le han sido conferidas al funcionario público ante el cual es presentada tal petición.** De esta forma, no hay lugar a dudas, en cuanto a que **la exigencia de oportuna y adecuada respuesta supone que la misma se encuentre ajustada a derecho, pero no implica necesariamente la obligación de la Administración de acordar el pedimento del administrado,** sino sólo en aquellos casos en que el marco jurídico positivo permita al órgano de la Administración tal proceder, sobre la base de las competencias que le han sido conferidas'. (...)" (Sentencia N° 1940 del 15 de agosto de 2002)* (Resaltado de la Sala Político-Administrativa).

Asimismo, con relación al mencionado derecho esta Sala Político-Administrativa ha precisado lo siguiente:

"(...) La norma transcrita establece el derecho que tiene todo ciudadano de presentar solicitudes ante cualquier autoridad y funcionario público, y de que éstos den respuesta en forma oportuna y adecuada sobre los asuntos que sean de su competencia.

Respecto al derecho de petición esta Sala ha señalado en ocasiones anteriores que sólo puede hablarse de violación a este derecho, cuando la Administración teniendo la obligación de pronunciarse sobre un asunto que le ha sido planteado por los administrados, se niega a hacerlo. Asimismo se ha establecido, que cuando la Administración se pronuncie sobre la solicitud formulada por el particular en forma desfavorable a éste, no puede hablarse de violación al derecho de petición, ya que el mismo constituye un derecho a obtener oportuna y adecuada respuesta y no el derecho a conseguir un pronunciamiento favorable (Ver Sentencia N° 00402 del 29 de abril de 2004). (...)" (Sentencia N° 0174 del 01 de febrero de 2007).

De las sentencias parcialmente transcritas se colige que toda persona natural o jurídica tiene el derecho de presentar peticiones ante cualquier autoridad sobre los asuntos de su competencia y a obtener respuesta sobre lo solicitado dentro de los lapsos establecidos en la ley (oportuna y adecuada respuesta). El mencionado derecho implica a la vez un deber para la Administración y sus funcionarios de decidir acerca de lo solicitado, sin que tal obligación implique la emisión de un pronunciamiento favorable a la petición del interesado. Debe precisarse además que quienes violen el derecho de petición *"serán sancionados conforme a la ley"*, e incluso pueden ser *"destituidos del cargo respectivo."*

En el presente caso la representación judicial de la accionante denunció que el Presidente de la República infringió el artículo 9 de la Ley Orgánica de Administración Pública, al no dar respuesta a su solicitud de fecha 13 de agosto de 2008.

El mencionado artículo dispone lo siguiente:

*Artículo 9.- **"Las funcionarias o funcionarios de la Administración Pública tienen la obligación de recibir** y atender, sin excepción, las peticiones o solicitudes que les formulen las personas, por cualquier medio escrito, oral, telefónico, electrónico o informático; así como de **responder** oportuna y adecuadamente tales solicitudes, independientemente del derecho que tienen las personas de ejercer los recursos administrativos o judiciales correspondientes, de conformidad con la ley.*

En caso de que una funcionaria o funcionario público se abstenga de recibir las peticiones o solicitudes de las personas, o no de adecuada y oportuna respuesta a las mismas, serán sancionados de conformidad con la ley". (Resaltado de la Sala).

La norma transcrita parcialmente prevé dos obligaciones a cargo de los funcionarios públicos, primero, la de **recibir** las peticiones que se le presenten por cualquiera vía (oral, escrita, telefónica e informática), y la segunda, **responder** oportuna y adecuadamente dichas peticiones, siendo que la infracción a cualquiera de estas obligaciones será sancionada conforme a la ley. La citada disposición legal desarrolla el derecho de petición garantizado en el artículo 51 de la Constitución de la República Bolivariana de Venezuela.

En el presente caso, se observa que consta en autos original de la Comunicación Nº 482 de fecha 13 de agosto de 2008, mediante la cual la actora solicitó al Presidente de la República Bolivariana de Venezuela lo siguiente:

"(...) OBJETO

El objeto de la presente comunicación es peticionar ante Usted, para que [les] informe a qué se debe el constante cambio de Ministros en el sector vivienda y, si en consecuencia, ha previsto el impacto económico y social, entre otros, que estas medidas conllevan. (...)

DE LOS HECHOS Y MOTIVACION (sic)

Desde su ascenso a la Presidencia de la República, en febrero de 1999, ha habido 147 cambios en el gabinete ministerial incluyendo la Vicepresidencia de la República.

PROVEA observa con mucha preocupación estos cambios y la frecuencia con la que se realizan, principalmente en el Ministerio del Poder Popular para la Vivienda y Hábitat.

Ciertamente, por la cartera de Vivienda y Hábitat, desde su creación en septiembre 2004, han pasado siete (7) ministros. Tal situación llegó al extremo durante el primer semestre del año 2008, cuando Usted realizó cuatro (4) designaciones para dicho cargo. (...)

Sabemos que la Constitución le otorga la facultad de designar los Ministros, de tal manera que Usted a su saber y entender tiene pleno derecho a designar las personas que lo acompañarán en la gestión de gobierno pero no es menos cierto que todo nombramiento acarrea una doble responsabilidad entre quien designa y designado frente a los ciudadanos.

Comprendemos que no es fácil conformar un equipo de confianza y que responda con eficiencia a las responsabilidades inherentes al cargo. Admitimos que puede darse la circunstancia que se designe a una persona y al poco tiempo haya necesidad de removerla por alguna razón, sin embargo, la alta rotación de las personas en sus respectivos cargos pareciera obedecer a una falta de previsión y empirismo, lo que sin duda repercute en el diseño y ejecución de las políticas públicas. Es por ello que no entendemos a qué se debe que rotación (sic) se realice con tanta frecuencia. Pareciera que no se meditara y analizara el perfil de las personas a ocupar los cargos y se improvisara en esta área.

Debe saber Usted, Ciudadano Presidente que cuando realiza el cambio de un ministro se produce casi de inmediato una dinámica de renuncias, despidos y nuevas asignaciones en las instituciones que dependen del Ministerio, a saber INAVI; FONDUR, etc. creando una situación de inestabilidad transitoria, que al ser frecuente, se traduce en una inestabilidad constante de dichas instituciones afectando la gestión de las mismas, lo cual contraviene y vulnera tanto el Principio de Funcionamiento planificado y control de la gestión y de los resultados como el Principio de Eficacia en el Cumplimiento de objetivos y metas fijados, establecidos en (...) la Ley Orgánica de la Administración Pública (...)

En lo que respecta a un Derecho Humano tan fundamental como lo es el Derecho a una Vivienda Digna y Adecuada, (...) el Estado Venezolano tiene la obligación de actuar para hacerlo cumplir efectivamente, acatando asimismo el valor supremo de la preeminencia de los derechos humanos en sus actuaciones y (...) tal como lo establece también el artículo 2 de la Carta Magna.

En un sector que ha presentado tantas fallas estructurales y coyunturales como lo ha sido el sector Vivienda, la alta rotación de ministros en el despacho creado para el diseño de políti-

cas y planes de acción, así como la construcción, ha generado la falta de eficiencia en el desempeño y la falta de eficacia, pues no se cumplen los objetivos y planes trazados, afectando asimismo el Principio de Continuidad de Gestión en la Administración Pública, como ya hicimos referencia en el caso de Nueva Tacagua. (...)

PETITORIO (...)

Las interrogantes y petición que aquí le plante[an] surgen de las preocupaciones anteriormente expuestas y del propósito de aunar esfuerzos para la creación e implementación de políticas públicas en el sector vivienda, de acuerdo al Principio de Participación Directa en la Gestión de los Asuntos Públicos (...)

Por cuanto esos aspectos (...) no constituyen materia de seguridad nacional interior y exterior, están (sic) relacionados con investigación criminal ni tampoco con la intimidad de la vida privada, así como tampoco existe la no (sic) prohibición constitucional para los funcionarios para informar y dar cuenta de los asuntos bajo su responsabilidad, tal como lo consagran los artículos 57 y 143 de la Constitución (...), sino que más bien constituye un deber, de acuerdo al artículo 62 Eiusdem, solicitamos respetuosamente nos responda sobre los mismos.

Sin más a que hacer referencia y agradeciendo de antemano una respuesta oportuna y adecuada a la presente petición, se despide atentamente, en nombre del equipo de PROVEA; (...)" (sic).

Del documento transcrito se deriva que en fecha **13 de agosto de 2008** la recurrente solicitó al ciudadano Presidente de la República que le informara a que se debía el constante cambio de Ministros en el sector vivienda y si había tomado en cuenta el impacto económico y social que tales cambios aparejaban.

Se observa que el citado documento presenta un sello húmedo en el que se lee *"PRESIDENCIA DE LA REPÚBLICA. DEPARTAMENTO DE CORRESPONDENCIA. (...) FECHA DE RECIBO: 13AGO2008"*, por lo que se concluye que este instrumento fue recibido por el Despacho de la Presidencia de la República en la fecha mencionada (folios 16 al 21).

Por otra parte, se advierte que no consta en autos que la actora haya recibido respuesta a la solicitud planteada, ni ello fue alegado por la representación judicial de la República, por lo que la Sala colige que la accionante no ha recibido respuesta a su petición de fecha 13 de agosto de 2008.

Sin embargo, la Sala -atendiendo a las circunstancias particulares del caso- estima menester realizar las siguientes consideraciones:

1) La Constitución de la República Bolivariana de Venezuela establece respecto al Presidente de la República, lo siguiente:

*"**Artículo 226.- El Presidente o Presidenta de la República es el Jefe o Jefa del Estado y del Ejecutivo Nacional, en cuya condición dirige la acción del Gobierno.**"*

"Artículo 232.- El Presidente o Presidenta de la República es responsable de sus actos y del cumplimiento de las obligaciones inherentes a su cargo. (...)"

"Artículo 236.- "Son atribuciones y obligaciones del Presidente o Presidenta de la República:

1. Cumplir y hacer cumplir esta Constitución y la ley.

2. Dirigir la acción del Gobierno.

3. Nombrar y remover el Vicepresidente Ejecutivo o Vicepresidenta Ejecutiva, nombrar y remover los Ministros o Ministras. (...)

20. Fijar el número, organización y competencia de los ministerios y otros organismos de la Administración Pública Nacional, así como también la organización y funcionamiento del Consejo de Ministros, dentro de los principios y lineamientos señalados por la correspondiente ley orgánica. (...)

El Presidente o Presidenta de la República ejercerá en Consejo de Ministros las atribuciones señaladas en los numerales 7, 8, 9, 10, 12, 13, 14, 18, 20, 21, 22 y las que le atribuya la ley para ser ejercidas en igual forma.

Los actos del Presidente o Presidenta de la República, con excepción de los señalados en los ordinales 3 y 5, serán refrendados para su validez por el Vicepresidente Ejecutivo o Vicepresidenta Ejecutiva y el Ministro o Ministra o Ministros o Ministras respectivos." (Resaltado de la Sala).

Conforme a las normas parcialmente transcritas, el Presidente de la República es el Jefe del Estado y del Ejecutivo Nacional, y en tal sentido, le corresponde dirigir la acción del Gobierno. Así, éste tiene asignadas, entre otras atribuciones, la de nombrar y remover el Vicepresidente Ejecutivo o Vicepresidenta Ejecutiva, y a los Ministros o Ministras, dicha competencia será ejercida por el Presidente de la República solo, es decir, no la ejerce en Consejo de Ministros, ni requiere para su validez estar refrendado por Ministro alguno.

En lo que atañe a las designaciones y remociones del Vicepresidente de la República y de los Ministros éstos constituyen actos de gobierno, los cuales han sido definidos por la Sala Constitucional de este Máximo Tribunal como *"(...) aquellos que constituyen materialización del poder de dirección política del Estado, pues es sabido que el Ejecutivo Nacional reúne una doble condición: la de Gobierno y la de Administración. En razón de su actividad de Gobierno puede dictar actos que encuentran su cobertura inmediata en la Constitución (nombrar ministros, dirigir relaciones internacionales de la República, conceder indultos, decretar el estado de excepción, por citar los casos más conocidos y relevantes). Como Administración, el Ejecutivo emite reglamentos (en ejecución de la ley o incluso en ausencia de la ley, siempre que no se trate de materia de reserva legal) o actos particulares."* **(Sentencia de la Sala Constitucional N° 1122 del 08 de junio de 2006, caso:** *CONINDUSTRIA).* (Resaltado de la Sala Político-Administrativa).

Adicionalmente las mencionadas designaciones y remociones son actos discrecionales, fundados tanto en motivos de oportunidad y conveniencia como en elementos subjetivos tales como la pérdida de la confianza en el designado, por lo que el Presidente de la República puede sustituir a dichos funcionarios cuando lo considere pertinente.

No obstante, dichos actos al igual que *"toda actividad administrativa del Estado y, específicamente, en caso de actuaciones discrecionales, conlleva a que su ejercicio se encuadre en el principio de razonabilidad, que comprende la idoneidad, la necesidad y la proporcionalidad, de acuerdo a los cuales, la eventual actuación de un órgano o ente del Estado, debe resultar apta para los fines perseguidos, requerida ante una situación de hecho determinada y finalmente, adecuada a las circunstancias en concreto."* (Sentencia de la Sala Constitucional N° 188 del 04 de marzo de 2011).

Lo expuesto denota que el Jefe del Estado puede y debe hacer las designaciones que considere necesarias en su gabinete ministerial, en aras de cumplir los objetivos y metas propuestos en su gestión, actividad que en todo caso siempre deberá atender a los principios de razonabilidad, idoneidad, necesidad, eficacia y proporcionalidad.

Adicionalmente, estima la Sala que someter a los altos funcionarios a contestar peticiones de este estilo (en las que tenga que justificar y explicar las razones por las que toma cada decisión y si ha medido o no las consecuencias de sus actos) los distrae de lo verdaderamente importante que es dirigir las políticas públicas protegiendo los intereses del colectivo, lo cual atenta contra el principio de eficiencia que es uno de los principios rectores de la Administración Pública, previsto en el artículo 141 de la Constitución de 1999.

En el presente caso, considera este Alto Tribunal que los cambios efectuados en la máxima jefatura del Ministerio del Poder Popular de Vivienda y Hábitat, lejos de perseguir retrasar la actividad desplegada por ese despacho, ha buscado optimizar la política integral del Estado en materia de vivienda y hábitat, tratando de encontrar titulares cada vez más idóneos para el cargo y aplicando -cuando ha sido necesario- los correctivos correspondientes. Así se decide.

2) Se advierte que en la comunicación de fecha 13 de agosto de 2008, dirigida al Presidente de la República, la recurrente además de solicitar las informaciones que ahí se detallan, pareciera manifestar un reclamo o desavenencia con el Presidente de la República o un cuestionamiento a sus designaciones en el Ministerio del Poder Popular para la Vivienda y el Hábitat.

3) Asimismo no puede dejar de mencionar esta Sala que en aplicación del principio de igualdad, al que tanto alude la accionante en su escrito recursivo, no puede tratarse igual a los desiguales. En este sentido, se observa que las múltiples atribuciones asignadas al ciudadano Presidente de la República y la envergadura de éstas, impide que a dicho funcionario público se le de un tratamiento igual al de cualquier otro funcionario que no de respuesta –dentro de los lapsos establecidos- a las peticiones que se le realicen.

Las consideraciones anteriores, y muy principalmente el hecho de que la redacción de la comunicación del 13 de agosto de 2008 denote que más que perseguir la obtención de una información la recurrente pretende cuestionar las políticas del gobierno, cuestión que no se puede dilucidar a través de esta especial acción contencioso administrativa por lo que esta Sala estima que en el presente caso, no puede prosperar el recurso por abstención o carencia presentado. Así se decide.

3. *Condiciones para la solicitud de medidas cautelares en juicio por la República*

TSJ-SPA (22)   **12-1-2011**

Magistrado Ponente: Evelyn Marrero Ortíz

Caso: Comisión de Administración de Divisas (CADIVI) vs. AGROFO-RESTAL 1020, C.A. e IBEROAMERICANA DE SEGUROS, C.A.

> **Cuando la República Bolivariana de Venezuela solicite el otorgamiento de medidas cautelares, no se requiere la comprobación concurrente de los requisitos del *fumus boni iuris* (presunción grave del derecho que se reclama) y del *periculum in mora* (fundado temor de que una de las partes pueda causar lesiones graves o de difícil reparación a la otra), sino que el otorgamiento de la medida procederá con la constatación en autos de uno cualquiera de ellos.**

Corresponde a la Sala pronunciarse respecto a la solicitud de medida preventiva de embargo efectuada por la parte demandante sobre bienes muebles propiedad de las sociedades mercantiles Agroforestal 1020, C.A. e Iberoamericana de Seguros, C.A. A tal efecto, se observa:

En el caso de autos los apoderados judiciales de la República Bolivariana de Venezuela, por órgano de la Comisión de Administración de Divisas (CADIVI), piden se decrete la aludida medida cautelar por el doble del monto de la demanda más las costas judiciales, de conformidad con lo previsto en los artículos 585 y 588 del Código de Procedimiento Civil, en concordancia con los artículos 91 y 92 del Decreto con Rango, Valor y Fuerza de Ley de Reforma Parcial del Decreto con Fuerza de Ley Orgánica de la Procuraduría General de la República.

Ahora bien, atendiendo a la solicitud de medida cautelar planteada, debe destacarse lo que en reiteradas oportunidades ha señalado la Sala acerca de que la garantía de la tutela judicial efectiva, prevista en el artículo 26 de la Constitución de la República Bolivariana de Venezuela, no se agota con el libre acceso a los órganos de administración de justicia, ni con la posibilidad de obtener un pronunciamiento expedito o de hacer efectiva la ejecución de un fallo, sino también con la protección anticipada de los intereses y derechos en juego, cuando éstos se encuentren apegados a la legalidad. Por tal razón, el ordenamiento jurídico coloca a disposición de los justiciables un conjunto de medidas de naturaleza preventiva, destinadas a procurar la protección anticipada de quien acude a juicio alegando ser titular de una posición o situación jurídico-subjetiva susceptible de ser protegida, de forma tal, que el transcurso del tiempo no obre contra quien tiene la razón. (*Vid.* Sentencias Nros. 05653, 00203 y 00739, del 21 de septiembre de 2005, 7 de febrero y 15 de mayo de 2007, respectivamente).

En este orden de ideas, debe la Sala aludir al contenido de los artículos 585 y 588 del Código de Procedimiento Civil, en concordancia con lo previsto en el artículo 104 de la Ley Orgánica de la Jurisdicción Contencioso Administrativa.

Así, los artículos 585 y 588 del mencionado Código disponen lo siguiente:

"Artículo 585. Las medidas preventivas establecidas en este Título las decretará el Juez, sólo cuando exista riesgo manifiesto de que quede ilusoria la ejecución del fallo y siempre que se acompañe un medio de prueba que constituya presunción grave de esta circunstancia y del derecho que se reclama.".

"Artículo 588. En conformidad con el Artículo 585 de este Código, el Tribunal puede decretar, en cualquier estado y grado de la causa, las siguientes medidas:

1° El embargo de bienes muebles;

2° El secuestro de bienes determinados;

3° La prohibición de enajenar y gravar bienes inmuebles.

Podrá también el Juez acordar cualesquiera disposiciones complementarias para asegurar la efectividad y resultado de la medida que hubiere decretado.

Parágrafo Primero: Además de las medidas preventivas anteriormente enumeradas, y con estricta sujeción a los requisitos previstos en el Artículo 585, el Tribunal podrá acordar las providencias cautelares que considere adecuadas, cuando hubiere fundado temor de que una de las partes pueda causar lesiones graves o de difícil reparación al derecho de la otra. En estos casos para evitar el daño, el Tribunal podrá autorizar o prohibir la ejecución de determinados actos, y adoptar las providencias que tengan por objeto hacer cesar la continuación de la lesión."

Es criterio de este Alto Tribunal que el poder cautelar debe ejercerse con sujeción estricta a las disposiciones legales que lo confieren, por tal razón en el caso de autos, resulta indispensable analizar el contenido del artículo 92 del Decreto con Rango, Valor y Fuerza de Ley de Reforma Parcial del Decreto con Fuerza de Ley Orgánica de la Procuraduría General de la

República, publicado en la *Gaceta Oficial* N° 5.892, Extraordinario, de fecha 31 de julio de 2008, cuyo tenor es el siguiente.

> *"Artículo 92. Cuando la Procuraduría General de la República solicite medidas preventivas o ejecutivas, el Juez para decretarlas, deberá examinar si existe un peligro grave de que resulte ilusoria la ejecución del fallo, o si del examen del caso, emerge una presunción de buen derecho a favor de la pretensión, bastando para que sea procedente la medida, la existencia de cualquiera de los dos requisitos mencionados. Podrán suspenderse las medidas decretadas cuando hubiese caución o garantía suficiente para responder a la República de los daños y perjuicios que se le causaren, aceptada por el Procurador o Procuradora General de la República o quien actúe en su nombre, en resguardo de los bienes, derechos e intereses patrimoniales de la República".*

Conforme a la disposición transcrita, en aquellos casos en que la República Bolivariana de Venezuela, solicite el otorgamiento de medidas cautelares, no se requiere la comprobación concurrente de los requisitos del *fumus boni iuris* (presunción grave del derecho que se reclama) y del *periculum in mora* (fundado temor de que una de las partes pueda causar lesiones graves o de difícil reparación a la otra), sino que el otorgamiento de la medida procederá con la constatación en autos de uno cualquiera de ellos.

En este sentido, la Sala procede a verificar si en el caso concreto se cumple al menos uno de los requisitos antes referidos, para lo cual entra a examinar las actas que conforman el expediente (…).

4.   *Obligación de paralizar ciertas causas donde no se haya notificado a la Procuraduría General de la República*

TSJ-SC (114)   **25-2-2011**

Magistrado Ponente: Juan José Mendoza Jover

Caso: Varios vs. Metrobus Lara y Ferremadreas La Victoria C. A.

La Sala Constitucional establece la obligación a todos los Tribunales de la República de paralizar aquellas causas en las cuales se encuentre como sujeto procesal una empresa privada relacionada con la productividad nacional y actividades de interés social, que haya pasado a ser del Estado o en el cual éste tenga una participación decisiva, y en los cuales no se haya efectuado la notificación de la Procuraduría General de la República, para la continuación de los juicios respectivos.

Ahora bien, es preciso en esta oportunidad señalar lo dispuesto en los artículos 95, 96, 97, 98 del Decreto con Rango y Fuerza de Ley Orgánica de la Procuraduría General de la República, que señalan lo siguiente:

Artículo 95. El Procurador o Procuradora General de la República puede intervenir en aquellos juicios en los que, si bien la República no es parte, son afectados directa o indirectamente los derechos, bienes e intereses patrimoniales de la República.

Artículo 96. Los funcionarios judiciales están obligados a notificar al Procurador o Procuradora General de la República de la admisión de toda demanda que obre directa o indirectamente contra los intereses patrimoniales de la República. Las notificaciones deben ser hechas por oficio y estar acompañadas de copias certificadas de todo lo que sea conducente para formar criterio acerca del asunto.

El proceso se suspenderá por un lapso de noventa (90) días continuos, el cual comienza a transcurrir a partir de la fecha de la consignación de la notificación, practicada en el respectivo expediente. Vencido este lapso, el Procurador o Procuradora se tendrá por notificado. Esta suspensión es aplicable únicamente a las demandas cuya cuantía es superior a un mil Unidades Tributarias (1.000 U.T).

El Procurador o Procuradora General de la República o quien actúe en su nombre, debe contestar dichas notificaciones durante este lapso, manifestando la ratificación de la suspensión, o su renuncia a lo que quede del referido lapso, en cuyo caso se tendrá igualmente por notificado.

Artículo 97. Los funcionarios judiciales están igualmente obligados a notificar al Procurador o Procuradora General de la República de toda oposición, excepción, providencia, sentencia o solicitud de cualquier naturaleza que directa o indirectamente obre contra los intereses patrimoniales de la República. Estas notificaciones deben ser hechas por oficio y estar acompañados de copias certificadas de todo lo que sea conducente para formar criterio acerca del asunto. En tales casos, el proceso se suspenderá por un lapso de treinta (30) días continuos, contados a partir de la fecha de la consignación de la notificación practicada en el respectivo expediente.

El Procurador o Procuradora General de la República, o quien actúe en su nombre, debe contestar dichas notificaciones durante este lapso, manifestando la ratificación de la suspensión o su renuncia a lo que quede del lapso, en cuyo caso se tendrá igualmente por notificado.

Artículo 98. La falta de notificación al Procurador o Procuradora General de la República, así como las notificaciones defectuosas, son causal de reposición en cualquier estado y grado de la causa, la cual podrá ser declarada de oficio por el tribunal o a instancia del Procurador o Procuradora General de la República.

Atendiendo a dicha normativa, que prevé el deber de notificar a la Procuraduría General de la República de toda oposición, excepción, providencia, sentencia o solicitud de cualquier naturaleza que directa o indirectamente obre contra los intereses patrimoniales de la República, y visto que en la actualidad, en función de la utilidad pública y social, se lleva a cabo un proceso de estatización de empresas relacionadas con la productividad nacional y actividades de interés social, esta Sala estima preciso señalar, con carácter vinculante, la obligación a todos los Tribunales de la República de paralizar aquellas causas en las cuales se encuentre como sujeto procesal una empresa privada relacionada con la productividad nacional y actividades de interés social, que haya pasado a ser del Estado o en el cual éste tenga una participación decisiva, y en los cuales no se haya efectuado la notificación de la Procuraduría General de la República, para la continuación de los juicios respectivos.

En virtud de lo anterior, y en el entendido de la relevancia de lo antes destacado, esta Sala, en ejercicio de la facultad conferida por el artículo 335 de la Constitución de la República Bolivariana de Venezuela, establece lo anteriormente expresado como un criterio vinculante para todos los Tribunales de la República, a partir de la publicación del presente fallo. Igualmente, esta Sala ordena la publicación de la presente decisión en la *Gaceta Oficial de la República Bolivariana de Venezuela* y en la *Gaceta Judicial*.

VI. LA JUSTICIA CONSTITUCIONAL

1. *Control a priori de la constitucionalidad del carácter orgánico de las leyes*

TSJ-SC (03)   **28-1-2011**

Magistrada Ponente: Luisa Estella Morales Lamuño

La Sala Constitucional resume los criterios para revisar la constitucionalidad del carácter orgánico de las leyes orgánicas, con ocasión de revisar tal carácter en la Ley Orgánica de Emergencia para Terrenos y Vivienda.

Como premisa del análisis subsiguiente, esta Sala, en sentencia Nº 537 del 12 de junio de 2000, caso: *"Ley Orgánica de Telecomunicaciones", (Véase en Revista de Derecho Público Nº 82, pp. 141,142)* fijó el alcance de aquellas nociones que sirven para calificar las leyes –u otro acto que detente el mismo rango emanado por una autoridad constitucionalmente habilitada para ello– como orgánicas, prevista en el artículo 203 de la Constitución de la República Bolivariana de Venezuela, utilizando dos criterios de división lógica distintos, a saber: uno, obedece a un criterio técnico-formal, es decir, a la prescripción de su denominación constitucional o la calificación por la Asamblea Nacional de su carácter de ley marco o cuadro; el otro, obedece a un principio material relativo a la organización del Poder Público y al desarrollo de los derechos constitucionales. En tal sentido, se estableció que el pronunciamiento de la Sala Constitucional era necesario para cualquiera de las categorías señaladas, excepto para las leyes orgánicas por denominación constitucional, pues el artículo 203 de la Constitución de la República Bolivariana de Venezuela se refiere a *"(...) las leyes que la Asamblea Nacional haya calificado de orgánicas"*.

Conforme a su ámbito de regulación material, a la luz del artículo 203 de la Constitución de 1999, son materias reservadas a la ley orgánica: *(i)* las que en casos concretos así haya considerado el propio Texto Constitucional (vale decir, las leyes orgánicas por denominación constitucional), y aquellas relativas *(ii)* a la organización de los Poderes Públicos, *(iii)* al desarrollo de derechos constitucionales, y *(iv)* las que constituyan un marco normativo para otras leyes.

Precisa la Sala que los mencionados supuestos a que se refiere el artículo 203 de la Constitución poseen carácter taxativo, lo que implica que cualquier ley a la cual se pretenda considerar como orgánica debe estar incluida en cualquiera de ellos para que se le estime y se le denomine como tal.

Además del análisis de los criterios formales y materiales que debe tomar en consideración la autoridad legislativa para calificar una ley como orgánica, la Sala ha hecho énfasis en el alcance restrictivo de aquellas previsiones constitucionales que establecen reservas en favor de una ley orgánica y que condicionan la anterior denominación. En tal sentido, esta Sala Constitucional afirmó, al reexaminar los subtipos normativos inmersos en el artículo 203 constitucional, lo siguiente:

"(...) aprecia la Sala que es perfectamente sostenible, siguiendo incluso la doctrina y jurisprudencia que ha dominado en España en relación con el principio de competencia, que además de existir materias reservadas a la ley orgánica, también la ley orgánica está reservada para regular tales ámbitos. Esto supone negar que mediante ley orgánica sea constitucional regular cualquier materia y, a su vez, que sea de orden jerárquico la relación entre aquélla y la ley ordinaria que del mismo modo tiene un ámbito material propio; máxime cuando, siguiendo a De Otto, esta Sala debe reiterar que la ley orgánica 'es, simplemente, una ley reforzada, dotada de mayor rigidez que la ordinaria en cuanto regule materias reservadas a la ley orgánica' (DE OTTO, Ignacio, Derecho Constitucional. Sistema de Fuentes, Ariel, Barcelona, 1999, p. 114). Así se justifica no solamente la imposibilidad de que las leyes ordinarias modifiquen lo establecido por las leyes orgánicas, sino también la paralela imposibilidad de que la ley orgánica regule materias no comprendidas en la relación taxativa prevista en el artículo 203 constitucional para la ley orgánica.

Ello conduce a sostener, igualmente, el alcance restrictivo que debe darse a la interpretación de las previsiones constitucionales que establecen reservas de ley orgánica, particular-

mente en relación con expresiones como 'organizar los poderes públicos' y 'desarrollar los derechos constitucionales' (...omissis...). En esta oportunidad, la Sala insiste en que los subtipos de ley orgánica introducidos por la Constitución de 1999, desde el punto de vista sustantivo, llevan implícito un contenido, que es aquel que el Constituyente estimó conveniente regular mediante una ley reforzada, dotada de mayor rigidez que la ordinaria en cuanto regule materias de especial repercusión que han sido reservadas a la ley orgánica, 'las cuales requieren de mayores niveles de discusión, participación, deliberación y consensos, así como de mayor estabilidad y permanencia en el tiempo' (Véase Sentencia de esta Sala N° 34 en Revista de Derecho Público N° 97-98 de 2004, pp.107y ss.). Así, aclara esta Sala que la noción constitucional de las leyes orgánicas impone expandir los puntos de vista hacia un enfoque material restrictivo, que da lugar a la prohibición de que la Asamblea Nacional pueda calificar de orgánica a las leyes que regulen materias distintas a las contempladas en los supuestos constitucionales antes identificados o bien aquéllas que tengan una finalidad distinta a la allí expresada, como podría ser la de servir de marco normativo de otras leyes". (Vid. Sentencia de esta Sala N° 229/2007 supra mencionada).

En consonancia con el criterio anteriormente expuesto, la Sala insiste en que los subtipos de ley orgánica introducidos por la Constitución de 1999, desde el punto de vista sustantivo, llevan implícito un contenido, que es aquel que el Constituyente estimó conveniente regular mediante una ley reforzada, dotada de mayor rigidez que la ordinaria en cuanto regule materias de especial repercusión que han sido reservadas a la ley orgánica, *"(...) las cuales requieren de mayores niveles de discusión, participación, deliberación y consensos, así como de mayor estabilidad y permanencia en el tiempo"* (Sentencia de esta Sala N° 34 del 26 de enero de 2004, caso: *"Vestalia Sampedro de Araujo y otros"*).

Por tanto, aclara esta Sala que la noción constitucional de las leyes orgánicas impone expandir los puntos de vista hacia un enfoque material restrictivo, que da lugar a la prohibición de que se pueda calificar de orgánicas a las leyes que regulen materias distintas a las contempladas en los supuestos constitucionales antes identificados o bien aquéllas que tengan una finalidad distinta a la allí expresada (*Cfr.* Sentencia de esta Sala N° 1.159 del 22 de junio de 2007, caso: *"Decreto con Rango y Fuerza de Ley Orgánica de Reorganización del Sector Eléctrico"*).

A partir de los anteriores criterios de distinción, en primer lugar, esta Sala observa que la materia objeto de regulación, es la relativa a *"(...) establecer un conjunto de mecanismo extraordinarios a cargo del Ejecutivo Nacional, en coordinación con otros entes públicos y privados, nacionales e internacionales, destinados a hacerle frente con éxito y rapidez a la crisis de vivienda que ha afectado a nuestro pueblo como consecuencia del modelo capitalista explotador y excluyente, y que se ha agudizado por los efectos del cambio climático, generador de devastaciones en amplias zonas del territorio nacional"* (artículo 1 *eiusdem*).

En este orden de ideas, se aprecia que el referido Decreto garantiza y desarrolla los mecanismos para garantizar la eficacia de un derecho constitucional como lo es el derecho a la vivienda, consagrado en el artículo 82 de la Constitución de la República Bolivariana de Venezuela, el cual expresamente consagrada que *"Toda persona tiene derecho a una vivienda adecuada, segura, cómoda, higiénicas, con servicios básicos esenciales que incluyan un hábitat que humanice las relaciones familiares, vecinales y comunitarias. La satisfacción progresiva de este derecho es obligación compartida entre los ciudadanos y ciudadanas y el Estado en todos sus ámbitos. El Estado dará prioridad a las familias y garantizará los medios para que éstas, y especialmente las de escasos recursos, puedan acceder a las políticas sociales y al crédito para la construcción, adquisición o ampliación de viviendas"*.

Así el artículo 2 del referido Decreto, expresa en consonancia con el artículo constitucional que "El Estado garantizará el derecho a una vivienda digna, dando prioridad a aquellas familias que se encuentren en riesgo vital, así como las que no posean vivienda propia y a las parejas jóvenes que están fundando familias", además de consagrar en el contexto normativo que la integran los mecanismos de acceso y financiamiento para la adquisición de viviendas familiares principales (*Vid.* Artículos 6, 15, 16, 17 y 19, entre otros).

En consecuencia, se advierte que el presente decreto ley no contempla cualquier regulación del derecho a la vivienda, sino que el mismo contiene elementos básicos y esenciales de dicha regulación, que contribuyen a la mejor aplicación del precepto constitucional porque incida en aspectos propios de la eficacia del mismo; como son el acceso, ejecución, así como el establecimiento de los deberes y derechos en su desarrollo y cumplimiento (artículos 7 y 8 *eiusdem*).

En tal sentido, en dicho marco normativo se aprecia que el mismo tiene como finalidad garantizar un derecho fundamental intrínseco a la dignidad humana como puede ser considerada la libertad o la salud, ya que atiende a la necesidad del hombre de habitar una vivienda que permita su desarrollo y crecimiento personal como condición esencial para la existencia y protección del núcleo familiar y, por ende, de la misma sociedad (artículo 24 del referido Decreto), por lo que es pertinente que el Estado, como manifiesta evolución natural, garantice la protección progresiva de este derecho y de otros derechos que se interrelacionan con otra serie de garantías y/o derechos constitucionales como lo pueden ser la salud, la seguridad, la protección a la familia, entre otros derechos que guardan cierta conexidad con el desarrollo de la dignidad humana (*Vid.* Sentencia de esta Sala 314/2009 y 835/2009).

En ese orden de ideas, luego de analizar los fundamentos teóricos anotados, y sin que ello constituya pronunciamiento sobre la constitucionalidad del contenido de la normativa propuesta por el ciudadano Presidente de la República, en ejercicio de la atribución normativa que le confiere el artículo 236.8 de la Constitución de la República Bolivariana de Venezuela y la Ley que Autoriza al Presidente de la República para dictar Decretos con Rango, Valor y Fuerza de Ley, en las Materias que se Delegan, publicada en la *Gaceta Oficial de la República Bolivariana de Venezuela* N° 6.009, Extraordinario, del 17 de diciembre de 2010, esta Sala se pronuncia a los efectos previstos en el artículo 203 constitucional, y al respecto considera que es constitucional el carácter orgánico otorgado al Decreto con Rango, Valor y Fuerza de Ley Orgánica de Emergencia para Terrenos y Vivienda, pues éste se adecúa a las características jurídicas que tienen las leyes orgánicas, en cuanto a su forma y contenido, teniendo en cuenta que con la misma se pretende regular uno de los supuestos previstos en la citada norma constitucional que hacen posible convenir en su carácter orgánico, ello por cuanto:

Conforme al criterio fijado por esta Sala en su sentencia N° 537 del 12 de junio de 2000, caso: *"Ley Orgánica de Telecomunicaciones"*, el Decreto con Rango, Valor y Fuerza de Ley Orgánica de Emergencia para Terrenos y Vivienda ostenta el carácter técnico-formal que la erigen en una de la ley que desarrollo el ejercicio de un derecho constitucional, como lo es el derecho constitucional a la vivienda (ex artículo 82 de la Constitución de la República Bolivariana de Venezuela), subsumible en la tercera categoría normativa prevista en el artículo 203 constitucional.

Con base en las anteriores consideraciones, este Máximo Tribunal se pronuncia, conforme a lo previsto en el artículo 203 de la Constitución de la República Bolivariana de Venezuela y en el artículo 25.14 de la Ley Orgánica del Tribunal Supremo de Justicia, en el sentido de declarar la constitucionalidad del carácter orgánico conferido al Decreto con Rango, Valor y Fuerza de Ley Orgánica de Emergencia para Terrenos y Vivienda, y así se decide.

2. *Recurso de Revisión de sentencias en materia constitucional: Recusación*

TSJ-SC (31)   **15-2-2011**

Magistrado Ponente: Francisco Antonio Carrasquero López

Caso: María del Pilar Puerta de Baraza (Recurso de Revisión).

La Sala Constitucional concluye que en la revisión de sentencias contemplada en los artículos 336.10 de la Constitución y 25 cardinales 10, 11 y 12 de la Ley Orgánica del Tribunal Supremo de Justicia, resulta improcedente la recusación de los Magistrados.

Como punto previo, vista las recusaciones presentadas ante esta Sala Constitucional por los apoderados judiciales de los ciudadanos Juana Martín de Ramírez y Juan Carlos Ramírez Rodríguez, contra los Magistrados Luisa Estella Morales Lamuño, Francisco Antonio Carrasquero López, Marcos Tulio Dugarte Padrón, Carmen Zuleta de Merchán y Arcadio de Jesús Delgado Rosales, así como al Secretario de esta Sala, ciudadano José Leonardo Requena Cabello, esta Sala considera lo siguiente:

El artículo 336.10 de la Constitución de la República Bolivariana de Venezuela establece:

"Artículo 336: Son atribuciones de la Sala Constitucional del Tribunal Supremo de Justicia: [.]10. Revisar las sentencias definitivamente firmes de amparo constitucional y de control de constitucionalidad de leyes o normas jurídicas dictadas por los Tribunales de la República, en los términos establecidos por la ley orgánica respectiva".

Esta Sala ha señalado que la potestad de revisar sentencias definitivamente firmes, prevista en la norma constitucional citada, fue establecida con la finalidad de uniformar criterios y garantías que consagra la Carta Magna (*cf.* sent. 44/2000, caso: *Francia Josefina Rondón Astor*), así como para garantizar la eficacia del Texto Fundamental y la seguridad jurídica (*cfr.* sent. 1271/2000, caso: *Desarrollo Turístico Isla Bonita, C.A.*).

Así pues, este medio constitucional de revisión constituye una potestad en la cual la Sala realiza un análisis objetivo del juzgamiento sometido a revisión a fin de verificar si en el mismo se ha desconocido algún precedente dictado por esta Sala, o se ha efectuado una indebida aplicación, falta de aplicación o error de interpretación de alguna norma o principio constitucional, tal como lo señala el artículo 25.10 de la Ley Orgánica del Tribunal Supremo de Justicia. Ahora bien, la actuación del Magistrado cuando la Sala ejerce su potestad de revisión de sentencias definitivamente firmes, se circunscribe a ejercer la función jurisdiccional que él representa y no está sujeto a las peticiones que se hagan en la solicitud, por el contrario, impera la ausencia de toda vinculación con los sujetos o con el objeto de dicha causa, en tanto que el hecho configurador de la procedencia no es el mero perjuicio, sino que, tal como se precisó supra, debe ser producto de haber subvertido el orden jurídico constitucional, con la única finalidad de preservar la uniformidad de la interpretación de las normas y principios constitucionales, corregir graves infracciones a sus principios o reglas y restablecer el orden constitucional infringido.

En tal sentido, como dijo Humberto Cuenca, "en el juego dialéctico de intereses contrapuestos", el juez es ajeno al "interés controvertido" en la relación procesal, es decir, no se encuentra vinculado con los intereses debatidos entre las partes, no está vinculado con la causa; el juez se encuentra vinculado con el Estado para administrar justicia en forma imparcial y desinteresada, y más aun en los casos de revisión constitucional donde ese debate no existe.

En efecto, tal como lo ha señalado la jurisprudencia, la revisión es una potestad estrictamente excepcional y facultativa de esta Sala Constitucional (*cfr*. sent. 2194 del 9 de noviembre de 2001, caso: *American Airlines, INC*), que puede ser declarada "ha lugar" o en su defecto "no ha lugar" sin argumentación alguna, sin que ello comporte un perjuicio, dado que en este medio constitucional no existen partes involucradas, es decir, uno que pretende (acciona) y otra que contradice (se defiende), sino un solicitante, o sea, aquél que eleva su petición a esta Sala Constitucional; en la cual, además, se carece de un contradictorio que presente un conflicto de intereses o litigio, y ello es una de las razones por la que no es calificable como recurso, ya que, los recursos ordinarios y extraordinarios de impugnación que resuelven los tribunales de instancia o las Salas de Casación están diseñados para cuestionar la sentencia y sujetos al cumplimiento de formas y procedimientos de la cual la revisión carece.

Ahora bien, como vemos, por una parte, la regla general en la revisión es el análisis objetivo del asunto, por otra parte la recusación, como acto procesal, tiene por objeto garantizar la actuación de un juez imparcial en un juicio, como lo define la doctrina "la recusación tiende a impedir que el juez que se encuentra en una cierta situación respecto del litigio, ejerza su potestad para la solución de éste". (Carnelutti, Fracesco, *Instituciones de Derecho Procesal Civil*, Vol. 5, Harla, México 1999, pp. 991-992). En este sentido, resulta evidente que la naturaleza jurídica de la revisión constitucional es no contenciosa, es decir, no versa sobre conflictos subjetivos. Además por no tratarse de un juicio, carece de procedimiento y, por ende, no existen incidencias. Ello así, la recusación no es dable en la revisión constitucional. Pues, no se constituye una relación jurídico procesal, donde una parte legítima afirme un derecho o intereses frente a otro sujeto que lo contradice. Con respecto a lo anterior, es oportuno señalar que esta Sala, en anteriores oportunidades, ha expresado que "el Derecho Procesal Constitucional difiere del procesal común, ya que las normas del Código de Procedimiento Civil, orientadas a resolver litigios entre partes, que solo son atinentes a ellas y a sus propios intereses, tienen que tener una connotación distinta a la de los procesos constitucionales, donde el mantenimiento de la supremacía, efectividad y de los principios constitucionales, no solo son materias atinentes a todo el mundo, sino que no pueden verse limitados por formalismos, o instituciones que minimicen la justicia constitucional. Por ello, la Sala ha sostenido que los requisitos que exige el Código de Procedimiento Civil a las sentencias, no se aplican totalmente a las de los Tribunales Constitucionales, y se añade ahora, que los efectos de los fallos constitucionales tampoco pueden ser totalmente idénticos a los de las decisiones de otros campos de la jurisdicción" (*Cfr*. sentencia N° 2675/2001, caso: *Haydee Margarita Parra Araujo*). En el caso de la revisión, siendo una potestad incita a la propia Sala Constitucional, resulta imposible que haya parte alguna que disponga del objeto de la misma.

En atención a lo expuesto, esta Sala Constitucional, vista la connotación distinta de la revisión constitucional, en la cual no es posible sustanciar ningún tipo de incidencias, y atendiendo a la justicia como uno de los valores superiores del ordenamiento jurídico, a que hace referencia el artículo 2 de la Constitución de la República Bolivariana de Venezuela, concluye que en la revisión de sentencias contemplada en los artículos 336.10 de la Constitución de la República Bolivariana de Venezuela y 25 cardinales 10, 11 y 12 de la Ley Orgánica del Tribunal Supremo de Justicia, resulta improponible la recusación de los Magistrados. Lo contrario, sería admitir una cadena interminable de recusaciones de todos los Magistrados sin existir juicio controvertido, lo que evidenciaría uno estratagema de retardo malicioso en contra de la celeridad de la revisión de la justicia pronta y expedita.

No obstante lo anterior, esta Sala deja a salvo la posibilidad de que en aquellos casos en que excepcionalmente el Magistrado considere que se encuentra en una especial posición o vinculación con el o la solicitante de la revisión o con el objeto de ella, pueda inhibirse del conocimiento de la misma, en cuyo caso se tramitará de conformidad con lo dispuesto en los artículos 53 al 59 de la Ley Orgánica del Tribunal Supremo de Justicia, como garantía de objetividad e imparcialidad procesal atendiendo al deber jurídico impuesto por la ley y en aras de asegurar la garantía constitucional al juez natural que versa en el hecho de que la causa sea resuelta por el juez competente o por quien funcionalmente haga sus veces, y que éste sea independiente y neutral al momento de decidir. Así también se decide.

Por todo lo anterior, esta Sala constitucional declara improponible en derecho la recusación planteada por los apoderados judiciales de los ciudadanos Juana Martín de Ramírez y Juan Carlos Ramírez Rodríguez, contra los Magistrados Luisa Estella Morales Lamuño, Francisco Antonio Carrasquero López, Marcos Tulio Dugarte Padrón, Carmen Zuleta de Merchán y Arcadio de Jesús Delgado Rosales, así como al Secretario de esta Sala, ciudadano José Leonardo Requena Cabello. Así se decide.

Comentario Jurisprudencial

LOS CIUDADANOS NO TIENEN QUIEN LES ESCRIBA (SOBRE LA OBLIGACIÓN DE RESPUESTA A CARGO DEL PRESIDENTE DE LA REPÚBLICA Y EL CONTROL JUDICIAL A LA OMISIÓN)

Antonio Silva Aranguren
Profesor Derecho Administrativo
Universidad Central de Venezuela

Resumen: *Se comenta la sentencia N° 393/2011 de la Sala Político-Administrativa del Tribunal Supremo de Justicia, que desestimó un recurso contra la omisión del Presidente de la República en dar respuesta a una comunicación dirigida por una ONG.*

Palabras claves: *Contencioso administrativo; control judicial; abstención; omisión; Presidente de la República.*

Abstract: *It is said the sentence N° 393/2011 of the Political-Administrative Chamber of the Supreme Court, which dismissed an appeal against the failure of President of the Republic in response to a communication sent by an NGO.*

Key words: *Administrative law, judicial control, abstention, omission, President of the Republic.*

La Sala Político Administrativa del Tribunal Supremo de Justicia (SPA) nos ha acostumbrado a sentencias en las que se deja claro que las actuaciones (en el caso que reseñaré, las omisiones) de la Administración no son realmente controlables.

En esta ocasión citaremos extractos del fallo N° 393/2011, del 31 de marzo de 2011, por el cual se declaró sin lugar un recurso por abstención incoado por la bien conocida asociación Provea contra el Presidente de la República, por no haber contestado una comunicación que le fuera remitida a mediados de 2008, cuyo planteamiento (que hemos tomado del propio fallo) era el siguiente:

"(…) OBJETO

El objeto de la presente comunicación es peticionar ante Usted, para que [les] informe a qué se debe el constante cambio de Ministros en el sector vivienda y, si en consecuencia, ha previsto el impacto económico y social, entre otros, que estas medidas conllevan. (…)

DE LOS HECHOS Y MOTIVACION (*sic*)

Desde su ascenso a la Presidencia de la República, en febrero de 1999, ha habido 147 cambios en el gabinete ministerial incluyendo la Vicepresidencia de la República.

PROVEA observa con mucha preocupación estos cambios y la frecuencia con la que se realizan, principalmente en el Ministerio del Poder Popular para la Vivienda y Hábitat.

Ciertamente, por la cartera de Vivienda y Hábitat, desde su creación en septiembre 2004, han pasado siete (7) ministros. Tal situación llegó al extremo durante el primer semestre del año 2008, cuando Usted realizó cuatro (4) designaciones para dicho cargo. (…)

Sabemos que la Constitución le otorga la facultad de designar los Ministros, de tal manera que Usted a su saber y entender tiene pleno derecho a designar las personas que lo acompañarán en la gestión de gobierno pero no es menos cierto que todo nombramiento acarrea una doble responsabilidad entre quien designa y designado frente a los ciudadanos.

Comprendemos que no es fácil conformar un equipo de confianza y que responda con eficiencia a las responsabilidades inherentes al cargo. Admitimos que puede darse la circunstancia que se designe a una persona y al poco tiempo haya necesidad de removerla por alguna razón, sin embargo, la alta rotación de las personas en sus respectivos cargos pareciera obedecer a una falta de previsión y empirismo, lo que sin duda repercute en el diseño y ejecución de las políticas públicas. Es por ello que no entendemos a qué se debe que rotación (sic) se realice con tanta frecuencia. Pareciera que no se meditara y analizara el perfil de las personas a ocupar los cargos y se improvisara en esta área.

Debe saber Usted, Ciudadano Presidente que cuando realiza el cambio de un ministro se produce casi de inmediato una dinámica de renuncias, despidos y nuevas asignaciones en las instituciones que dependen del Ministerio, a saber INAVI; FONDUR, etc. creando una situación de inestabilidad transitoria, que al ser frecuente, se traduce en una inestabilidad constante de dichas instituciones afectando la gestión de las mismas, lo cual contraviene y vulnera tanto el Principio de Funcionamiento planificado y control de la gestión y de los resultados como el Principio de Eficacia en el Cumplimiento de objetivos y metas fijados, establecidos en (…) la Ley Orgánica de la Administración Pública (…)

En lo que respecta a un Derecho Humano tan fundamental como lo es el Derecho a una Vivienda Digna y Adecuada, (…) el Estado Venezolano tiene la obligación de actuar para hacerlo cumplir efectivamente, acatando asimismo el valor supremo de la preeminencia de los derechos humanos en sus actuaciones y (…) tal como lo establece también el artículo 2 de la Carta Magna.

En un sector que ha presentado tantas fallas estructurales y coyunturales como lo ha sido el sector Vivienda, la alta rotación de ministros en el despacho creado para el diseño de políticas y planes de acción, así como la construcción, ha generado la falta de eficiencia en el desempeño y la falta de eficacia, pues no se cumplen los objetivos y planes trazados, afectando asimismo el Principio de Continuidad de Gestión en la Administración Pública, como ya hicimos referencia en el caso de Nueva Tacagua. (…)

PETITORIO (…)

Las interrogantes y petición que aquí le plante[an] surgen de las preocupaciones anteriormente expuestas y del propósito de aunar esfuerzos para la creación e implementación de políticas públicas en el sector vivienda, de acuerdo al Principio de Participación Directa en la Gestión de los Asuntos Públicos (…)

Por cuanto esos aspectos (…) no constituyen materia de seguridad nacional interior y exterior, están (sic) relacionados con investigación criminal ni tampoco con la intimidad de la vida privada, así como tampoco existe la no (sic) prohibición constitucional para los funcionarios para informar y dar cuenta de los asuntos bajo su responsabilidad, tal como lo consagran los artículos 57 y 143 de la Constitución (…), sino que más bien constituye un deber, de acuerdo al artículo 62 eiusdem, solicitamos respetuosamente nos responda sobre los mismos".

Sabemos lo difícil que siempre ha sido la procedencia del recurso por abstención. Causas diversas lo han convertido en una curiosidad dentro del proceso contencioso administrativo venezolano, aparentemente garantista –al permitir atacar conductas omisivas-, pero en la práctica rodeado de matices jurisprudenciales que lo hacen a veces inaccesible. Por eso, la SPA lo tenía fácil para rechazar la demanda: le bastaba desarrollar algunas de las razones que se han esgrimido en otros asuntos. No se conformó, sin embargo, con tan poco, sino que prefirió advertirnos que las puertas de la Justicia no están del todo abiertas. En concreto, la SPA declaró:

1) Que, conforme al texto constitucional, el Presidente de la República "tiene asignadas, entre otras atribuciones, la de nombrar y remover el Vicepresidente Ejecutivo o Vicepresidenta Ejecutiva, y a los Ministros o Ministras, dicha competencia será ejercida por el Presidente de la República solo, es decir, no la ejerce en Consejo de Ministros, ni requiere para su validez estar refrendado por Ministro alguno".

2) Que las "designaciones y remociones del Vicepresidente de la República y de los Ministros (…) constituyen actos de gobierno" y además "actos discrecionales, fundados tanto en motivos de oportunidad y conveniencia como en elementos subjetivos tales como la pérdida de la confianza en el designado, por lo que el Presidente de la República puede sustituir a dichos funcionarios cuando lo considere pertinente"

3) Que "lo expuesto denota que el Jefe del Estado puede y debe hacer las designaciones que considere necesarias en su gabinete ministerial, en aras de cumplir los objetivos y metas propuestos en su gestión, actividad que en todo caso siempre deberá atender a los principios de razonabilidad, idoneidad, necesidad, eficacia y proporcionalidad".

Expuesto lo anterior, la SPA procedió a desalentarnos, al sostener:

1) Que "someter a los altos funcionarios a contestar peticiones de este estilo (en las que tenga que justificar y explicar las razones por las que toma cada decisión y si ha medido o no las consecuencias de sus actos) los distrae de lo verdaderamente importante que es dirigir las políticas públicas protegiendo los intereses del colectivo, lo cual atenta contra el principio de eficiencia que es uno de los principios rectores de la Administración Pública, previsto en el artículo 141 de la Constitución de 1999".

2) Que "considera este Alto Tribunal que los cambios efectuados en la máxima jefatura del Ministerio del Poder Popular de Vivienda y Hábitat, lejos de perseguir retrasar la actividad desplegada por ese despacho, ha buscado optimizar la política integral del Estado en materia de vivienda y hábitat, tratando de encontrar titulares cada vez más idóneos para el cargo y aplicando -cuando ha sido necesario- los correctivos correspondientes".

3) Que la recurrente; "además de solicitar las informaciones" que menciona en su escrito, "pareciera manifestar un reclamo o desavenencia con el Presidente de la República o un cuestionamiento a sus designaciones en el Ministerio del Poder Popular para la Vivienda y el Hábitat".

4) Que "no puede dejar de mencionar esta Sala que en aplicación del principio de igualdad, al que tanto alude la accionante en su escrito recursivo, no puede tratarse igual a los desiguales. En este sentido, se observa que las múltiples atribuciones asignadas al ciudadano Presidente de la República y la envergadura de éstas, impide que a dicho funcionario público se le de un tratamiento igual al de cualquier otro funcionario que no de respuesta –dentro de los lapsos establecidos- a las peticiones que se le realicen".

5) Que "las consideraciones anteriores, y muy principalmente el hecho de que la redacción de la comunicación del 13 de agosto de 2008 denote que más que perseguir la obtención de una información la recurrente pretende cuestionar las políticas del gobierno, cuestión que no se puede dilucidar a través de esta especial acción contencioso administrativa por lo que esta Sala estima que en el presente caso, no puede prosperar el recurso por abstención o carencia presentado".

Cuesta ya escandalizarse, pero igual uno se escandaliza, al saber que la SPA, como cúspide de la jurisdicción contencioso administrativa, afirma que "someter a los altos funcionarios a contestar peticiones de este estilo (…) los distrae de lo verdaderamente importante" y que, de tener que hacerlo, se atentaría "contra el principio de eficiencia". Como ella misma explica, "no puede tratarse igual a los desiguales", con lo que no podemos esperar que, con "las múltiples atribuciones asignadas al ciudadano Presidente de la República y la envergadura de éstas, (…) a dicho funcionario público se le de un tratamiento igual al de cualquier otro funcionario que no de respuesta (…) a las peticiones que se le realicen", menos aun cuando la lectura de la comunicación remitida por Provea denota "que más que perseguir la obtención de una información la recurrente pretende cuestionar las políticas del gobierno".

Pero hay más razones para el escándalo, pues la SPA sostiene que, en su criterio, "los cambios efectuados en la máxima jefatura del Ministerio del Poder Popular de Vivienda y Hábitat, lejos de perseguir retrasar la actividad desplegada por ese despacho, ha buscado optimizar la política integral del Estado en materia de vivienda y hábitat, tratando de encontrar titulares cada vez más idóneos para el cargo y aplicando -cuando ha sido necesario- los correctivos correspondientes". Es decir, la SPA avala por completo y sin ningún análisis la conducta del Presidente de la República.

Al menos la SPA, ya que no lo hizo el Presidente de la República, dio una respuesta a Provea: los cambios en el gabinete ministerial han estado bien hechos, justificados. Y también la SPA da a todos una lección: no se tiene derecho a interrogar acerca de asuntos de esa trascendencia, mucho menos a esperar una respuesta, porque el Presidente tiene tareas más importantes y no es igual que los demás.

ÍNDICE

ÍNDICE ALFABÉTICO DE LA JURISPRUDENCIA